U0761814

张远航 ◎ 主编

中国近代马克思传记稀有版本文献

⑥

马克思传
（中册）

李季 ◎ 著

中央编译出版社
CCTP Central Compilation & Translation Press

图书在版编目（CIP）数据

马克思传. 中册 / 李季著. -- 北京 : 中央编译出版社, 2025. 6. --(中国近代马克思传记稀有版本文献 / 张远航主编). -- ISBN 978-7-5117-4922-2

Ⅰ. A711

中国国家版本馆CIP数据核字第2025WZ2149号

马克思传 . 中册

选题策划 张远航
责任编辑 周雪凝
责任印制 李　颖
出版发行 中央编译出版社
地　　址 北京市海淀区北四环西路 69 号（100080）
网　　址 www.cctpcm.com
电　　话 （010）55627391（总编室）　（010）55627312（编辑室）
（010）55627320（发行部）　（010）55627377（新技术部）
经　　销 全国新华书店
印　　刷 廊坊市印艺阁数字科技有限公司
开　　本 710 毫米 ×1000 毫米 1/16
字　　数 193 千字
印　　张 23.25
版　　次 2025 年 6 月第 1 版
印　　次 2025 年 6 月第 1 次印刷
定　　价 2380.00 元（全 7 册）

新浪微博： @ 中央编译出版社　　**微　　信：** 中央编译出版社（ID：cctphome）
淘宝店铺： 中央编译出版社直销店（http://shop108367160.taobao.com）（010）55627331

本社常年法律顾问：北京市吴栾赵阎律师事务所律师　闫军　梁勤
凡有印装质量问题，本社负责调换，电话：（010）55627320

馬克思傳

李季 著

神州國光社

馬克思傳

中

李季著

神州國光社

壯年時代的馬克思與未婚時的燕妮女士及壯年時代的恩格斯

馬克思傳 中

第三篇　中年時代（研究時期：一八四九年至一八六七年）

第一章　革命活動的餘波

馬克思說：『我自一八四九年春季被逐出普魯士，後來被逐出法蘭西後，即前往倫敦，自共產黨解散（一八五二年）及我的大部分朋友離開倫敦後，我和一切公開的與祕密的團體疏遠了，並且和一切社會疏遠了』。（見馬氏的佛格特先生一五四頁。）嚴格講起來，馬克思的研究時期應以他脫離一切公開的與祕密的團體生活，專門研究學術為起點。不過他自到倫敦以後的生活和他在奔走時期相較，大有區別。他初到此間時，雖仍舊參加實際工作，企圖繼續革命運動，但為時甚短；以後即有活動，大概是屬於收束方面的，所以我們只能認此爲他的革命活動的餘波，與研究學術的引子。茲特將這個最短期間列入他的研究時期，而不附在他的奔走時期之後。

當馬克思於一八四九年七月接到法政府的驅逐令後，他本擬移居瑞士，往就昂格思，與之計畫此後的行動方針，旋因辦不到護照，才轉赴倫敦。至於昂格思，自是年五月加入巴登和普法爾次的革命軍後，於六月間與人數極多的反革命軍作戰，屢次失利，幾瀕於危，他迫不得已，乃於七月逃往瑞士。他在此處也不能有所作爲，因於九月間繞道意大利的熱那亞（Genua），前往倫敦，本來取道法國是一條捷徑，不過德國的亡命客經過此途，常被押送至美國，故昂氏不敢出此。

馬昂兩氏自到倫敦後，即與威里系，包爾和樊德爾(Phinder) 組織一個亡命者委員會，盡力救濟從大陸各國逃往倫敦的大批亡命客。當時歐洲各國的革命運動已經先後失敗，並且銷沉下去了。但他們總以爲在最短的時期內，這種運動行將復興，故一面將新萊因報恢復起來，作爲鼓吹和指導的機關，一面將勢力渙散的共產黨人團結攏來，作爲行動的隊伍，這樣雙方並進，積極準備，時機一到，便可乘勢崛起。

當新萊因報重與世人相見之時，他的形態已經不是一種日報，而是一種月刊，又名爲政治經濟評論（Politisch-oekonomische Revue）。此報仍係馬克思主撰，由共產黨員施蘭姆(K. Schramm) 和哈根 (T. Hagen) 在倫敦及漢堡爲之經理。第一期定于一八五〇年一月出版，然在實際上至二月間才出現。這個月刊上面說：『新萊因報的編輯人自去年夏季在南部德意志或巴黎參加革命運動之後，現在大部分復集於倫敦，並議決在此處繼續辦理新萊因報。此報的出現。初時只能作爲一種八十頁左右的月刊，但當編輯部能將各號迅速出版時，我們的事業將充分達到他的目的，就是對於輿論發生一種繼續不斷的影響，即對於財政方面也會呈出完全不同的機會。因此編輯部以爲只要經費充足，新萊因報即將改作八十頁的半月刊，或改作和英美大週刊一樣的刊物，只要情形順利，能夠回到德國去，這種週刊將再改爲日報』。（見馬克思與昂格思文匯三卷二七四至二七五頁。）由此可見新萊因報恢復時的計劃是很大的。但他全靠招股作基本金，每股定額雖只五十佛郎，投資的人却寥寥無幾。資本既不充足，而稿件也常感缺乏，並且在漢堡還須顧慮到出版法的一層障礙，——有了這些原因，所以政治經濟評論只一連出四期就中途停頓，至十一月復出一個彙册，

第三篇　第一章　革命活動的餘波

四

作爲五，六兩期，卽從此告終了。

政治經濟評論雖只出六期，然內中含有許多很重要的著作，如馬克思在前三期所作的法蘭西階級爭鬥，和昂格思在前三期所作的德意志國家憲法爭鬥(Die Deutsche Reichsverfassungskampagne)，在後兩期所作的德意志農民戰爭都是應用歷史的唯物論草成的。此外，還有他們好些精悍短小之作，今特按序分述於下。

先從馬克思的法蘭西階級爭鬥說起。此文共分三大章：第一章爲一八四八年二月至六月，第二章爲一八四八年六月至一八四九年六月十三日，第三章爲一八四九年六月十三日至一八五〇年三月十日。他在這三章之前開宗明義地說道：『一八四八年至一八四九年的革命年鑑除掉少數章次外，每一個重要的節段都大書特書：革命的失敗！在這種失敗中屈服的不是革命。乃是革命前遺傳的附屬物和還沒有達到嚴厲階級對抗的社會關係的結果——如人物，幻想，表象和計畫等等，這是革命黨在二月革命以前未能脫離關係的，二月的勝利不能夠從他們之下解放出來，要經過一批失敗，才辦得到。總之，革命的進步不在他的直接的悲壯的成就中，而在產生一種嚴重的有力的反革命，產生一種敵人，破壞黨對這種敵人宣戰才能夠養成一個眞正革命的黨。以下各頁的任務就是要證明這一點』。（見馬克思法蘭西的階級爭鬥二四頁。）

馬克思在第一章中首先敍述二月革命的遠因近因，革命的經過，和無產階級的參加政權。（參看本書第一册第六章。）然後批評無產階級兩個幻想的口號道：『工人們和資產階級共同幹了二月革命，他們想在資產階級之旁貫徹他們的利益，和在臨時政府中一樣，他們於資產階級的大多數之旁安置一個工人。勞動的組織呀！但工資勞動是已經存在的資產階級的勞動組織。沒有工資勞動，卽沒有資本，沒有資產階級，沒有資產階級的社會。自己的勞動內閣呀！但財政，商業和公共勞動的諸部不是資產階級的勞動內閣麼？在他的旁邊要造成無產階級的勞動內閣，這必定是一個沒有力量的內閣，一個僅具有虔誠志願的內閣，一個盧森堡宮的委員會。工人們旣相信在資產階級之旁去解放自己，所以他們以爲在法蘭西的國境之內，於其他資產階級國家的旁邊，可以完成一種無產階級的革命。然法蘭西的生產關係是以他的對外貿易，他在世界市場的地位和世界市場的定律爲條件的；如果沒有一種歐洲的革命戰爭去打倒世界市場的霸主英國，法蘭西怎樣能夠破壞這些生產關係呢？』（見馬克思法蘭西的階級爭鬥三一頁。）法國的無產階級初登政治舞台，既缺乏經驗，又沒有理論，以致表現種種幼稚的心情，而不能提出正確的策略。失敗的根基，即預伏於此。

法國的無產階級在一方面悄然表現上述的幻想，在另一方面却又受了資產階級的麻醉。他把二月革命的對象財政貴族與資產階級（前者只是這個階級中的一部分，）混爲一談，他以爲『建立共和國家就是剷除了資產階級的統法。當時一切君政主義者變成共和主義者，巴黎的一切富翁變成工人。與這種幻想取消階級關係相適應的話就是博愛。這樣使階級對抗和諧的抽象化，這樣使不相容的階級利益感情的平等化，這樣使階級爭鬥虛幻的消滅下去，這樣的博愛，使這二月革命眞正的口號。各階級只是因誤會而分裂的，拉馬丁在二月二十四日替臨時政府行洗禮說：「這個政府是制止各階級間重大誤會的」。巴黎的無產階級竟沉醉在這種慷慨的博愛空氣中了。』（見同書三二至三三頁。）

然這個制止各階級間重大誤會的臨時政府自成立後並不企圖形成世界革命的改造，只是努力去適應資產階級社會的狀況，他的財政手段尤足以表現這一點。他爲保持國家的信用起見，對於國家的債權人——資產階級的人——給以利息，將這種負擔加在小有產者，僕役和工人的身上，特別是沒收銀行中一百佛郎以上的存款，予存款者以一種不償還的國債，引起小有產者的怨恨。　在另一方面，他對於農民階級加徵重稅，又引起農民的憤怒。　資產階級復利用這種怨恨與憤怒來反對工人，即藉口於已經設立的國家工廠，說工人要實行共產，說工人坐糜稅款，以致小資產階級和農民視他們如寇讎，先後和他們分離了。　臨時政府更利用流氓無產階級的青年，組織二十四個保衛大隊，（計二萬四千人，）又組織產業勞動軍，（即國家工廠，）以備宰制無產階級，撲滅工人運動。

『所以在資產階級與無產階級迫在眉睫的爭鬥中，一切優勢，一切險要的形勝，社會中所有各中層都在資產階級的手中。……　三月十七日和四月十六日就是資產階級共和國羽翼下的大階級爭鬪的前哨衝突』。（見同書三八頁。）　巴黎無產階級三月十七日的示威運動本來是要將臨時政府納入革命的軌道中，但在國防軍中的資產階級於前一日有仇視政府的遊行，遂使這種運動變成擁護政府，反對資產階級的運動了。　迨四月十六日，工人組織新的示威，準備國防軍總參謀部的選舉，臨時政府和資產階級忽散佈謠言，說工人要推翻臨時政府，建設共產政府，於一點鐘之內召集十萬武裝兵士，將工人驅散了。

至五月四日由直接選舉的國民立憲會議集合開會了。巴黎的無產階級於是月十五日大批地擁入立憲會議，想貫徹他的革命的要求，結果又遭失敗。於是政府乘勢下令，命國家工廠的工人到各省去作工，或投入軍隊中。工人不從，遂發生六月的大暴動，雖終不免於失敗，然他的口號是英勇的，革命的，即：『推翻資產階級，工人階級的專政』！（見同書四三頁。）還有一層，『只有經過六月失敗，才能夠創造一切條件，使法蘭西可以握住歐洲革命的發難權。只有浸在六月暴動的血泊中，三色旗才能夠轉變爲歐洲革命的旗幟，才能夠轉變爲紅旗』。（見同書四四頁。）

馬克思於結束法國革命的第一個階段後，在第二章中復繼續描寫以後的事變。鎮壓六月暴動的是卡汾雅克將軍，立憲會議爲酬勞起見，即舉他爲執政的元首，同時復否決臨時政府資本稅的計畫，取消十點鐘工作日的法令，恢復債務人的羈押，恢復新聞紙的保證，並限制結社的權利。會議又於九月四日起至十月二十三日止制定憲法。人民根據這種憲法，於十二月十日投票選舉總統，卡汾雅克僅得一百萬票，路易拿破崙竟以六百萬票而當選了。

『一八四八年十二月十日是農民叛亂之日。這一天才是法蘭西農民的二月的開始。……自農民看來，拿破崙不是一個人，而是一種政綱。他們舉起旗子，奏着音樂，走上選舉台，口中高呼：取消賦稅，打倒富翁，推翻共和國，皇帝萬歲！在皇帝的後面即隱藏着農民戰爭。他們用選舉打倒的共和國是富人的共和國。……其他階級也助成農民選舉的勝利。拿破崙的當選對於無產階級是打倒卡汾雅克，破壞立憲會議，消滅資產階級的共和主義，推翻六月的勝利。拿破崙對於小資產階級是債務者統治債權者，拿破崙的當選對於大資產階級的大多數是和他們一時必須利用去反對革命的資產階級中的一派公然破臉，因爲這一派企圖將這種暫時的地位鞏固爲立憲的地位，爲他們所不能忍受。……末了，軍隊贊助拿破崙是爲着反對保衞隊，反對和平理想，主張戰爭。』（見同書五三至五四頁。）

卡汾雅克於十二月二十日去職，立憲會議卽宣佈路易拿破崙爲共和國的總統。拿氏就職後，任命路易菲力普最後的大臣罷洛（Odilon Barrot）爲首相，並由他的內閣提議徵收臨時政府曾經取消的鹽稅，又採用許多反動的方法，繼續不斷地與國民立憲會議爭鬬，直至這個會議於一八四九年五月解散爲止。是月二十九日，立法會議召集開會了，在會中佔絕對大多數的爲代表資產階級君政派的秩序黨（Partei der Ordnung），其次爲代表小資產階級和無產階級的新山嶽黨或社會民主黨，（又稱爲紅黨——Die rote Partei）只有站在這兩大集團之間的資產階級共和派的人數最少。至六月十一日勒德律洛郎（Ledru-Rollin）以山嶽黨的名義，對於總統和內閣違背憲法，舉兵幫助羅馬教皇，干涉意大利的革命，並砲擊羅馬一事，提出彈劾。『立法會議於六月十二日否決這種彈劾案，恰和立憲會議於五月十一日否決他一樣，然無產階級這一次驅策山嶽黨跑到街市上，不是從事巷戰，而是去遊行。我們只須說明，山嶽黨是站在這種運動的頂點上去領略運動的失敗，並知道一八四九年的六月恰爲一八四八年六月的一種可笑的和無價值的諷刺畫。』（見同書七〇頁。）

十二月二十日只有有組織的資產階級共和國一半的存在，還只有總統的存在，五月二十九日又輔以其他一半，輔以立法會議。一八四八年六月，有組織的資產階級共和國假手於一種不能以言語形容的仗火去對付無產階級，一八四九年六月，有組織的資產階級共和國假手於一種無以名狀的對小資產階級的滑稽劇，將自己刻在歷史的出生錄上了。一八四九年六月是一八四八年的能麥息斯。（Nemesis 按即司復仇的女神。）一八四九年六月不是工人被打敗了，而是站在他們和革命之間的小有產者傾覆了。 一八四九年六月不是工資勞動與資本間流血的慘劇，而是債務者與債權者間富於監獄的和可悲的表演。 秩序黨已經勝利了，他的威權很大，他此時必須暴露他的眞面目』。（見同書七○頁。）

馬克思在第三章中繼續敍述山嶽黨在彈劾案失敗後的行動，就是他於六月十三日在兩種社會主義的報紙上發表一種對人民的宣言。 這種宣言『宣佈總統，總長，和立法會議的大多數代表是「不在憲法的保護之列」，並號召國防軍，陸軍和人民起來「反抗」。 他所提出來的口號是「憲法萬歲」！ 這個口號不過是指「打倒革命」罷了』。（見同書七五頁。）

一般小有產者於是日又舉行一種所謂和平的示威運動，共有三萬人，大半爲沒有武裝的國防軍人，也雜有祕密工會的分子，他們很機械地，冷靜地呼着『憲法萬歲！』 旋至波列瓦（Boulevards）的佩路，(Rue de la Paix)被龍騎兵等驅得紛紛四散。 同時在阿紮路(Rue du Hazard）集合的山嶽黨人的大多數也誤聽謠言，自行散去。 只有勒德律洛郞率領一個小小的代表團在巴黎砲隊的保護之下，向國防軍第五第六兩隊應當會合的工藝博物館進發。『但山嶽黨人等待第五第六隊是徒勞無功的；此等小心謹愼的國防軍坐視他們的代表陷於困爇中，巴黎砲隊也親自阻止人民掘戰壕，在紛亂之中，任何議決都不可能，而常備軍上着刺刀，向前進逼，一部分代表被逮捕，另一部分則逃跑了。六月十三日的結局就是這樣。一八四八年六月二十三日是革命的無產級階的變亂，而一八四九年六月十三日是民主主義的小有產者的變亂，這兩種變亂都是從事變亂的階級最純粹階級的表現』。（見同書同頁。）

『六月十三日完結立憲共和國第一個生命時期，這個時期是於一八四九年五月二十九日因立法會議的集合而取得他的正式生存的。在這個開幕的全期中，充滿了秩序黨與山嶽黨，資產階級與小資產階級間喧擾的爭鬬，這個小資產階級徒勞無功地反抗資產階級共和國的建立，然在臨時政府和行政委員會中，他曾不斷地陰謀贊助共和國，當六月之役，他又和發狂一樣攻打無產階級。六月十三日使他的抵抗力破滅，使聯合的君政主義者立法的獨裁變爲一種已成的事實。自此以後國會不過是秩序黨的一個公安委員會罷了』。（見同書七六頁。）

巴黎既彈劾總統，內閣，和立法會議的大多數代表，他們便使巴黎立於『戒嚴的狀態中』。同時一般民主主義的小有產者因巴黎砲隊和國防軍的第八第九第十二隊被解散，而喪失他們的武裝力量。『國會在六，七，八月中的全部立法活動，專注在制定鎮壓法上面，因此可以隨政府的意思宣佈戒嚴，使言論自由愈受束縛，使集會結社的權利剝奪無餘』。（見同書七七頁。） 至八月中旬，一般君政主義者議定使國會停會兩個月，而以二十五個代表的委員會代行他的職權，並監護共和國家。『立憲共和國的第二個生命時期——即他的君政主義者的青年時期——是以立法會議的停會而告終的』。（見同書七九頁。）

同時路易拿破崙利用立法會議的休會期間，親往各處爲自己游說。 至十月初旬，會議復行集合開會，拿氏對於會議以及和會議通聲氣的內閣極不滿意，雙方旋因公債問題與召回奧爾良派及波旁王族，（Bourbons）發生衝突。 拿氏遂於十一月一日通告會議，撤換罷洛內閣，另組一個新內閣，而以佛爾德（Fould）爲財政總長。 從前的財政貴族又因佛氏的登台而得勢了。『立憲共和國的第三個生命時期是起於一八四九年十一月一日，而終於一八五〇年三月十日』。（見同書八二頁。）

路易拿破崙於一八四九年十二月二十日恢復酒稅，引起全國人民——尤其是農民——的怨恨。至一八五〇年一，二月他的政府的法令與策略又是專門對付各郡和農民，因此更造成一種普遍的攻擊與反抗的空氣。　農民小有產者和無產階級聯合起來，與政府及秩序黨對抗。　政府在這種危急的情形中，以爲只有激起騷動才可以解決時局，『巴黎一種騷動可以使巴黎和各郡宣佈戒嚴，因此得控制選舉』。（見同書九四頁。）　但『無產階級不受這種激動去從事騷動，因爲他正在進行一種革命』。（見同書九五頁。）　完全站在工人影響之下的選舉委員會替巴黎提出三個候選人，於三月十日的選舉中獲得勝利，一爲參加過六月暴動的無產階級代表第佛洛特，（Deflotte）二爲社會主義的小資產階級代表徵特爾，（Vidal）三爲共和派的資產階級代表噶爾諾（Carnot）。　『這是一種反抗資產階級和政府的普遍的聯合，和二月之役一樣。　不過這一次是無產階級作革命聯盟的主腦』。（見同書九五頁。）

然資產階級及其政府黨鑒於人民在選舉中獲得這種勝利，大驚失色，力籌對付的方法。他們以爲這種勝利是源於普通選舉，遂於一八五〇年五月由國會的大多數表決，將普通選舉權取消了。　關於這一點，馬克思在第三章中沒有提及，他後來作五月至十月的時事月評，講到法國，才述及此事。　昂格思於一八九五年法蘭西的階級爭鬬一文印成單行本的時候，特取時事月評中關於法國的評論加入其中，作爲此書的第四章，並爲作一極長的導言。　關於這種導言還有一段重要的歷史必須連帶說一下。

昂格思在導言中詳細說明一八四八年的爭鬬方法已經陳舊而不適用於後代。他以爲『即在巷戰的黃金時代，戰壕的效力在精神上也比在物質上大得多。戰壕是搖動軍心的一種方法。他能達到這種目的，即可獲得勝利；否則將招致失敗。』（見同書一八頁。）加以自一八四八年以後，各國的城市擴大，守備兵加多，軍器進步，這都是有利於政府的。在另一方面，因階級分化的結果，暴動者不能獲得全體人民的同情，又很難取得彈藥和武器。『革命家如果要在柏林的東部和北部的新工人區域作一種巷戰，那必定是發狂了』。（見同書一九頁。）

然昂格思接着又說道：『這就是指巷戰在將來將不復佔一個位置麼？決不是的。這只是指自一八四八年以後的條件極不利於暴動者，極有利於官軍。這種不利的局勢要有其他力量以相抵補，將來的巷戰才能獲得勝利。因此這種巷戰出現於一種大革命的開端，將比出現於一種大革命的發展中爲少，並且必定是運用較大的力量去發動的。此等力量將和在法國的全部革命中，在巴黎一八七〇年九月四日和十月三十日一樣，要取公然的攻勢，而不用消極的戰壕策略』。（見耶贊諾夫主編的馬克思與昂格思叢刊第一卷二五九頁。）但法蘭西的階級爭鬥一書上並沒有這一段話，因爲當此書出版時，德國的黨人藉口于國會取締社會主義法的新提案，特將這一段話和其他好些句子删去了。柏柏爾於一九一一年此書再版時，代作一序言，對於這樁事竟一字不提。直至一九二四年耶贊諾夫將原稿被删之處刊在俄文的馬克思與昂格思叢刊中，昂格思眞正的意見才得復表見於世。

我們現在接着講政治經濟評論前三期中昂格思的德意志國家憲法爭鬥一文。此文既不是對於憲法爭鬭作一種詳細的歷史、也不是對於爭鬭中最顯著的軍事部分加以『批評的描寫』，昂氏只以敍述親見親聞，信而有徵的事件爲限，所以他僅涉及萊因普魯士(Rheinpreussen)，巴登和普法爾次的暴動。我們對於此等暴動的內容及其經過，因情過境遷，已經沒有介紹的必要，茲特將其具有特別教訓的各節分述於下：

德意志國家憲法爭鬭『整個運動的靈魂爲小資產階級，尤其是所謂市民閥(Bürgerstand)，這個階級當時在德意志佔很大的勢力，在南部更是如此』。（見馬克思與昂格思文匯第三卷二八九頁。）然小資產階級的特性是怎樣的呢？『德意志，法蘭西和英格蘭自一八三〇年以來的一切政治運動史表現這個階級於沒有遇着危險時，卽大言炎炎，責難紛起，有時並使用極端的言詞；只要有絲毫的危險出現，他就恐懼，畏縮，平靜起來；當別個階級眞正接受他所引起的運動時，他便驚駭萬狀，動搖不定；當他的手中持有武器從事爭鬬時，他爲着自己階級生存的緣故，不惜背叛整個的運動——末了，造反動的黨派獲得勝利，他因遲疑不決的結果，常是特別受欺騙和虐待」。（見同書同卷二九〇頁。）

小資產階級向來在一切政治運動中旣懷抱這種態度，所以他在一八四九年的國家憲法爭鬬中也不能例外。　例如在歐爾柏菲爾德變亂初起時所組織的保安委員會中，這個階級本居領導的地位，然「委員會馬上擺脫一切危險的動作，將對外的安全委諸一個軍事委員會，但他對於這個委員會保持一種謹愼與妨礙的監視態度。　保安委員會中戰戰兢兢的小有產者這樣控制着暴動，並由城中的父老將自己扶植在法律的地皮上以後，便可以專門從事於鎮撫人民，細心處理當前的事件，解釋「誤會」，遷延應辦的事務，並藉口於必須等候送往柏林和佛郎克佛的代表團的囘信，抑制每一種強有力的活動。　其餘的小資產階級自然是與保安委員會攜手共進，他到處鎮撫激烈的行動，儘可能地阻礙一切防禦手段與配置武裝的進行，並繼續不斷地越出他參加暴動的界線以外。這個階級中只有一小部分決意於本城受攻擊時作武裝的防衞。至於其中的最大部分總是自己哄自己，以爲他們的虛聲恫嚇與厭惡那幾乎不可免的砲擊歐爾柏菲爾德一事，即足以使政府讓步；此外，他們對於一切事件都是只顧自己，不負責任的』。（見同書同卷三〇四頁。）

小資產階級在這種爭鬬中既是動搖不定，背叛革命，大資產階級更是如此。即無產階級也弄得四分五裂，而流氓無產階級且爲有資產階級所收買，以致倒戈相向。『無產階級在爭鬬之際本是一致的，但保安委員會與小資產階級一經表現搖動，他就自行分裂了。手藝工人，眞正的工廠工人，和綢業織工的一部分擁護這種運動，至爲決切，他們雖是無產階級的核心，然幾乎絲毫沒有武器。一般收入頗豐的粗笨而反動的工人以及各派多恃體力而不甚需要技能的工人在起初的時候，已經是十分冷淡。當堡壘中的防禦時期，他們任聽新工業的工人獨力作工，絲毫不爲所動。至於流氓無產階級和任何處一樣，從爭鬬運動的第二天起，就是可被收買的，他在早晨向保安委員會要求武器與餉銀，到了下半天，即賣給大資產階級，以便保護後者的住宅，或於晚間擊破各堡壘。他在大體上是站在報酬他最豐富的資產階級方面，他在爭鬭運動的期中，卽拿着後者的金錢，從事享樂』。（見同書同卷三〇五頁。）

歐爾柏菲爾德的武裝暴動因內部的渙散，已經沒有成功的希望，加以四周的『中立』地方太多，與其他暴動的區域又少聯絡，所以陷於絕境。然革命者是不應當坐以待斃的，故昂格思說：『在這種狀況之下，還有一條出路，就是：採取一些迅速和強有力的手段去恢復這種運動的生命，領導他的新的爭鬭勢力，壓倒他的內部仇敵；並儘可能地將全部山林的勃蘭堡登工業區域組織起來。第一步是解除歐爾柏菲爾德國民軍的武裝，將他們的軍器分給工人，並徵收一種強迫稅，藉以維持這些武裝工人的生活。這種步驟很決切地打破保安委員會向來整個的眠睡狀態，給予無產階級以一種新生命，破滅各『中立』地方的抵抗力。至於以後爲着從此等地方取得武器，推廣暴動和有秩序地組織整個區域的防禦等項，應當怎樣進行，都以第一步的結果爲轉移』。（見同書同卷三〇八頁。）

但當時主政的保安委員會與小資產階級自然不會取這樣的一種步驟。迨普魯士政府用二萬大兵和無數馬隊砲隊來攻時，幾百個組織不完備和武裝不整齊的工人遂不得不退敗，不得不逃往普法爾次，以圖合力併舉。 不過此處和巴登的暴動因內部的乖離，組織的紛亂，與敵人的過於強大，都相繼失敗。」 國家憲法爭鬬是因自己的不徹底與內部的禍患而招致失敗的。 自一八四八年的六月失敗〔指法國〕以後，歐洲大陸有文化的部分當前的問題是：非受革命的無產階級的統治，卽受二月以前主政的各階級的統治。 折衷的辦法是不復可能的。 德意志的資產階級特別表現不配居統治的地位：他要保持他對人民的統治，只有將這種統治交還給貴族與官僚。 小資產階級挾着德意志的社會意識，企圖在國家憲法中造成一種不可能的均衡，要以這種均衡去延緩那決勝負的爭鬬。 這種企圖是必定失敗的：然那些認眞從事運動的人却不重視國家憲法，那些重視國家憲法的人並不認眞從事運動」。（見同書同卷三八一至三八二頁。）

「然國家憲法爭鬬自有其重要的結果。 他尤其是將局勢弄得簡單了。 他將無數中間的企圖截斷了：自他失敗以後，能夠獲得勝利的只有帶着幾分立憲的封建官僚的君主政體，否則卽爲眞正的革命。 非至無產階級達到完全的統治地位，德意志的革命是不會早日終止的」。（見同書同卷三八二頁。）

昂格思在政治經濟評論第四期所發表的，是一篇較短的論文，題爲『英國的十點鐘法案。』（Die englische Zehnstundenbill） 此文的重要是在表現他和馬克思對於英國工廠立法所持的態度的變遷。 他們在一八四七年的共產黨宣言上面說過：『工人雖時時獲到勝利，但這只是暫時的。 他們在爭鬥中眞正的結果不在卽時的效能，而在自己的團結繼續擴大。……無產者這樣組成階級，並因此組成政黨，却因他們自己互相競爭而時時復行破裂。 然這種組織總是會復活的，〔一經復活，〕並且是愈加強健，愈加鞏固，愈加有力。 他利用資產階級的分裂，強其在法律的形態中承認工人單個的利益。 英國的十點鐘法案就是這樣通過的。』（見共產黨宣言三四頁。）

反之，昂格思在一八五〇年的論文中便說：『十點鐘法案頗能防止工廠主的掠奪慾，保護工人的康健，他不獨滿足工人一種不可少的身體上的欲望。 並且還使工人從英國偏重感情的幻想家的協作社和一切反動階級的連帶責任之下解放出來。…… 工人運動現在才集中於完全貫徹無產階級的政治統治，作爲改變現存的全社會的第一種方法。』（見馬克思與昂格思文滙第三卷三八七頁。） 所以十點鐘法案『不復是一種阻礙產業發展的單個的企圖，而是改變現社會的全部形態與逐漸毀滅向來一切階級對抗的許多手段之一；他不是反動的，而是一種革命的方法。』（見同書同卷三九三頁。）

到了一八六四年，馬克思對於這個問題的觀察更進一步了。他說：『英國的工人階級於三十年的堅決爭鬬之後，利用地主貴族與金錢貴族間暫時的分裂，得通過十點鐘的法案。工廠工人從這種法案所得到的體質的，道德的和精神的利益，在工廠監察員每半年的報告中可以看出來，此等利益已爲各方面所認識了。歐洲大陸最大多數的政府必須在多少改變的形態中，採取英國的工廠法，而英國的國會自身對於此法的效用範圍也不得不於每年予以擴充。除掉這種勞動法實際的重要外，他的驚人的成功還另有一種較高的意義。資產階級已經由攸爾（Ure）博士，息尼爾教授和這一類的哲人在他的最著名的科學的機關中作出預言，並充分證明，對於勞動時間每種法律上的限制必定是替英國的產業擂喪鐘，這種產業像吸血鬼一樣，要吸人血，尤其是要吸小孩子的血，才能夠生存。……這種對法定勞動時間的爭鬬——除掉驚駭萬狀的貪慾不計外——在事實上一轉入構成資產階級經濟學的供求律的盲目統治與構成工人階級經濟學的社會生產——這種生產是受社會的明識遠見支配的——

間的大對抗，便愈加劇烈了。因此十點鐘法案不僅是一種實際上的大結果；並且還是一種原則上的勝利。資產階級的經濟學第一次在光天化日之下屈服在無產階級的經濟學之下。』（見馬克思國際黨的開幕詞二六至二七頁。——Die Inauguraladresse der internationalen Arbeiter Association, Berlin 1922)

馬克思和昂格思於十點鐘法案初出現時沒有領略他的意義，僅視此為『工人單個的利益』之一種。至國際黨出生時代，馬氏不獨認此為『一種實際上的大結果，並且還是一種原則上的勝利。』然昂格思在一八五〇年的論文中看出十點鐘的法案能夠增進工人的體育與德育，並且是『改變現社會的全部形態與逐漸毀滅向來一切階級對抗的許多手段之一。』所以他這篇論文構成他們的認識變遷中的一環。

政治經濟評論第四期上還有馬克思和昂格思所草的『琴刻爾』（Gottfried Kinkel）一篇短評，對於訓練革命黨人的人格是有重大意義的。琴刻爾原是一個詩人，自一八四六年以來，在邦恩任教職，當新萊因報出版的時代，他與馬克思及昂格思發生朋友的關係。迨國家憲法爭鬥發生後，他與昂格思同在威里系的自由軍服務，頗為勇敢。他在讀爾格（

Murg）的戰爭中，因受傷而被擒。拉斯塔忒（Rastatt）的軍事法庭對他判處堡壘監禁的無期徒刑，但柏林的總檢察官不同意於這種判決，向普王要求處以死刑，普王終於特別『開恩，』改為苦工監禁的無期徒刑。不過一般人士以為此舉較軍事法庭的判決尤為殘酷，（實則後面的判決較前者為輕，）對於這位詩人遂發生一種最普遍的同情。

即使琴刻爾具有獲得這種同情的資格，當時的人士也免不了昂格思下面的一種譏誚，就是：『各方面對於巴登暴動中多少受過教育的犧牲者已經在報章中，民主主義的聯合會中，以及詩詞和散文中替他們樹立了紀念碑。然成百成千的工人或是在爭鬬中獲得勝利，或是喪命於戰場。或是在拉斯塔忒陰沉的砲台中活活地拖累而死，或是逃往外國，備嘗亡命的痛苦——這些人却沒有人提及。』（見馬克思與昂格思文匯第三卷三六八頁。）

然琴刻爾却不配承受這種最普遍的同情，因為他在軍事法庭面前詆譭革命和自己的黨，並願效忠於王室，完全失去革命黨人的立場。『當琴刻爾君說這種話的時候，正是他的二十六個同志受同一軍事法庭的判決而被槍斃之際，這些人對於接受槍彈的了解比琴刻爾君對他的裁判官是完全不同的。』（見同書同卷三九八頁。）所以馬昂兩氏特擇要徵引琴氏的供詞，加以駁斥，並聲罪致討。　他們在這篇短評的第二段中說：『我們預先知道，我們一經指摘黨中「被拘囚的」琴刻爾這種供詞，將引起那些富於感情的欺騙者和民主主義的演說家普遍的憤怒。　我們對於此事是完全不管的。　我們的任務是在作毫無顧忌的批評，對於所謂朋友比對於公開的敵人還要嚴厲得多，我們當保持這種地位，寧願拋棄那廉價的民主主義的名望。　我們的攻擊絕沒有使琴刻爾君的地位變壞；當我們承認他不是別人所猜想的那種人的自供時，當我們宣言他不僅應被赦免，並且還配在普魯士爲國宣勞時，便公佈他的赦令了。』（見同書同卷三九六頁。）　馬昂兩氏對於琴刻爾這種嚴厲的指摘也正是後世臨難變節的黨人的一種當頭喝棒。

又政治經濟評論的第二期和第四期各有書評三篇，這是馬克思和昂格思共同作成的。他們——像墨爾林所說的一樣——是藉此等書評和一八四八年三月以前的學術思潮作一次結算：即於批評道麥的『新時代的宗教』（Die Religion des neuen Weltalters）中與德國的哲學結算，在批評基佐的『英國革命何以能夠成功？』（Pourquo ila révolution d'angleterre a-t-elle réussi? Discours sur l'histoire de la revolution d'angleterre）中與法國的歷史作法結算，在批評喀萊爾的『新近的小册子．第一期：現代，第二期：模範監獄』（Latter-Day Pamphlets. Nr. 1: The Present Time.-Nr. 2: Model Prisons)中與孤立的天才結算。然他們在批評奢迂（A. Chenu）的『陰謀詭計者』（excapitaine des gardes du citoyen Caussidière, Les conspirateurs,-Les sociétés secrètes; la préfecture de police sous Caussidière; les corps-francs. Paris 1850）和阿德（Lucien de la Hodde）的『一八四八年二月共和國的誕生』（La naissance de la République en Février 1848, Paris 1850.）一文中描寫巴黎一般陰謀詭計者的生活與任務，並指摘此等人的錯誤，要算是最富於教訓的。『這種在祕密會議中表現斯巴達一般嚴格道德的憂鬱的陰謀詭計者忽然活潑起來，變成各處茶樓酒肆中的不速之客，他是很愛酒色的。這種嗜好更因他所處的永遠危險的境遇而增加了；因為他隨時可以被召入戰壕而喪失生命，隨地可以陷入警察的網羅而被投入獄中，或送往苦工懲罰處。此等危險恰恰決定這種職業的刺戟；當不安全的程度愈大時，他便愈加縱情於生活的享樂。同時危險的慣性使他對於生命與自由絲毫不措意了。他在監獄中如同在家或在酒館中一樣。每天在等候發難的命令。巴黎每一次暴動中所表現的不顧利害生死的愚勇，就是由此等老的專業陰謀詭計者引起來的。舉凡開擲並指揮最前線的戰壕，組織抵抗，領導搶劫軍器店，從各家宅中取出軍裝藥火，以及在暴動中作勇猛的攻擊常使政府黨措手不及等事項，都是他們幹的。總之，他們就是暴動中的軍官。此等陰謀詭計者自然不肯專心去組織革命的無產階級。他們的事業是在預先拿住革命的發展進程，用矯揉造作的方法使之變成一種危機，沒有革命的條件要於倉卒之間，製造一種革命。他們以為革命的唯一條件就在充分組織他們的陰謀詭計。他們是革命中的鍊金術士，完全具有從前鍊金術士固定的表象（Vorstellung）中紛亂的意見與狹窄的心腸。他們專心致志於建立革命奇蹟的發明：如焚燒炸毀，具有魔術一般的效力的破壞機器和騷亂都是，當此等騷亂愈加沒有一種合理的基礎時，他們的效力當愈加奇異而迅速。這些人既專門從事於這樣的設計，所以他們除掉推倒現存政府的最近目的外，沒有其他目的，他們極端鄙視工人更從理論上去說明自己階級的階級利益。』（見馬克思與昂格思文滙第三卷四二九至四三〇頁）巴黎的陰謀詭計者這些浪漫生活，製造革命，忽視羣衆和輕蔑理論的弊端是眞正無產階級的革命戰士所應當避免的。

此外，馬克思和昂格思在政治經濟評論的二月號，四月號和十一月號中都有時事月評，這是極關重要的，因爲此等文字表現他們對於時事的觀察，和革命前途的估量。他們自到倫敦以後，本認定革命運動將再爆發，然在二月號的時評中却已經看出加里福尼亞金礦的發見可以使世界商業復興。所以說，美洲『所發生的一種事實是加里福尼亞金礦的發見，此事比二月革命更爲重要。自發見金礦到現在，還不到十八個月，然已經可以預先看見，這種發見所產生的結果，將比美洲的發見還要大得多。……加里福尼亞的金子大批地流入美洲和太平洋的亞細亞沿岸，將最頑固的野蠻人民拖入世界商業之中，拖入文明之中。……世界交通的重心在中古時代爲意大利，在新時代爲英格蘭，現在則爲北美半島的南半部。……謝謝加里福尼亞的金礦和合衆國人不斷的努力，太平洋的兩岸馬上將和現今從波士頓(Boston)到新奧爾良(New Orleans)的沿岸一樣人口密集，商業發達和工業興盛。於是太平洋所佔的地位將和現在的大西洋以及古代與中古的地中海一樣——他在世界交通的大水道中將佔主要的位置，而大西洋將降到一個內海的位置，和現今的地中海一樣。歐洲文明各國要想避免現今意大利，西班牙和葡萄牙在工業商業和政治上的依附狀況，唯一的機會就在一種社會革命，當時間還來得及，這種革命卽依照近世生產力所表現的生產需要，改革生產方法與交通方法，因此發展新的生產力，保障歐洲產業的優勢，並補償他的地理上的缺點。』（見同書同卷四四三至四四四頁。） 現在世界工商業的重心已經移到太平洋的兩岸，馬昂兩氏眞正變成科學的預言家了。

然時事月評中最重要的文字還是十一月號所載五月至十月的月評。 馬昂兩氏首先說明：『一八四三年至一八四五年爲工商業興盛的時期，這是一八三七年至一八四二年幾乎沒有間斷的產業停滯必然的結果。 興盛總是很迅速地發展投機事業。…… 一八四三年至一八四五年興盛時期的主要投機事業爲鐵路，五穀，棉花和對東印度及中國的貿易，對鐵路的投機是以一種眞正的需要爲基礎，對五穀的投機是一八四五年物品昂貴和馬鈴薯腐爛的結果，對棉花的投機是由於一八四六年收成的歉薄，對東印度和中國商業的投機是跟着英國開闢中國市場進行的。』（見同書同卷四四六頁。） 但此等投機的結果引起歐洲的鐵路危機，五穀危機，棉花危機和貨幣危機，因此促成一八四八年的革命。

不過在一八四八年『三月至五月之間，英國已經從這種革命獲得直接的利益，革命使大陸一批資本輸入英國。 從這個時候起，英國的危機可以視爲告終；一切營業部分都呈出良好的現象，產業的新循環又開始決切地傾於興盛一方面了。……當一八四八；一八四九和一八五〇的三年中，這種新的興盛在英國的發展十分顯著。』（見同書同卷四五四頁。）

講到美國，『歐洲的百物昂貴與革命只是變成他的獲利的泉源。 他從一八四五年至一八四七年，因有巨量的五穀輸出，在一八四六年因棉花價格的高漲，獲得大利。 至於一八四七年的危機，他所受的影響是很小的。 當一八四九年，他獲得空前的棉花大收成，至一八五〇年復因棉花收成的歉薄——這是與歐洲棉花工業的新飛躍同時出現的——獲得二千萬元。 一八四八年的革命使歐洲的資本大批地流入美國，內中一部分是由移民自己帶來的，另一部分是由歐洲投入美國國家證券中的。…… 加里福尼亞金礦的發見使美國的興盛達到頂點。……新發見的金礦的金子使交換工具增加，對於一般的商業固然有很好的影響，但這種發見的重要還不在金子的增加。 他的重要在乎加里福尼亞的礦產財富予資本以一種刺戟，使之出現於全部世界市場，使美洲的全部西海岸和亞洲的東海岸在新市場中活動，至於這種市場是在加里福尼亞和受他的影響的一切國家中創造出來的。』（見同書同卷四六〇至四六二頁。）

『英美的產業興盛馬上又影響於歐洲大陸。德意志的工廠，特別是萊因省的工廠，在一八四九年的夏季已經頗爲興盛，自是年年底以後，產業的復興是普遍的現象。德意志的市民對於這種新的興盛只是歸功於秩序的恢復，其實這完全是由於英國的新興盛，和美國與熱帶市場對於工業生產品需要的增加。至一八五〇年，工商業更爲發達；而資本的充盈與貨幣市場的非常活動，恰和英國一樣。……』（見同書同卷四六四頁。）

『法國自一八四九年以來，特別是自一八五〇年年初以來，也有同樣的表徵。巴黎的工業十分興盛，盧昂（Rouen）和蔭爾烏茲（Mühlhausen）的原料的昂貴雖和在英國一樣，發生一些阻力，然此等地方的棉花工廠的營業頗有可觀。又西班牙關稅的大改革，和墨西哥（Mexiko）對於各種奢侈品的減低稅則，特別助長法國產業興盛的發展；法國商品對於這兩個市場的輸出，增加極多。法國資本的增加引起一批投機，此等投機是以大規模掠奪加里福尼亞的金礦爲藉口的。許多公司突然出現，他們的股分額數既低，又加上社會主義的色彩，這裏要直接搾出小有產者和工人的蓄積，但他們都流於那種爲法蘭西人和中國人所特有的欺騙。」（見同書同卷四六五頁。）

馬克思和昂格思於詳細分析歐美各國的經濟情形之後，即作出結論道：『在這種普遍的興盛之下，資產階級社會的生產力雄飛突進，達到他的狀況中儘可能的限度，此時便談不到一種眞正的革命了。這樣的革命只有在近世生產力與資產階級的生產形態這兩種要素發生衝突的時候，才是可能的。現今大陸秩序黨中各派代表間所起的各種爭執絕不能促成新的革命，要有一種相反的情形，才能夠發生此等爭執，因爲現狀的基礎一時是十分穩固——反動派還不知道——十分資產階級化的。一切抑制資產階級發展的反動企圖，和一切習俗的忿怒與一切民主派憤激的宣言一樣，都要反映到現狀中。只有在一種新的危機之後，一種新的革命才有可能。但革命正和危機一樣，一定是會出現的。」（見同書同卷四六七至四六八頁。）

末了，我們來講政治經濟評論最後兩期中昂格思的德意志農民戰爭一文。他此文首先敍述德意志十四五世紀各種手工業的發展，和商業的興盛，藉以表現中古時代殘留下來各舊階級地位的變遷與各新階級構成的由來。然這一切新舊階級—除庶民反對派外——都是壓迫並剝削農民的。『社會整個的層次結構如王侯，官吏，貴族，牧師，縉紳，和市民，都站在農民的肩上。無論他爲王候，男爵，主教，寺院或城市的屬民，他總是到處被當作一種物件，被當作一種牛馬看待，甚至於還要壞些。他如果是一個農奴，就要受主人的驅策。他如果是個奴隸，那法律上的和契約上的服役很足以壓倒他；此等服役並且是每日有加無已的。他必須以最大部分的時間替他的主人的產業作工；在其餘的少數時間中所獲的收入，又必須充作繳納什一稅，利息，地租，稅捐，旅行稅，（戰稅，）土地稅和國家稅之用。他如不向主人納稅即不能結婚，並不能死去。他於經常的賦役外，必須替他的恩主收集稈草和蝸牛，採取楊梅和橘類，趕動野獸以便其行獵，並砍伐木材等等。漁獵之權是操在主人的手中；當野獸踐踏農民的農產物時，他只好靜靜地看着，不能加以驅逐。農民的公共草原和森林幾乎到處被主人強奪去了。主人不獨自由支配農民的財產，並且還強迫支配他的和他的妻女的身體。主人享有初夜權。他可以隨意將農民投入牢獄中，使之——和現在的審判官一樣——備受慘刑。他可以隨意殺戮農民。卡羅來納(Carolina)論『割耳，』『割鼻，』『挖眼，』『斬指斬手，』『斬首，』『車裂，』『焚燒，』『烙刑，』和『分屍』等等的章節，沒有一處是不爲這種恩主或保護主對他的農民隨便應用的。誰來保護農民呢？　坐在法庭中的是男爵，牧師，縉紳，或法學家，他們這些人都知道自己獲得俸祿，爲的是什麼。　國內的一切官僚閥都依靠剝削農民討生活的。』（見昂氏德意志農民戰爭三九至四〇頁。）

德意志的農民雖受着極大的壓迫，但因他們自己支離破碎，恰似一盤散沙，所以絕不能獨立形成一種反抗的運動。　而各個閥閥因利害關係的團結，又以各地方的獨立，工商業的不集中，與交通的阻塞，幾乎成爲不可能的事了。　『這種團結因宗教改革中革命的宗教與政治理想的普遍傳播，才開始形成。　凡贊成或反對此等理想的各閥閥，經過很大的困苦，將全國分成三大營壘，即迦特力教或反動的營壘，路得資產階級改良派的營壘，和革命的營壘。』（見同書四一頁。）　『一切利於維持現狀的分子如國家當局，教士，一部分俗界的王候，富裕的貴族，主教，和城市的縉紳，都集合在保守的迦特力教的營壘中，反對派中的有產者，下級貴族的羣衆，市民，和一部分俗界的王候——他們希望沒收教士的地產以自肥，並乘機從國家獲得更大的獨立——則站在路得的資產階級溫和的改革旗幟之下。　而農民與庶民則加入革命的黨，這個黨的要求與主義由濛策（Munzer）充分地表現出來了。」（見同書四六至四七頁。）

各閥閱的營壘一經形成，偉大的爭鬭便開始了。『在十六世紀所謂宗教戰爭中，尤其是涉及很積極的物質的階級利益，此等戰爭就是階級爭鬭，和後來英格蘭與法蘭西的內部衝突一樣。至於這些階級爭鬭當時帶着宗教的色彩，而各階級的利益，慾望和要求隱藏在宗教的外表之下，這於事實無所改變，並且是容易由當時的狀況中解釋出來的。』因爲當時的『牧師壟斷了精神教育，故教育本身帶一種神學的性質。舉凡政治，法律學和其他一切科學，在牧師的手中，只是神學的部門，都要以神學中有效的原則爲依歸。教會的信條同時就是政治的格言，而聖經上的話在每個法庭中都具有法律的效力。』甚至於當一個眞正的法律閥形成之後，法律學仍久居於神學的保護之下。神學對於精神活動的全部旣具有這樣無上的威權，所以教會所處的地位變成現存封建統治中最普遍的總匯與裁可的機關，這是必然的結果。因此一切對封建制度所發的攻擊首先當爲對教會的攻擊，一切革命的，社會的和政治的原則同時多半爲神學上的異端。所以要攻擊現社會的狀況，必須剝去他們的光輪。

」（見同書四二至四三頁。）

然德意志在發生一種波及全國的農民戰爭之前，各地方卽巳經過許多次農民暴動，如一四七六年，一四九三年一五〇二年和一五一四年各役有集衆至數萬人的，也有被殺至數千人的；不過他們都帶着地方的性質，且不旋踵卽消滅了。直至一五二五年一月，才爆發一種規模廣大和較爲持久的爭鬬。這一次爭鬬是在肯浦甸（Stift Kempten）發難，很迅速地蔓延於整個上部和中部德意志。農民在爭鬬中提出十二條有名的要求，卽：『由公社選舉並罷免教士，取消小的什一稅，於除去牧師的薪俸外，運用大的什一稅於公共的目的上，取消奴農制，打魚權，行獵權，和奴農後裔所繳的費用，限制過度的賦役，稅捐和地租，償還公社與私人被強迫奪去的森林，草原和特權，剷除司法和行政中專擅的方法。』（見同書八四頁。）

這一次戰爭蔓延雖廣，然至是年五六月，到處都被壓服了，領導戰爭的濛策和普淮斐（Pfeiffer）也被逮捕並斬首了。農民戰爭爲什麽終於失敗了呢？就是因爲德意志支離破碎，農民和其他閥閱的對抗甚多，他們在各處的行動既不相聯絡，他們的中間復多奸細，以致爲敵人各個擊破，而無以自存。　農民自失敗後，所受的壓迫固然較甚於前，卽教士，貴族以及城市也因這種戰爭大受影響，只有一般王侯得獨享其利。『他們不僅因教士貴族和城市這些競爭者的削弱，獲得相對的利益；並且還因他們壟斷其他一切閥閱的主要贓物，獲得絕對的利益。』（見同書一一七頁。）

德意志一五二五年的農民戰爭』與一八四八年至一八五〇年的運動表現相似之點。一八四八年反對派各階級的利益也是互相衝突，各自爲謀的。　資產階級雖已發展，不復能忍受封建官僚的專制主義，然他還沒有力量使各階級的要求隸屬在他自己的要求之下。　無產階級也過於軟弱，不能迅速地跳過資產階級的時代，預備自己馬上奪取政權，他在專制主義之下已經很認識資產階級統治的滋味，在資產階級的解放中沒有一時一刻是看見他自己的解放的。　國內的羣衆如小有產者，小有產者的同志（手工業者）和農民已經被他們最初的自然同盟者資產階級看做太革命了，又被無產階級認爲沒有充分前進，他們遂陷入進退兩難之中；他們自己又互相分裂，更不能有所成就，並且還要反對右邊和左邊的反對派。　末了，一五二五年農民中間的地方狹隘心理並不比參加一八四八年運動的各階級間的地方狹隘心理爲更甚。…　然十六世紀與一八四八年至一八五〇年的兩次革命雖有許多相似之點，在大體上却是極不相同的。……　一五二五年的革命是德意志的一件地方事業。……　一八四八年的革命不是德意志的地方事業，而是歐洲大事變中的一部分。』（見同書一一八至一二〇頁。）

以上所述是昂格思的德意志農民戰爭一文的大略，他在一八七〇年此文印成書本的序言中，更總括書中的主旨道：『我的描寫是要將這種爭鬬——只取其大略——的歷史進程，農民戰爭的起源，在戰爭中出現的各黨的地位，此等黨派表明他們地位的政治和宗教學說，以及爭鬬的結果，從各階級必然伏在歷史上的社會生存條件中解釋出來；因此指出當時德意志的政治觀及其反對論，和當時的政治與宗教的學說不是當時德意志的農業，工業，陸路，水道，商品貿易和貨幣貿易的發展階段的原因，而是這種階段的結果。』（見同書一九至二〇頁。）　這就是他用歷史的唯物論的觀點去描寫農民戰爭的說法。

昂格思此文係取材於親麥曼（Zimmermann）的農民戰爭史。（Geschichte des Bauernkrieges）他於晚年滿擬將這種舊作加以增補，使之更爲深刻而完備，但卒因其他文字工作大多，未能如願相償。

馬克思和昂格思在政治經濟評論中的重要作品已列舉如上；他們這種有聲有色的評論旣因種種原因不能繼續下去，而所改組的共產黨也因內部的糾紛與環境的險惡，旋卽歸於消滅了。今特敍述其經過於下。

當一八四八年歐洲各國的革命運動勃發之際，共產黨的黨員一致投身於這種運動中。他們或做報館的編輯，從事鼓吹，或作工人運動，組織工會，或在國會中與左派聯合，或在軍隊中，與反革命派作戰。他們的宗旨是標明的，行動是公開的，並大都相信自此以後，祕密結社之事已成陳迹，而公開的運動將變爲常規。因此黨的支部，分部與中央局的結合反放鬆了，彼此的連絡也斷絕了，黨的組織只在於若有若無之間。斯特芬邦恩於是年五月十一日從柏林報告馬克思說，共產黨『到處解體了，也沒有一處是解體的。』（見新時代雜誌第二十年度一卷七四〇頁，墨爾林三月革命與共產黨。Märzrevolution und Kommunistenbund）這句話最足以形容當時的共產黨。他本以德意志爲大本營，德國的工人階級旣未壯大，則代表這個階級的黨的組織十分幼稚，是不足深怪的。不過在另一方面，小資產階級的民主黨等等却能在革命運動中逐漸擴大，並鞏固其組織，使共產黨不免相形見絀了。

到了一八四九年年底，共產黨中央局的大多數職員及許多黨員麕集於倫敦。他們既感覺過去黨的組織過於渙散，不能使中央局作爲發號施令的機關，同時又以爲革命再爆發只是指顧間的事，必須改組共產黨，以便將來得收指揮統一之效。他們於是將有名無實的共產黨重新整理一番，並且收入好些新黨員，如指揮巴登和普法爾次革命軍的威里系，經商的施蘭姆，執教鞭的批白（W.Pieper）和參加巴登革命運動的李卜克內西等都是。

至一八五〇年三月，馬克思和昂格思替共產黨中央部合草一種通告書，由那位擅長外交的皮匠包爾送至德國，號召工人重組共產黨。通告書對於德國小資產階級的民主黨的行動與目的，無產階級與這種黨派的關係，以及無產階級自身的任務，反覆申明，至爲詳盡，很可作爲現今產業落後國家無產階級的指南針。

通告書中首先說明共產黨在革命中雖是理論正確，工作努力，然他的組織十分渙散，此時實有改組的必要。次則指出一八四八年的三月革命使德國的資產階級獲得勝利，此後的新革命將使德國小資產階級獲得勝利，這個小資產階級的民主黨對於無產階級比從前的自由黨還要更爲危險。 小資產階級所志所願的是什麽呢？ 「民主主義的小有產者極不願意替革命的無產者推翻整個的社會，他們只努力去改變社會狀況，使現社會儘可能地適合於他們自身。 因此他們首先要求限制官僚政治去減少國家的費用，並將主要的稅捐加在大地主和資本家的身上。 他們更進而要求藉公共的信用組織和取締盤剝重利的法律去剷除大資本壓迫小資本之事，至於這種信用組織和法律將使他們與農民不向資本家乞靈，但在有利的條件之下，從國家方面獲得借款；他們並要求完全剷除封建制度，在鄉村實現小資產階級的財產關係。 他們爲着實現這些要求，需要一種民主主義的——無論是立憲的或共和的——國法，這種國法使他們和他們的農民同志佔得大多數，他們並且需要一種民主主義的公社法，使直接管理公社財產之事，以及現今爲官僚所擔任的許多職務，都落在他們的手中」。（見德拉恩編的昂格思百年紀念雜錄一九五至一九六頁。Friedrich Engels Brevier，Wien 1920）

小有產者對於無產階級持一種什麽態度呢？ 「關於工人方面，有一點是確切不可移的，就是他們當和從前一樣，仍爲工資勞動者，民主主義的小有產者只願意工人獲得較優的工資和一種安全的生活，他們希望由國家方面一部分的雇用與施恩布惠的方法去達到這種目的，總說一句，他們希望用多少隱藏起來的恩物去誘惑工人，希望因一種使工人目前可以苟安的狀況去破壞工人革命的勢力』。（見同書一九六頁。）

小資產階級的態度既是如此，無產階級應當怎樣應付，他自己的任務又是什麼呢？『革命的工黨對於小資產階級的民主黨的關係如下：　他對於自己志在殲滅的黨派，當和小資產階級的民主黨共同去抵抗；對於自己願意貫徹的一切事務，當與小資產階級的民主黨立於反對的地位』。（見同書一九五頁。）『當民主主義的小有產者願意使革命急速完結，至多只要實現上列的要求時，我們的利益和任務就在不斷的革命，使一切大小資產階級都被逐於統治地位之外，使無產階級奪得政權，使無產者的聯合不獨在一國向前進步，並且還在全世界所有主要的國家中向前進步，因此使這些國家內無產者的競爭消滅，至少使各種生產力集中於無產者的手中。　我們的任務不是改變私有財產的關係，而是剷除私有財產，不是調和階級的對抗，而是消滅階級，不是改良現社會，而是創造一個新社會』。（見同書一九六至一九七頁。）

然德國小資產階級的民主黨在將來的革命中要佔到暫時的優勢，因此便有三個問題橫在無產階級的面前，特別是橫在共產黨的面前，就是：在現今狀況之下，小資產階級的民主黨是同樣受壓迫的，無產階級的共產黨應當用什麼方法去對付他？　在革命的爭鬥中，小資產階級的民主黨將佔得優勢，無產階級的共產黨應當用什麼方法去對付他？　在革命爭鬥之後，小資產階級的民主黨獲得支配被打倒的各階級以及無產階級的優越權，無產階級的共產黨應當用什麼方法去對付他？

『一、民主主義的小有產者在目前是到處受壓迫，於是向無產階級普遍宣傳一致與聯合，他們向無產階級握手，力求造成一個很大的反對黨，將五光十色都包括在民主黨中，這就是說，他們力求將工人網羅在一個好用社會民主主義語法的黨的組織中，他們的特別利益是隱藏在黨的後面，而無產階級爲保持可愛的和平的緣故，不可提出一定的要求。　這樣的聯合只有利於他們，完全陷無產階級於不利的地位。　無產階級必定失去他費盡許多力量換來的完全獨立的地位，復降爲民主黨的附屬品。　因此這種聯合是必須用極決切的態度予以拒絕的。　工人——尤其是共產黨——不要再替民主黨做助興的歌舞隊，應當於正式民主黨之外，努力形成一種祕密的和公開的工黨獨立組織，使每個公社成爲工人聯合會的核心，在裏面討論無產階級的地位和利益，不可受資產階級的影響。……在一種抵抗共同敵人的爭鬥中，用不着特別的聯合。這種敵人既須直接與之爭鬥，兩黨的利益一時便是共同一致，這樣暫時的聯合在將來和現在一樣，是會自然形成的。……在這種爭鬥之中和爭鬥之後，工人於民主黨的要求之外，一有機會，必須提出自己的要求。當民主主義的國民一經將政府拿在手中，工人必須替自己要求保障。他們必須強迫政府實現此等保障，使新執政者不得不儘可能地讓步，不得不儘可能地作種種期許。最妥當的方法是訂立契約。……他們於正式的新政府之外，必須組織自己的革命工人政府——不論其爲公社或公社會議，爲工人俱樂部或工人委員會——使小資產階級民主主義的政府不僅馬上在工人中失去立脚點，並且還要受背後站有全部工人羣衆的機關的監督與威嚇。總之：從勝利的第一刻起，不信任的態度不當再加於被打倒的反動的黨派，但當加於他們向來的同志，即加於要攫取共同勝利爲私有的黨派。

二、但工人要能以勇猛決切的態度去抵抗這個從勝利的第一刻起即開始陷害他們的黨派，必須配上武裝，加緊組織。用槍砲子彈武裝整個的無產階級一事，必須馬上實行，對於反抗工人的舊國民軍的恢復必須力加反對。在最後這一點沒有貫徹的地方，工人必須努力獨立組成無產階級的保衛軍，佐以自己選舉的將領和自己選舉的參謀部，不受國家權力的節制，而受工人所設置的革命的公社會議的節制。在工人受國家供給而服務的地方，他們必須作爲一種特別的隊伍，佐以自己選舉的將領，或作爲無產階級保衛軍的一部分，武裝並組織起來。無論在什麽口實之下，不可拋棄軍器與軍需；對於每種解除武裝的企圖，必須用武力反抗，使之歸於失敗。消滅民主黨對於工人的影響，工人即時獨立的和武裝的組織，以及在民主黨一時不可免的統治之下貫徹種種讓步的與煩難的條件這幾椿事，是無產階級和共產黨當這臨近眉睫的騷亂中以及騷亂後應放在心目中的幾個主要之點。

三、新政府一經稍微鞏固，他對工人的爭鬬就要開始了。工人要能夠運用實力去抵抗民主主義的小有產者，必須首先在俱樂部中獨立組織並集中起來。……民主黨與工人衝突的第一點，將爲剷除封建制度；小有產者和法國第一次革命時一樣，將以封建的土地給予農民，作爲自由財產，這就是說，他們要讓農業的無產階級仍然存在，要造成一個小有產的農民階級，使他去經歷現今法國農民所經歷的窮困與負債的過程。工人必須爲着農業無產階級的利益而反對這種計畫。他們必須要求將沒收的封建財產充公，作爲工人移植地，（Arbeiterkolonien）使集合的農業無產階級從事耕種，獲得一切大農業地的利益，並且因此使公有財產的原則在動搖不定的資產階級財產關係中，獲得一個堅固的基礎。民主黨人和農民聯合攏來，工人也必須照樣和農業的無產階級結合在一起』。（見同書一九七至二〇一頁。）

然小資產階級的民主黨一旦掌握政權，爲情勢所迫，也會採取一些社會主義的策略，斯時工人應當提出什麼要求呢？『在運動的初期，工人自然不能夠提出直接共產主義的策略。但他們可以（一）強迫民主黨人從許多方面去干涉現社會制度，擾破現社會制度的常軌，自己讓步，並將許多生產力，運輸工具，工廠，和鐵路等等集中於國家的手中。（二）他們對於民主黨僅僅改良而非革命的提議，必須驅之趨於極端，對於私有財產加以直接的攻擊，例如小有產者建議收買鐵路和工廠，工人必須要求逕由國家無賠償地沒收此等鐵路和工廠，因其爲反動派人的財產。當民主黨人建議採用比例稅時，工人必須要求累進稅；當民主黨人自己提議一種溫和的累進稅時，工人當主張一種等級極高的稅則，使大資本由此消滅；當民主黨人要求釐定國債時，工人當要求國家的破產。所以無論在何處，工人的要求必須跟着民主黨人的讓步和策略前進』。（見同書二〇二至二〇三頁。）

通告書於詳細指示無產階級與共產黨以種種策略之後，在結尾說道：『工人的戰號當爲不斷的革命』。馬克思和昂格思爲什麼提出這個口號呢？因爲只有在『不斷的革命』中，工人階級及其政黨——共產黨——才容易壯大，容易充實他們的力量，嚴密他們的組織，增加他們的戰鬪能力，繼續前進，不囿於階段論，而迅速達到最終的解放。

包爾攜帶這封通告書到德國，獲得很好的結果。在德國的共產黨經他傳達中央局的意旨，加以整理，勢力復振，並向前發展；至一八五〇年六月，在德國的分部達十八處，即在各種工人聯合會，農民協會和體育會中所發生的影響也較從前爲大了。

此外，比利時，瑞士。法國，和英國等等都有共產黨員活動的踪跡，而倫敦區域尤爲他們活動的中心點。因爲倫敦是英國本國以及外國各種黨會的集合所，共產黨活動的對象甚多，舉例來說，他一方面指導此處的德意志工人聯合會，及德國亡命客的各種黨派，另一方面接洽布浪葵派，民權黨，匈牙利僑民黨（Partei der ungarischen Emigration）等等，以樹立革命的聯合戰線。在共產黨的財政方面，也以此處爲最大的來源，好幾年以來，黨中一切費用，尤其派員到各處接洽的費用，差不多是由倫敦區域獨力擔負的。

共產黨的勢力在一八五〇年雖再行恢復，並較前增加了，但反動的潮流愈來愈洶湧，共產黨又和一八四八年以前一樣，變爲一個祕密結社了。馬克思和昂格思於是年三月起草通告書時，本說過：『革命即在目前，或因法國無產階級獨立的新崛起而出現，或因神聖同盟壓迫革命的紛亂而出現』。（見同書一九四頁。）可是，法國於是年五月安然取消普通選舉權，無產階級並沒有崛起，歐洲的時局愈趨平靜，各國的產業愈加發達，反革命的勢力也愈加鞏固，革命劇一時已經沒有重演的希望了。馬昂兩氏在是年夏季考察歐美的經濟狀況，即已看出這一點，所以他們後來在政治經濟評論最後的時事月評上很堅決地說：『在這種普通遍的興盛之下，……便談不到一種眞正的革命了』。

馬克思和昂格思雖知道大勢已去，一時沒有革命的可能，但一般亡命客和許多共產黨員或爲革命的狂熱所驅使，或受生活困難的壓迫，沒有出路，不管四周的形勢如何，硬要設法去製造一種革命；他們對於馬昂南氏的話是極端反對的，因此雙方便不能和衷共濟了。至九月十五日共產黨中央局開會，因意見分歧，分成兩派。馬克思，昂格思，包爾，亞卡利阿斯，（Eccarius）變德爾，和施蘭姆為一派，威里系，狹白爾，佛蘭克爾，（Fränkel）和列曼（Lehmann）另為一派。在前六人中只有施蘭姆為新黨員，其餘均為老黨員；在後四人中只有狹白爾是老黨員，其餘均為新黨員。馬克思當日對於反對派曾痛下針砭，他說：『少數派用一種偏執的觀察去代替批評的觀察，用一種唯心觀去代替唯物觀。他不用實際的狀況做革命的轉動輪，而用純粹的意志做革命的轉動輪。當我們向工人說：他們當經過十五年，二十年，以至五十年的內亂和民族爭鬥，他們不單是對於現狀要加以改變，還要對於自己加以改變，他們要使自己適合於政治上的統治；反之，你們卻說：「我們必須馬上獲得統治權，否則我們可以睡着不動！」當我們對於德國工人特別指出德國無產階級不發達的形態時，你們就以極粗笨的態度，對於德國手藝工人的民族感情和閉關成見，加以諂媚。民主黨人將「人民」那個名詞當作神聖的東西，你們就照樣將「無產階級」這個名詞當作神聖的東西。你們也和民主黨人一樣，用革命的說法去曲解革命的發展』。（見馬克思寬恩共產黨人訴訟眞相記五二至五三頁。）

共產黨既因政見不同，分成兩派，各不相下，於是黨的組織也不能不裂而爲二。馬克思一派決定在寬恩新組一個中央局，就近指導德國的各分部。同時並和他的一般同志脫離德意志工人教育聯合會，因爲這個會是贊成威里系和狹白爾一派的。他們這一派也另組一個特別同盟會，去製造革命，但經過兩年後便消滅了。

馬克思一派的共產黨中央局在寬恩成立後，黨務的進行，本來日有起色。不意至一八五一年五月十日，他的黨員洛特陽（Nothjung）在萊比錫被捕，未幾浩浦特（Haupt）又在漢堡被捕。浩氏賣黨求榮，將中央局的名單交出，於是寬恩有許多黨員被捕。被捕的人自一八五二年十月七日起開始受審問，至十一月十二日才告終結，他們內中有三人判處六年徒刑，另有三人判處五年徒刑，有一人判處三年徒刑，還有四人被宣告無罪。馬克思特於此時著成一書，紀述此案的顚末，名爲『寬恩共產黨人訴訟眞相記，』藉以暴露普魯士政府的警察制度壓迫黨人和反抗社會發展的行動，或像他自己所說的一樣，『這不過是暴露普魯士的國家秘密罷了』。（見耶贊諾夫編的馬克思與昂格思論文集第一卷一三九頁。Gesammelt

Schriften von Karl Marx und Friedrich Engels, 1852 bis 1862, Stuttgart 1920）自覺恩黨案終結後，共產黨遂由馬克思的提議，於十一月十七日宣告解散，而馬氏革命運動的餘波至此也正式平息了。

第二章　文字生涯

我們剛才說，馬克思革命活動的餘波至一八五二年十一月共產黨宣告解散時，才正式平息。 其實他和昂格思自一八五〇年九月與威里系，狹白爾一派決裂，並退出德意志工人教育聯合會後，他們在倫敦的活動便大半停止了。 昂格思的父親令他離開倫敦的亡命客，前往印度加爾各塔任事，他沒有聽從。 本擬恃賣文爲活，但在倫敦找此項工作，未能成功，遂於一八〇五年年底返曼切司特，仍就他父親的棉花工廠書記的職務。 然昂氏此舉並不是爲解決自己的生活問題，因爲他既是一個多才多藝的人，又沒有室家之累，即使一時在倫敦找不到文字工作，儘可坐待時機，或另向他處活動，正不必急急於從事他向來所痛惡的『狗商業。』 昂氏此舉完全是爲無產階級與共產黨愛惜人才，完全是爲維持馬克思的生計。他深知馬克思是無產階級卓絕的理論家，是共產黨唯一的指導者，此時眼見馬氏一家數口，嗷嗷待哺，若不下大決心，犧牲一己的前程，獲錢以接濟馬氏，則馬氏爲生計所困，無暇從事於研究和理論的工作，這便是無產階級與共產黨計算不清的大損失，所以他毅然投身於商業界中。他這種犧牲精神，眞是値得我們稱許！博文與說：『昂格思爲着他的精神上的同志，將他所能夠犧牲的一切東西都犧牲了；他的作工和生活只是爲着馬克思。』（見博氏社會民主黨的原則與要求三七頁，一九二〇年出版。）博氏此語將昂格思以後的生活史都概括起來了。

至於馬克思本來是一個極好學的人，他雖頻年奔走革命，仍舊是要偸閒讀書的。他此時旣不復作革命的活動，對於學問的研究便更加專一。他於一八五一年六月二十七日寫信給維德梅耶說：『我大概從早晨九點鐘起至晚上七點鐘止，都在大不列顚圖書館。我所預備的材料分類甚多，在六星期以至八星期之前，無論如何努力，不能告竣。』（見新時代雜誌二十五年度二卷五四頁，墨爾林馬克思與昂格思傳的新資料。）他所指的材料是爲他的經濟學著作搜集的。

可是馬克思雖想潛心學術，面壁十年，然昂格思的接濟不足以贍養他的全家，饑來驅人，他又不得不顧及生計問題。他要於解決此問題時又能兼顧到學業一方面，最好是靠文字謀生。　但德國的書店都知道馬克思是一個革命家，不敢收受他的著作，至於德國那些大能聘請駐外通信員的大報館，不是他們不願意邀請他，就是他自己不願意加入，因此他的硯田竟遇着凶歲了。　好容易等到一八五一年八月初間，才獲得紐約特里標報駐英通信員的職務，藉此取得一種經常的收入，去救濟啼饑號寒的家室。

紐約特里標報是美國格里列（Greeley）於一八四一年四月創辦的。　當時美國人士頗趨向傅立葉的社會主義，而此報即為傅立葉主義運動的中心點。　他在政治上，是代表美國輝格黨（Whigs）左派的。（自一八五六年以後，則代表新建的共和黨。）　一八四八年，報館的編輯員德那遊歷歐洲，十月至柏林，旋轉赴寬恩，並造訪馬克思。　德氏於翌年三月回國，升任報館主筆，至一八五一年下半年，即聘請馬克思為駐倫敦的通信員。

紐約特里標報在當時是美國一種最大的報，當極盛時，每日銷數達二十萬份。　他的收入既豐，資本又甚雄厚，所以論他的力量，對於名人的作品是可以出優厚報酬的。　他和馬克思所訂的約是每次通信或每篇論文酬英金兩鎊，每星期以兩次為限。　這種報酬本不算十分菲薄，不過此報卻以英金五百鎊請一位記者名泰列（Tayler）的，往印度當通信員，泰氏的稿件不獨不及馬克思的優美，數量也較少，而報酬反較多，報館對於通信員的待遇已經是不平等了。

馬克思的稿件僅由紐約特里標報作爲社論登出，由此可以證明他的文字的價值；他自己希望每稿至少須得英金三鎊，但不獨不能如願相償，即原來約定的數目，也是有名無實。因爲報館中人對於他的稿件，合意的就登出來，按件給値，不合意的就按下不登，也不給報酬。　德那於一八五六年六月寫信告訴馬克思，說他對於馬氏所寄的大斯拉夫主義的十四，五篇論文不能登載，又說馬氏的論文放在他的桌上不能登的，約有二十篇。馬克思於一八五七年一月二十日寫信給昂格思說：「德那君自三星期以來，將每日的紐約特里標報寄給我，他的用意顯然是在表示此報對於我的稿件不復登載。……我對於普魯士，波斯，奧大利的論文，都被棄置了。」（見昂格思與馬克思書信錄第二卷一三八頁。）　他於一八五九年三月十日復報告昂氏說：「近六星期以來，你的論文和我的論文都沒有被採用。」（見同書同卷三一二頁。）　至一八六二年三月十五日，馬氏又告訴昂氏說，紐約特里標報於三篇通信稿之中，或登出一篇，或連一篇都不登，這是常例。　按件計値的工資勞動者被人任意虐待的苦况，馬克思就是親身經歷過了！

但是在實際上，馬克思對於紐約特里標報所允許的按件給值的權利也沒有享到。他於通信七個月之後，按照登出的稿件計算薪水，每次信或論文只合英金一鎊。他寫信問德那，爲什麼他的已登稿件只取得原約的半價，德那回信說，依照常規，此等通信是這樣報酬的，他自己受了報館所有人的囑咐，必須關於時事問題而具有興趣與革命危機性質的通信，才予以加倍的報酬。

然當馬克思用心作一些關於時事問題的論文送去時，不獨得不到加倍的報酬，簡直是一文不值。他於一八五八年四月二日寫信給昂格思說：『關於拿破崙的預算表，其他暴露之點是會逐漸出現的。我在半年前，對於這個問題作了一些很精細的論文，送給紐約特里標報，此報的一班驢子竟沒有登載，他們是何等聰明啊。這種人都是些驢子，大凡論文如果不合於「時事問題」這個名詞最無聊的意義，他們就視爲沒有趣味，向旁邊一丟，等到後來，這種事件一爲世人所注目，他們才把那無意識的東西合編起來。』（見同書同卷二六四頁。）

此外，紐約特里標報報酬馬克思還有一種苛例，就是，德那有時對於馬氏的整篇通信只登出三分之一，他即按三分之一給値。考茨基的馬克思經濟學說(K. Marx's ökonomische Lehren.）一書（第五章的註脚）述及英國一個石工因石頭炸裂，被拋入天空中，當領取工貲時，他在天空中白花去的一剎那間的工貲竟被扣去。此事至今傳爲笑談，因其充分表現資本家對待按時計値的工貲勞動者刻薄的情形。天下事眞是無獨有偶，紐約特里標報對於按件計値的工貲勞働者的待遇，也可與之媲美。這兩件事在工貲勞動史上可算是互相輝映了！

然紐約特里標報對待馬克思的刻薄情形並不單在報酬一事。報館通信員享有看報的權和，這是一件當然的事。但馬克思連這種權利也被剝奪了。他在一八五七年一月二十日致昂格思的信中，說德那自三星期以來，將每日的紐約特里標報寄給他，細玩他的語氣，可以知道三星期以前德氏未嘗寄報，只因別有作用，才有此豪舉。馬氏於一八五五年五月十六日致昂氏的信中又說，他從克洛士（Cluss）處畢竟又見着幾張紐約特里標報，由此更是以證明他自己的家中沒有此報。馬克思本是這個自詡爲歐美兩洲唯一報紙的柱石，本是這個銷數達二十萬份的報紙有名的記者，畢竟受報館這樣的待遇，我們對於他在共產黨宣言中所說，在資產階級的社會中，『人與人之間，除掉赤條條的利益，除掉無情的「現金支付」以外，再也沒有留着別的維繫物』的話，雖欲不信，也不可得。

紐約特里標報的主筆德那把馬克思當作工資勞働者，（其實德氏自己也是一個工資勞働者，）任意宰制，還不止上述兩事。德氏對於馬克思的通信，如認爲無關重要的，就將其登入報上不重要的欄中，下面署着馬氏的姓名；如認爲關係重要的，便登在報上最重要的欄中，作爲社論，下面並不署名，使一般讀者相信這是紐約編輯部所作的論文。馬克思對於這種掠美的事曾向德那提出抗議，但德氏回信說，他們對於這種辦法不能加以改變，否則讀者知道社論來自外方，殊有損於報館的威信。因此馬克思愈加出力替紐約特里標報作文，他的姓名便愈少出現於報上的機會。他對於此事自然不能承認，但他的態度又不能過於強硬，以致危及自己的生活，因向報館提議，凡他所供給的稿件，館中如要替他署名，即須全體署名，否則當可一概不署名。紐約特里標報的編輯部採用馬克思的第二個辦法，從一八五五年四月起至一八六二年馬氏脫離報館時止，凡他的稿件都不署名了。因此後人對於紐約特里標報的論文，頗不容易分出那些是馬克思或昂格思作的。

然德那對於馬克思所供給的論文不獨是剝奪他的署名的權利，並且還任意加以改竄或割裂。昂格思於一八五五年春季作了一批關於大斯拉夫主義的論文，由馬克思寄出，紐約特里標報於橫加改竄之後，登出一篇，但原文反對大斯拉夫主義的本意却完全喪失了。昂氏所作的『德意志與大斯拉夫主義』的論文，也被此報的編輯部裂而為二，並任意加些材料，作爲社論登出，一名『歐洲的爭鬥』，一名『奧大利的弱點』。德那和編輯部的人做出這種無聊的事，已是『文人無行』，但他後來還要擺出主筆先生的架子來責備馬克思。他在一八六〇年三月八日致馬氏的信中說：

『我請你替「紐約特里標報」通信，幾乎在九年之前，這種職務你一直繼續到現在。你替我們通信很有常規，就我的記憶所及，你沒有間斷過一星期；在我們的報館中你不獨是一個最受尊敬的記者，並且還是一個薪水最優的記者。我只有一樁事覺得你的作品是可訾議的，就是，你對於一種美國報時常呈出一種過於袒護德國的論調。你對於俄羅斯和法蘭西都呈出這樣的論調。講到俄皇主義和拿破崙主義的問題，我有時覺得你對於德意志的統一與獨立，露出一種過大的興味和過甚的憂慮。在最近意大利戰爭中，這種態度或者還要更加顯著。關於對意大利民族表同情一事，我和你完全同意。我和你一樣不信任法皇有什麼誠意，我和你一樣不相信意大利的自由繫於法皇；但我不相信德意志像你和其他愛國的德人所想像的一樣，有什麼實在的理由可以引起恐慌。

我必須再說一樁事，就是，凡你經過我手中的著作時常對於勞動階級的幸福和進步，露出極大的休戚相關的態度，你有許多作品是用來直接達到這種目的的。』（見佛格特先生一八八至一八九頁。）

我們參照以上各節所述的事實，可以知道德那信中稱馬克思為最受尊敬和薪水最優的記者一句話完全是虛偽的。至於他認馬氏為袒護德意志的愛國主義者，更屬無稽之談。馬克思是提倡國際主義的，他所注重的是『勞動階級的幸福和進步，』他決不致因自己偶然生在德意志，即盲目地去擁護德國，『呈露一種過於袒護德國的論調。』

講到俄皇主義與拿破崙主義，正是當時歐洲的兩個惡魔，因為他們對於弱小民族和無產階級，包藏禍心，肆行壓迫，這自然是馬克思所極力反對的。（參看本篇第四章。）德那自己既已承認對於拿破崙主義與馬克思表同意，姑置勿論。　專就俄皇主義講，他要實行他的大斯拉夫主義，併吞土耳其，這是自由派資產階級主持輿論的人應當努力反對的。　紐約特里標報於一八五三年十月猶宣言土耳其向俄羅斯宣戰，文明人類的一切同情不在基督教徒一邊，而在土耳其人一邊。　此報且於是年四月十二日將馬克思所送的反俄羅斯的論文作爲他的通信中首次的社論登出。（參看耶贊諾夫編的馬克思與昂格思論文集第一卷一五四至一五九頁。）　但自一個抱大斯拉夫主義的記者哥洛夫斯基（Gnrowski）於一八五四年加入報館後，德那便受了他的影響，是年三月以後的報紙論調就表現偏袒俄羅斯了。　馬克思於一八五六年十月三十日寫信給昂格思說：『我從阿姆斯特德（Olmsted）和他的一個美國遊伴處得知哥洛夫斯基（波蘭人）對於德那有很大的影響，那兩位同時又告訴我，說這個正直的人〔指哥氏〕按期向駐華盛頓的俄國公使館領得津貼。　這個哥洛夫斯基主張大斯拉夫主義來反對我們，你的論文沒有登出，他是一個唯一的原因。　德那君退回我的關於多惱河諸國（Donaufürstentümer）的稿件，忘却將哥洛夫斯基用法文寫上的批語塗去。　哥氏對於我的羅馬尼亞人口的統計錄批道：「所有這些數目是誇大其詞，藉以表見羅馬尼亞民族增加之速的意思。這種數目已由事實，歷史和邏輯證明爲荒謬了。」我們眞有面子，我們的論文將由俄國公使館加以監察和檢查，或已經這樣做了。』（見昂格思與馬克思書信錄第二卷一三一頁。）哥洛夫斯基是否爲俄國公使館所收買，雖尚待徵實，然他擺佈德那壓下馬克思的稿件却是鐵的事實。

馬克思的通信從一八五三年四月起至一八五四年五月止，被紐約特里標報採作社論的，就耶贊諾夫所編的馬克思與昂格思論文集一，二卷看，共計十九篇。內中有好些是用軍事學的眼光，討論戰爭問題的文字。自此以後，更有不少的軍事論文被作爲社論登出。紐約特里標報編輯部且於一八五五年二月三日的報上很自誇地說：『本報對於戰事，經常地按照軍事學上的原則，加以批評的觀察，使讀者能從軍事和政治的觀點去領會一切，關於這一點，本報是美洲和歐洲一種唯一的報紙。』（見耶氏編的馬克思與昂格思論文集第一卷編者弁言三二頁。）可是德那自己既作不出『按軍事學上的原則，加以批評的觀察』的戰事論文，只好向馬克思乞靈，藉以掛起他那『美洲和歐洲一種唯一的報紙』的招牌。他於同年十一月二十日寫信給馬克思說：『我們很願意你每星期給我們兩篇論文，每篇論文計英金兩鎊。此數合起來，每年有兩百鎊，這是你願意取得的。至於論文是屬於軍事的性質，或爲其他事項，我們讓你自己去擇定。』（見同書同卷編者弁言四六頁。）德氏此信明明是叫馬克思多多供給關於戰事的稿件，所謂聽他自行擇定材料，不過是一句陪襯的話罷了。

我們對於馬克思供給紐約特里標報論文的事已經說過許多，現在應當指明最初一年多的稿件並不是出於馬氏的手筆。因爲此報是一種英文報，馬克思雖早通英文，但他要作英文論文，覺得自己的程度，還不能馳騁自如。所以他於一八五一年八月就此報駐英通信員職務之前，寫信要求昂格思代爲提刀，他說：『紐約特里標報出聘金請我和佛萊利格拉加入記者之列。此報是北美一種銷行最廣的報紙。在星期五早晨（八月十五日）以前，你倘能替我作一篇關於德國狀況的英文論文，那就是一個很好的開端了。』（見昂格思與馬克思書信錄第一卷二〇九頁。）昂格思於是對於德意志一八四八年的革命和一八四九年的反革命，連續作了二十篇論文，署上馬克思的名字，轉送給紐約特里標報。至一八九六年，馬克思的女兒伊利安樂將此等論文集合攏來，印成單行本，名爲革命與反革命，署上馬克思的名字；考茨基於同年將是書譯成德文付印，也是如此，因爲他們都以爲這眞是馬氏的作品。

迨一九一三年柏柏爾和卡斯天所校訂的昂格思與馬克思書信錄出版，發見上列這一類的信，才知道此書實係昂格思所作。

馬克思送給紐約特里標報的稿件至一八五二年八月止，猶完全是昂格思代作的，後來馬克思也自作德文論文，請昂氏譯成英文，轉寄美國。直至一八五三年二月，馬氏才動手作英文論文。然自此以後，關於戰事問題的論文又是由昂格思供給的，因爲昂氏不獨曾經入伍當兵，富於軍事知識，並且身經戰陣，深明韜略，他對於戰局所下的批評，動中肯綮；所以他此項論文最有價值，這是馬克思所不及的。

馬克思對於紐約特里標報的通信前後歷十二年，他所供給的稿件非常之多，所涉及的方面，就可以查考的舉其犖犖大者，則爲德國狀況，英國政局，東方問題，俄土戰爭，多惱河諸國的撤兵，古里米亞(Crimea)遠征，西班牙革命，和中國問題等等。關於此等論文以及馬昂兩氏其他許多報館的通信和雜作，已由耶贊諾夫編成『馬克思與昂格思論文集——一八五二年至一八六二年，』共四大卷，不過至今還只出二大卷，即他們從一八五二年至一八五六年的論文。此等論文有一部分固然富於精彩，爲後來的資本論全部或部分引用的材料，但有一部分，便和墨爾林所說的一樣，只是『「尋常的報上通信，」再行刊佈出來，一定是馬克思和昂格思最不滿意的。』（見墨氏馬克思傳五四〇頁。）　我們對於此等論文的內容，不獨因其篇幅繁多，沒有敍述的可能，並且也因其不十分重要，沒有敍述的必要。　惟關於中國問題是我們最感興趣的，雖大部分的材料仍未發表出來，但我們也不妨將其中已有的片段文字，和馬昂兩氏在這個通信時期前後對於中國所發的議論集合起來，在此依次介紹一下。

馬克思與昂格思在一八四〇年代的著作，已經時常涉及中國，如他們的共產黨宣言上說，資產階級的廉價商品就是些大炮，將中國的一切城壁都掃平了。　又昂格思在共產主義的基本原則上說，西方發明一架機器，不到一年，中國卽有百萬工人失業。　然他們用專篇文字討論中國事件的，還要算是從一八五〇年的政治經濟評論二月份月評開始。　他們說：

『末了，還有著名的德國傳教士居次拉夫（Gützlaff）所帶來的中國的特別珍聞。　此處遲緩而有常規的過剩人口的增加使大多數人久已感受社會狀況的壓迫。　於是英國人出來，強迫五口通商。　英美成千的船舶向中國駛去，在一個短時期內，中國卽充滿了英美廉價的機器生產品。　中國建築在手工勞動上的工業遂屈服在機器的競爭之下。　堅固的中華經歷一種社會危機。賦稅入不敷出，國家瀕於破產，人民大批地流於赤貧，起而作亂，虐待並殺害官吏和佛教徒。這個國家已經站在滅亡的前面，有發生一種暴力革命之勢。還有一種更壞的情形。在叛亂的庶民中有些人出來指明一方面的貧困，他方面的富裕，要求再行分配財產，並且完全剷除私有財產。當居次拉夫君於二十年的別離後，重與文明人和歐洲人相接觸時，他聽見說社會主義，便問這是什麼？他在得到解釋之後，即帶着恐懼的聲音叫道：「我沒有地方躲避這種破壞的學說麼？自好些時候以來，中國暴民中有許多人恰恰宣傳相同的學說！」

中國的社會主義和歐洲的社會主義相比，也許和中國的哲學對黑格爾的哲學一樣。但地球上這個最古和最堅固的國家，在八年之中，竟爲英國資本家的棉花彈所破壞，已到社會革命——這種革命對於文明必定有最重大的結果——的前夕，這總是一種可喜的事實。當我們歐洲的反動派在下次的逃亡中由亞細亞達到中國的城牆時，即達到極反動，極守舊的保護所的門前時，誰知道他們不會看見上面大書特書：

中華民國

自由，平等，博愛。』（見馬克思與昂格思文匯第三卷四四四至四四五頁。）馬昂兩氏所預言的自由，平等，博愛的中華民國卽是指資產階級革命的勝利，和一七八九年法蘭西的大革命一樣，這種預言在六十二年後畢竟實現了。

我們現在來講馬克思在紐約特里標報上對中國所作的論文。他於一八五三年六月二日寫信給昂格思，說他已經草就兩篇關於中國對英關係的論文送給紐約特里標報了。可是我們檢查馬克思與昂格思論文集一，二卷，並沒有發見此等文字，不知是紐約特里標報未曾登載，還是耶贊諾夫沒有選入。至一八五四年三月，馬氏在俄土戰爭一批論文的『法國與英國——希臘暴動——亞細亞』（Frankreich und England,-Der griechische Aufstand, Asien.）一文中，有一段關於中國的話如下：

『清朝皇帝倘若被迫而放棄中國本部的統治權，退回滿洲，俄羅斯也許與西藏及清室聯盟。中國的叛亂者——和你們所知道的一樣——對於佛教已經起了一種常規的十字軍，以致佛寺被搗毀，僧侶被殺害。然滿族的宗教爲佛教，承認中國宗主權的西藏爲大喇嘛的駐在地，此處對於信仰佛教者是最神聖的。太平王如能將清朝逐出中國，他以後會與信奉佛教的滿族作一種宗教戰爭。佛教的信仰既彌漫於喜馬拉雅山的兩邊，英國又不贊能助中國的新朝，俄皇將站在滿族方面，驅策他們反抗英國，並在尼泊爾引起宗教的暴動。據最近的東方新聞(Orientpost)所載，「中國皇帝恐怕北京失守，已令各省巡撫將皇室藏入解往滿洲的發祥地和行宮所在之處，該處正在長城東北八十哩」。中國人和滿洲人的大宗教戰爭——這種戰爭將擴充到印度——可以說就在眼前了。』（見馬克思與昂格思論文集第一卷三六一至三六二頁。）

這種戰爭完全沒有實現，一因『俄國缺乏金錢，不能使所有前線一起作戰，同時不能在各處引起暴動。此外，他的戰績並不顯著，不足以使亞細亞感受一種大印象。』(見同書同卷編者弁言五二一頁。）二因太平王的勢力始終沒有達到北京，清室雖危而復安，沒有與俄國聯盟的必要。至於他所謂中國人和滿洲人的大宗教戰爭，未免以歐洲人習於宗教戰爭的眼光，來觀察中國的事件，其實即使太平王能夠成功，以當時的情勢而論，也不會有什麼宗教戰爭跟着出現。所以他這一段文字的重要只在表現他是一個目光四射的政論家，對於中國的時事問題已經十分注意了。

然馬克思於一八五八年在紐約特里標報所發表的關於中國事件的一批論文，似乎極有價值，因爲此報不獨是作爲社論登出，並且還加以讚揚。我們此時雖因馬克思與昂格思論文集三，四卷沒有出版，無從知其內容，但他在是年十二月十七日致昂格思的信中已經舉其梗概。他說：『我對於紐約特里標報尙有一椿滿意之事。這種糟糕的報紙自幾個月以來，已經將我關於中國的一切論文（中英商業等等全史）當作社論登出，並且對於這些論文加以讚揚。但是當後來中英條約正式的原文出現之時，我又做過一篇論文，內中有幾句說中國人「現在將認鴉片入口爲正當，並對之徵收入口稅，中國自種鴉片之事終久也會照准，」因此遲早出現「第二次鴉片戰爭」，對於英國的鴉片事業，特別是對於印度的國庫，將予以一種致命的打擊。然德那君將這篇論文作爲倫敦一個「臨時通信員」的論文登出，他自己做一篇社論，反駁他的「臨時通信員」。本星期一日，菲次澤刺德（Fitzgerald）和史坦利（Stanley）在下議院中以內閣的名義，一字一句地承認我的預言了。因此我於星期二日，以「臨時通信員」的資格，作了一篇論文，嘲笑我的批評者，不過我的論調自然是有一點限制的』。（見昂格思與馬克思書信錄第二卷二九九頁。）

馬克思在紐約特里標報所作的中英商業等等全史，我們此時雖不能先覩為快，然從他是年十月八日致昂格思的信中對於這一方面也可窺見一斑。『特別是關於中國方面，我將一八三六年以來的貿易情形詳細剖解一下，確實知道（一）一八四四年以至一八四六年和一八四七年英美輸出的增加，證明是虛偽的，在以後十年間的平均數也差不多沒有變動，同時中國對英美的輸出却非常增加了；（二）五口通商和香港的佔據所得的結果，不過是廣東的商業轉移到上海罷了。其他互市場便不足算。這種商場失敗的主要根源，似乎就在鴉片的貿易，在實際上，所有對中國輸入的增加往往限於鴉片的貿易；可是要破壞這一國內部的經濟組織，和他的小規模的農業等等，將費去極多的時日。』（見同書同卷二一九三頁。）

馬克思這一段話中包含三件事，即英美對華商業的失敗，鴉片為對華輸入的大宗貿易，和中國小規模農業的富於抵抗力。他後來在資本論中復談到這些問題，不是加以證明和發揮，就是予以深刻的諷刺，關於第一個問題，他引用英國人的報告說：『「在中國條約之後，馬上就有展開我們對中國貿易的大希望，有許多大工廠是特別因此建設起來的，他們的目的在製造棉貨以供中國市場的需要。……」「結果怎樣呢？」——「糟糕透了，幾乎非言語所能形容；我不相信一八四四年和一八四五年運往中國的一切貨物有三分之二以上的數目是收轉來的；茶就是運囘的主要品。……」（見馬氏資本論英文本第三卷五七二頁） 關於第二個問題，他述及英國本國受鴉片的流毒，因替中國吐一口怨氣道：「在英國的農業區域和工廠區域一樣，成年的男女工人吃食鴉片的，日見增加。「推廣鴉片劑……是好些批發商人的大目的。一班藥材商視此爲一種主要的物品。」（第六次公共衞生報告四五九頁） 吃鴉片劑的嬰孩「不是縮成一個小老人，就是變作一個小猴子」。（同書四六〇頁） 我們在此看見印度和中國是怎樣對英國報仇。」（見考茨基的註釋資本論第一卷三四三頁 關於第三個問題，他說道：「前資本主義的民族的生產方法的內部堅結，對於商業所發生的障礙的影響，可以從英國對印度和中國的通商明白表現出來。這些國家生產方法廣大的基礎是由小農業與家庭工業的聯合構成的，在印度還要加上一種建築在公有土地上的公社形態，然這也是中國原有的形態。英國人爲破滅此等小的經濟組織起見，特以統治者和地主的資格，在印度同時使用他們直接的政治和經濟勢力。英國的商業對於此等組織發生一種革命的影響，但他所達的限度只止于藉商品的低廉價格破壞紡織業，這是小農業與家庭工業的聯合中一個陳舊的整部分。即使如此，這種解體的工作，進行也很遲緩。英國人在中國沒有任何直接的政治勢力，故此進程更爲遲緩。此處因農業與製造業的直接結合而節省財力和時間，對於大工業的生產品遂表現一種最頑強的抵抗。……』（見馬氏資本論英文本第三卷三九二至三九三頁。）

然英國對華貿易的不振，不僅在一八四〇和五〇年代如此，即在六〇年代的初期也是如此，所以馬克思於一八六二年三月三日報告昂格思說：『我起先告訴你，（英國）對中國的貿易沒有什麼大希望，此事你總還記得。最近商務部的報告證明如下：

	一八六〇年	一八六一年
香港	二四四五九九一金鎊	三一一四一五四
中國	二八七二〇四五金鎊	一七三三九六七
總數	五三一八〇三六	四八四八一二一

所以總輸入是減少了。不過（一八六一年的貿易品比一八六〇年的）更直接（輸入中國），不甚經過香港能了。』（見昂格思與馬克思書信錄第三卷五一頁。）過了兩日，昂

氏回信說：『照你的說法，對中國的貿易還是大大增加了。據我的記憶所及，在十年以前，〔貿易〕變動的數目是一百萬至三百萬金鎊。』（見同書同卷五二頁。）隔一日馬克思復回信說：『比較中國貿易狀況，至一八五二年止，的確是增加了，但自加里福尼亞和澳大利亞〔的金礦〕發見以來，中國貿易絕比不上其他一切市場。此外，在從前的報告中，香港是作爲英國的所有地，與中國分離的，所以在「中國」項內的輸入（自一八四〇年以來）總是比總輸入更小。自一八五九年以來〔貿易〕雖有增加，但至一八六一年又復下降了。』（見同書同卷五三頁。）

此外，馬克思又常論及世界貿易破壞中國大半自給自足的生產而使之變成資本主義的生產。『在另一方面，造成資本主義生產的基本條件——即一個工資勞動階級的存在——的同一狀況，使一切商品的生產，過渡到資本主義的商品生產。這種生產即按照他的發達的程度，對於每種直接自給自足，僅以剩餘生產物作爲商品的舊式的生產形態，發生一種毀滅的影響。資本主義的生產使生產物的出賣變成主要的事業，他初時暫且不侵犯生產方法的自身，例如資本主義的世界商業對於中國人，印度人和阿剌伯人等等所發生的最初影響—

樣。但他在安下根基之處，即破壞一切商品生產的形態，無論此等形態是建築在生產者自己的勞動上面，還是僅建築在出賣剩餘生產物上面。他首先使商品的生產普遍化，然後使一切商品的生產逐漸變成資本主義的生產。』（見考茨基註釋的資本論第二卷一三至一四頁。）

世界商業既破壞中國舊式的半自給自足的生產而使之進於資本主義的生產，於是中國廉價勞動的競爭也不能不影響於資本主義的先進國。所以馬克思說：『現在〔一八七三年〕因受了國際競爭——因資本主義生產方法的發達，使全世界的工人屈服在這種競爭之下——之賜，我們〔比較工人狀況的範圍〕愈加推廣了。現在所講的，不復是英國的工資要降至歐洲大陸的工資水平線，而是歐洲的工資在近的或遠的將來，會跌到中國的水平線。英國國會議員斯退普爾吞（Stapleton）君在選舉人的面前作一種關於將來勞動價格的演說，將上面的見解發揮出來了。他說：「當中國變成一個大工業國家的時候，歐洲的工業人口如果不降到他們的競爭者的水平線，我不知道他們怎樣能夠抵得住這種競爭。」（一八七三年九月三日的泰晤士報）。』（見考茨基註釋的資本論第一卷五三六頁。）

然中國如果變成一個大工業的國家，對於世界的影響當不止此，所以昂格思在一八九四年十一月十日致寄居美國的索爾格的信中說：『中國的戰事〔指是年中日之戰〕已經予舊中國以一種致命的打擊。閉關自守既不可能，而輸入鐵路，汽船，電線，和大工業等且因軍事上防禦的理由成爲一種必要了。然小農耕種的舊經濟制度——在這種制度之下，農家自行製造他的工業品——以及頗能容納稠密人口的整個舊社會制度也要因此傾覆了。千百萬人民將被投閒致散，迫得向外遷徙；他們將向外尋找途徑，一直達到歐洲爲止，並且將成羣結隊而來。中國人的競爭既是成羣的，將把你們〔指美洲〕和我們〔指歐洲〕之中的事業驅策到登峯造極的地步，所以資本主義克服中國，同時將予歐美資本主義的毀滅以一種衝擊。』（見倍克，齊慈根，昂格思，馬克思等致索爾格等書信錄四一六頁。）

我們對於馬克思或昂格思在紐約特里標報和其他著作中涉及中國的議論已經擇要敍述過了，現在要講馬氏和此報最後一幕——即脫離關係——的經過。紐約特里標報從初時起即苛待馬克思，這是我們曾經說過的，這種情形到後來更加厲害。馬氏於一八五七年一月二十日將受此報宰制之事告訴昂格思。昂氏旋囘信說：『紐約特里標報此次既表示決切的意思，要和你決裂，我以爲你最好是向紐約其他報紙去接洽聯絡。先驅報（The Herald）或泰晤士報不是可以加入麽？我要是處你的地位，將即刻取一種步驟，使紐約特里標報的人陷於困難的地位，一直到一切事情都弄妥爲止。對付他們這種卑鄙的樣子，只須顧着自己的利益，不必管他們。你如果相信一種間接的步驟較好，可舉以相告，我很願意以我的名義開始談判，總使你不致於讓步。我可以寫信前去，說我很有理由相信你和紐約特里標報的同事，不復像從前一樣和睦，一種調停或是必要的等等。』（見昂格思與馬克思書信錄第二卷一四一頁。）

馬克思於是月二十三日回信說：『加入紐約先驅報是不可能的；至於紐約泰晤士報必須去試一試。……我將於下星期二日……寫信給德那，務用一種方法把他置於他所想像爲不如意的衝突上。』（見同書同卷一四二頁。）至二月六日，馬氏復報告昂格思說：『關於紐約特里標報，還是和我從前所見的一樣。我仍然沒有動筆。今天已經寫了一封決決切切的信給他們，恰和我原來所寫的一樣，但是在他們的答覆未到以前，我不完全停止我的論文的創作。』（見同書同卷一四三頁。）

紐約特里標報本來是靠馬克思做台柱，才掛得起他那『美洲和歐洲一種唯一的報紙』的招牌，他的所有人和主筆等所以敢於苛待馬克思，只因他們明知馬氏專靠文字餬口，可以聽其擺佈。不意馬克思於忍無可忍之時，竟採一種強硬的態度，使他們不得不表示相當的讓步。馬氏於三月二十四日報告昂格思說：『我將加入別種報紙的威嚇，竟發生了效力，至少也有一點效力。不管他們的語氣表示如何大的友誼，然內中已顯出我正確了解這些先生們的一種證據。〔他們的〕提議是：他們對於論文，無論登載與否，每星期出一篇的代價；我如送去第二篇，便有點靠不住，如果被登載，那就算是我的幸運。所以在實際上，他們將我的報酬減去一半。我對於此事表示同意，也不得不表示同意。』（見同書同卷一五〇至一五一頁。）

馬克思和紐約特里標報的交涉經過後，美國的商業危機出現了。他知道事機不妙，於是年十月二十日用詼諧的語調，寫信給昂格思說：『賣文為活者的英文事業雖健全，但他們的外國主顧却不康健，他們的叫苦連天，是新鮮活現的。』（見同書同卷一九八頁。）馬氏的話果然說中了，他於是月三十一日報告昂氏，他接到德那兩封信，其中封信的內容是：『因商業危機的結果，除我和泰羅外，所有歐洲的通信員都被辭退；但我現在受嚴格的限制，每星期只能供給論文一篇。』（見同書同卷二〇〇至二〇一頁。）

馬克思於美國商業危機經過後，每星期照常送兩篇稿子給紐約特里標報，但報館大概還是只登出一篇。他於一八五九年三月十日寫信給昂格思說：『依我的經驗看來，我以爲許多論文的被棄置只是一種預定的策略，要向我表示他們目前每星期尙只用一篇論文。』（見同書同卷三一二頁。）至一八六〇年年底，他因向報館取得一張期票，引起後者的抗議，而他的位置又搖動起來了。他於一八六一年一月二十九日報告昂氏說：『我於十二月十日領得一張兩個月付款的期票，計英金三十鎊，他們現已提出抗議。此外，他們又警告我，一切通信以六個星期爲止。……當一八五八至一八五九年商業危機之際，通信才因例外減爲每星期一次，這種契約久已由正式的書信取消了，德那在結算賬目之中，復回到這個危機時代，這就是他的卑鄙處。他現在將近幾年來沒有登載的一切論文都替我扣除出來。在另一方面，仍以一八五八至一八五九年的契約做標準，這是他的謬誤的見解，他由此再也沒有正當權力於一個半月和我斷絕關係。然我却不能有何種反抗他們的舉動，因爲我是完全倚賴他們的。我實在不知道要怎樣辦才好，但在許久以前，我就知道這種危機是逼近了。』（見同書第三卷七頁。）

我們參照本章前面所舉的事實，和馬克思這封信中的話，無論如何，不能認德那對待馬氏是持一種友誼的態度。可是耶贊諾夫的看法却不相同，他說：『馬克思時常痛惡德那。此事常是不大正當，因爲沒有德那在報館所有人的面前替他主張利益，他在紐約特里標報的通信决不能經過這樣長久的日子。他和報館的交涉總是由德那手中經過的，大家可以確切說一句，就是，不管怎麼樣，德那方面對於馬克思的行爲是對的。凡他能力所及之處，總是疲精費神去和緩馬氏位置上的困難。他與馬克思同時退出紐約特里標報，馬氏後來才知道德那在格里刓和馬克厄拉慈（Mac Elrath）的面前也只是一個文字苦力。』（見耶氏編的馬克思與昂格思論文集第一卷弁言三三頁。）

耶贊諾夫這一段話，無論如何不能成立。德那從最初時起，卽不依照他和馬克思所訂的契約登載稿件，給予報酬，對於美國商業危機後用正式書信取消的契約，復用作結算賬目的根據，他對於馬克思這樣的行爲是對的麼？這是他在報館所有人的面前替馬氏主張利益麽？『沒有德那在報館所有人的面前替他主張利益，他在紐約特里標報的通信決不能經過這樣長久的日子。』　這句話也許不錯，不過德那要抓住馬克思，爲的是替做主筆的撑門面，這是出於他的自利心，並不是眞正爲馬氏主張利益，否則他必不致表現許多卑鄙的行爲。『馬氏後來才知道德那在格里列和馬克厄拉慈的面前也只是一個文字苦力』。　這句話更不會錯，不過我們以爲馬克思從初時起就知道此事，並不等到『後來』，但同時也知道這個『文字苦力』是一個工頭，他自己才是眞正的文字苦力，這個『工頭』的利益是在替他的主人盡量剝削『工人』，藉此獲得主人的信任與寵遇，決不是站在『工人』方面去向主人說話，因此『工人』就自然而然地要受他的宰制與壓迫了。　墨爾林說得對：『馬克思對紐約特里標報的活動，不是他所經歷的艱苦中最容易的一部分；德那自己不是報紙的所有人，不過是眞正所有人格里列和馬克厄拉慈的管家奴隸，這樁事不能引起每個讀者達到校訂者〔指耶贊諾夫〕所演出的結論，就是，無論怎麽樣，德那方面對於馬克思的行爲是對的。馬克思在十年的交涉中，心裏從沒有具一種觀念，認德那爲表同情於他的同事。』（見墨氏馬克思傳五四〇頁。）

我們現在再回到馬克思和紐約特里標報的交涉上去。馬氏自接到那封恐嚇信後，卽發德那一信。他旋卽起程往歐洲大陸，和昂格思通信較少，並且不復提及此事。至是年七月二十日，他寫信給昂氏，說近來雖每星期送稿給紐約特里標報，但沒有接到德那的回信。至九月二十八日，他訴告昂氏說：『我於本星期和上星期每次送一篇論文給紐約特里標報。此事能否這樣進行，在兩星期內便可顯明出來。（我暫時每星期繼續送論文一篇。）』（見昂格思與馬克思書信錄第三卷三六頁。）一直到十月三十日，他才向昂格思去報喜信：『〔我和紐約特里標報的〕關係至此畢竟復趨明瞭，我至少又獲得堅固的地盤，可以立足，不致再飄在天空了。你可知道，我自從曼切司特回來後，一見時機順利，又開始替紐約特里標報作文，每星期一次，我於最近的郵使中獲得載有我頭兩篇論文的報紙，第一篇論文（共三欄，係講英人對於美國的批評）佔重要的位置，就是特別在報紙的頭上。這樁事情要算是弄妥了，因此每星期兩金鎊也靠得住了。』（見同書同卷三七至三八頁。）

馬克思在一八六一年十月底方慶自己在紐約特里標報的位置危而復安，『每星期兩金鎊也靠得住了，』不意才過半年，他竟失却『堅固的地盤，』『飄在天空了！』昂格思於一八六二年五月五日報告馬克思說：『關於紐約特里標報的事，我看見曼切司特觀察報（Manchester Examiner）和泰晤士報的文字餘談欄裏一節新聞，說德那「因和格里列君意見不合」，已退出紐約特里標報。這隻戴天使面具的老驢子似乎是咎有應得。但我不讓報館中人再這樣隨便黜退別人，至少也要寫信給德那，請他詳細說明這是什麼緣故，誰在報館中接他的手，使你知道和什麼人接洽。他們如果願意斷絕關係，至少也當讓他們說出來，我不要安然接受這種間接的暗示。倘若你以後加入紐約其他報館，他們便可以說你捨棄他們了。此外，〔他們就是要和你斷絕關係，〕也必須說出理由來。』（見同書同卷五九頁。）

昂格思究竟是否寫過這樣的信，並接過怎樣的回信，他和馬克思以後的書信中沒有表現出來，我們無從知道。不過自德那退出報館後，馬克思通信的職務也沒有保持得住。德那爲着要替報館裝飾門面，所以讓馬氏繼續任事，代他作些社論；及德那走後，格里列和馬克厄拉慈大概覺得這樁事沒有必要，或覺得馬氏是個危險人物，對於他在報館中活動，不大放心，便直截了當地把他辭去。

馬克思擔任紐約特里標報通信的經過雖已盡如上所述，然他和德那的交涉却還有兩樁事是應當補敘的。第一，自昂格思代他作許多軍事論文送登紐約特里標報後，有許多讀者以爲這是當時有名的將軍斯科特（W. Scott）的作品，而美國的大雜誌浦特南月刊（Putnam's Monthly）的主筆且於一八五五年向此報編輯部請求做軍事論文的人供給稿件。德那於六月初間寫信給馬克思說：『浦特南月刊的編輯人要求我請你做一篇關於歐洲軍備的精密論文。他自然不知道你是誰，我以爲這也沒有必要。我回復他說，我可以向我們軍事論文的記者要求作成他所願意要的論文。……你做這篇論文，只不要寫在薄紙上，因爲我不要他涉想到這種論文是出自歐洲。』（見馬克思與昂格思論文集第一卷編者弁言四三至四四頁。）馬氏接到此項要求，自然是轉請昂格思代庖。昂氏的作品名歐洲的軍隊，（The Armies of Europe）登在是年八，九，十二月三期的浦特南月刊上，但是沒有署名。

第二，馬克思於一八五七年四月應德那之請，對於德氏主撰的美國新百科全書，（new-American Cyclopidia）擔任軍事，哲學和經濟的編纂。關於軍事的文字，不用說，仍由昂格思代作，哲學和經濟的材料則由馬氏自己編纂。他們兩人供給這種稿件到ＡＢＣ三個字母，以後就似乎沒有繼續下去。因爲編輯這種東西，要廣集材料，博覽羣籍，費時極多；

而德那對於他們的稿件既任意剪裁，對於應編的目錄表又常故意拖延不發出，對於每行字的報酬且不到一個辨士，所以他們不能不停止此項工作。　昂格思自己後來對於此等作品並不滿意，他在一八九一年一月二十日致施呂特（Schlüter）的信中說：『在「百科全書」中的作品有一部分是馬克思的，有一部分是我的。……　這只是純粹營業性質的作品，可聽其消滅下去。』（見倍克，齊慈根，昂格思，馬克思等致索爾格等書信錄三五三頁。）

馬克思對於美國方面，除掉供給紐約特里標報，浦特南月刊和美國新百科全書的稿件外，曾於一八五二年春季替維德梅耶所辦的革命（Revolution）月刊第二期作了一批關於一八五一年法國政變的論文，名爲『路易拿破崙的霧月十八日』。　維氏係馬克思的老同志，當革命時代在佛郎克佛辦報，旋因普魯士的警察破獲共產黨員，不能潛身本國，遂前往美國。他在紐約辦報是想爲自己的黨創造一個宣傳機關，可惜這種月刊出至第二期卽行停刊，而馬氏的作品沒也有領取報酬。

馬克思此文的命名，是應用拿破崙波那帕脫於法國共和八年霧月十八日（卽一七九九年十一月九日）對五百人院和執政內閣所起的政變的故事，去形容他的姪兒路易波那帕脫（通常稱爲路易拿破崙）一八五一年十二月二日的解散國會。馬氏用唯物史觀的眼光分析此次事變的由來與經過，始於一八四八年的二月革命，而終於路易拿破崙稱帝的預言。此文和他的法蘭西的階級爭鬥一書相較，更爲詳盡而深切；我們現在將他敍述事變前的歷史的提綱介紹出來，即可見一斑。

『一、第一時期。從一八四八年二月二十四日至五月四日。此爲二月時期。即開幕期。博愛的欺騙盛極一時。

二、第二時期。此爲共和國製憲和國民立憲會議的時期。

（一）從一八四八年五月四日至六月二十五日。一切階級對無產階級作戰。無產階級於六月間失敗。

（二）從一八四八年六月二十五日至十二月十日。純粹共和派資本家的專政。起草憲法。巴黎宣佈戒嚴。至十二月十日拿破崙當選爲總統，遂將資本家的專政消滅了。

（三）從一八四八年十二月二十日至一八四九年五月二十九日。國民立憲會議與拿破崙及其聯合的秩序黨爭鬪。國民立憲會議消滅。共和派資產階級失敗。

三、第三時期。此爲立憲共和國與立法會議的時期。

(一)從一八四九年五月二十九日至六月十三日。小有產者與資產階級及拿破崙爭鬪。小資產階級的民主派失敗。

(二)從一八四九年六月十三日至一八五〇年五月三十一日。秩序黨的國會專政。因取消普通選舉權遂完成這一黨的統治，但失去國會內閣。

(三)從一八五〇年五月三十一日至一八五一年十二月二日。國會的資產階級和路易拿破崙爭鬥。

(a)從一八五〇年五月三十一日至一八五一年一月十二日。國會失去軍隊的統率權。

(b)一八五一年一月十二日至四月十一日。國會力圖恢復對行政的權力。秩序黨失去國會中獨立的大多數。秩序黨與共和派及山嶽黨聯合。

(c)一八五一年四月十一日至十月九日。修改，混合和停會的企圖。秩序黨在他的單個的成分中解體了。　資產階級的國會及報章的破碎促成資產階級羣衆的結合。（d）一八五一年十月九日至十二月二日。　國會與行政機關公然破裂。　國會完成他的滅亡的一幕，他爲自己的階級，以及軍隊和其他一切階級所棄，陷入困苦之中。國會統治與資產階級霸權的消滅。　拿破崙勝利。　恢復帝國的時期。」（見馬氏：路易拿破崙的霧月十八日九六至九七頁。）

馬克思在這篇論文中分析各階級的力量與關係固然十分正確，而考察資產階級革命與無產階級革命不同之點尤爲精絕。　他說：「資產階級的革命——如十八世紀的——衝鋒前進，勝利重重，革命轟轟烈烈的效果，雖然紛呈，人物的表現好像十分顯赫，而心神顛倒與喜不自勝的態度，就是每日的精神；不過此等革命是短命的，馬上就達到他們的頂點，社會在能夠享受他們騷動時代的結果之前，要感受長期的不安寧。　反之，無產階級的革命——如十九世紀的——卻不斷地批評自己，在他們的進程中常至中斷，迄到似乎要成功的境界，忽回轉來，從新再幹，對於他們初次企圖中的半途而廢，和各種弱點與可憐之處，加以無情的譏諷，對於他們的敵人只是屈服，使他得集合新力量，與之作更大規模的對抗，並且對於自己目標的奇偉望而却步，一直要到局勢已成，無可迴避，於是四周的情形自己叫道：

玫瑰花在此，來跳舞罷！』（見同書一一頁。）

無產階級的革命既是旅進旅退，要經過好些迂迴曲折，那麼，法國的無產階級尤其表現這種特色。當一八五〇年三月十日巴黎選舉之際，無產階級本居革命聯盟的領導地位，（參看本篇第一章，）然他不獨不能乘時崛起，竟反被擯於政治舞台之外。所以馬克思說：『一八五〇年是工商業最興盛的年代之一，巴黎的無產階級都找着工作。可是這一年五月三十一日的選舉法排斥他，使不得絲毫參加政權。這種法律使他失去爭鬥的場所。這種法律使工人復站在二月革命以前所處的旁觀地位。他們對於這樣的事件既受民主派的驚駭，爲着一種目前的安寧，又能夠忘記他們階級的革命利益，那他們是拋棄做一種被征服勢力的榮譽，屈服於命運之下，表現一八四八年六月的失敗使他們在許多年中不適宜於爭鬥，而歷史的進程在初時必定又要超過他們的頭顱，向前發展。』（見同書五五頁。）

法國的無產階級既已退出政治爭鬥的舞台，小資產階級也相繼失敗，只剩着資產階級與挾着流氓無產階級並收買軍心的路易拿破崙作戰，而終於一敗塗地。馬克思批評他道：

「法蘭西的資產階級反對作工的無產階級的優勢，却使流氓無產階級佔得優勢，使十二月十日社（Die Gesellschaft Vom 10. Dezember）的首領站在上面。資產階級使法蘭西對於將來的赤色紛亂的恐怖極端害怕，當拿破崙於十二月四日令他的爲酒所鼓舞的秩序軍射殺蒙馬特耳路（Montmartre）和意大利路的體面國民時，他對於這種將來預先替資產階級打了折扣。資產階級崇拜武力，即受武力的統治。資產階級殲沒革命的報章，自己的報章也被殲沒了。資產階級使民衆的集會受警察的監視，的會場也被警察監視了。資產階級解散民主主義的國防軍，自己的國防軍也被解散了。資產階級宣佈戒嚴，自己也被戒嚴籠罩着了。資產階級用軍事委員會去排除陪審官，他的陪審官也被軍事委員會排除了。資產階級使牧師操縱國民教育，自己的教育也被牧師操縱了。資產階級不經過審判即放逐人民，他也不經過審判即被放逐了。資產階級用國家的權力壓制社會每種激昂的情緒，他的每種社會的激昂情緒也被國家的權力壓制了。資產階級爲擁護自己財產的熱忱所驅策，反抗自己的政客和文人，他的政客和文人固然被剷除，但在他緘口結舌之後，他的財產也被搶刼了。資產階級對於革命——像阿仙尼阿斯（arsenius）對於基督教徒一樣——不斷地叫道：

「逃跑、屏息，安靜！」 拿破崙也向他叫道：「逃跑，屏息，安靜！」』（見同書九七至九八頁。）

路易拿破崙襲敗法國的資產階級，叫他『逃跑，屏息，安靜』，拿氏到底代表那一個階級呢？ 他所代表的是據有小塊地土的保守的農民。 馬克思告訴我們說：『此等據有小土地的農民構成一種極大的羣衆，他們生活於同樣的情形中，但彼此沒有複雜的關係。 他們的生產方法不能使他們互相往來，却使他們彼此孤立。 法國交通方法的不良與農民的窮困更促進這種孤立。他們的生產田園——小土地——在耕種中不能有分工，不能應用科學，因此也沒有複雜的發展，沒有各樣的才能，沒有社會關係的財富。 每個農家差不多都是自給自足的，他的最大部分的消耗都由自己生產出來，所以他的生活資料多出自與自然交換，而非出自與社會交換。 小土地，農民和家庭；此外是另一小土地，另一農民和另一家庭。 這樣一批小土地，農民和家庭構成一個鄉村，這樣一批鄉村又構成一郡。 法蘭西民族的大羣衆就是這樣由同名稱的容積簡單相加而成的，好像一袋馬鈴薯構成一個馬鈴薯袋一樣。 幾百萬家庭所賴以生活的經濟生存條件使他們的生活方法，利益和教育與其他階級的生活方法，利益和教育互相分離，互相仇視，他們於是構成一個階級。然在據有小土地的農民中如只有一種地方的結合，他們利害的相同如不能產生共同的行動，全國的聯合，與政治的組織，那他們沒有構成一個階級。因此他們不能用自己的名義—不論其為國會或為國民會議—貫徹自己的階級利益。他們不能代表自己，必須為人所代表。他們的代表同時必須為他們的主人，為超越他們的一種威權，為一種無限的政府權力，以使這種權力得保護他們使不受其他階級的侵犯，並從上面施以雨露和陽光，以助其發展。所以據有小土地的農民的政治影響在行政權力宰制社會的事實中找着他的最後的表現。』（見同書一〇二至一〇三頁。）

馬克思對於法蘭西歷史與時事的研究，特別饒有興味，因為——像昂格思所說的一樣—『歷史的階級爭鬪在法蘭西比任何國家表現得更為決切，而政治變遷的形態——此等爭鬥在這些形態中進行，在這些形態中產出他們的結果——也極為猛烈。……即向上的無產階級對統治的資產階級的爭鬥，其尖銳的形態，也是任何國家所未有的。』（見同書三頁。）

馬氏對於這一方面的研究既深，所收集的材料又豐富，而所持的觀點復十分正確，所以他此文能夠壓倒一切庸俗膚淺的著作。他於一八六九年此文印成單行本的序言中說：

『在討論我所涉及的同一對象的著作中只有兩種是值得注意的：卽囂俄（Viktor Hugo）的「小拿破崙」（Napoleon le Petit）和蒲魯東的「政變」。（Coup d' Etat）囂俄只限於對政變負責的主謀者加以無情的和尖刻的譏諷。他以爲事變的本身和天空的閃電一樣。他只看見其中一個私人暴力的行動。不注意到，當他將一種發動的私人暴力歸到這個人的身上時——好像這是空前絕後，存在世界史上的——便把此人看得太大了。在另一方面，蒲魯東力求描寫這種政變爲以前歷史發展的一種結果。然他將政變的歷史的結構變成政變英雄一種歷史的辯護。他犯了我們所謂客觀作史家的錯誤。反之，我指出法蘭西的階級爭鬬怎樣造成種種狀況，使一個庸俗而狂妄的人得表演英雄的戲劇』。（見同書四至五頁。）

我們只要看一看馬克思上面一段比較的話，就可以知道他的『路易拿破崙的霧月十八日』一書具有何等的價值，並且怎樣指示我們以一種作史的方法。

我們現在再回轉來敍述馬克思的文字生涯。他自賣文爲活後，不獨在美國找到市場，旋在德，奧，英等國也找到市場，不過這只是暫時的而非主要的罷了。他曾因生計困難，託拉塞爾在德國找文字工作。至一八五四年年底，拉氏薦他擔任德國紐阿德報（Neue Oderzeitung）的駐倫敦通信員。他卽於此時起開始通信。在一個長時期中，每星期約三次。然他這種工作比對紐約特里標報的通信要輕鬆得多，因爲他用不着疲精費神去選擇材料，所作的稿件決不致被退還。他的通信的對象爲英國的軍制，商業危機，內閣危機，憲法，國會，財政，改革運動，教會的煽動，帕爾墨斯頓，（Palmerston）和羅素（Lord John Russell）等等。昂格思所作關於大斯拉夫主義的論文也由他一併送給此報。這一切作品雖含有許多關於經濟，政治和歷史的好材料，然都係急忙草就，多半只能放在墨爾林所謂『尋常的通信』之列。馬克思對此報的通信至一八五五年十月，次數大大地減少，至十二月便完全停止了。他在一年之中所供給的稿件雖有百篇之譜，（僅就耶贊諾夫選擇刊行的計算，）但他所得的報酬每月不過九十馬克。

馬克思於停止紐阿德報的工作後，拉塞爾又於一八五七年年底薦他擔任奧京維也納報（Die Wiene Presse）的駐英通信員。此報係拉氏的表兄弟佛利德蘭德（Friederländer）所主撰，佛氏很希望馬克思加入記者之列，不過對於路易拿破崙可下攻擊，對於帕爾墨斯頓則不能加以訾議。馬氏因爲不願意接受這種條件，此事遂被擱置。至一八五九年三月，拉塞爾又詢佛氏之請，寫信給馬克思，重提舊事，並且將前此所加的限制除去。維也納報本是奧大利一種鼓吹民主主義的報紙，每日銷數達二萬七千份，馬氏只要條件不苛刻，自然不拒其請。但遲至一八六一年三月他到柏林後，才與拉塞爾商訂通信事務，當議定論文一篇，酬英金一鎊，通信一次，酬英金十先令。至是年十一月馬克思乃開始按規約履行職務。可是他在十二月九日致昂格思的信中，已有維也納報對於他的論文有一部分沒有登載的話，可見此報在起首一個月內對待他的態度就和紐約特里標報相彷佛了。爲時不及兩月，他送給維也納報的論文竟有一大半沒有登載。他於一八六二年二月二十五日和三月六日給昂氏的兩次信中說，維也納報對於他的論文常是四、五篇登出一篇，或連一篇都不登載，他雖提出抗議，仍舊沒有效力。他對於此報的文字因緣，似乎不到是年年底即告終止。

此外，馬克思對於倫敦的德文週刊人民報，（Das Volk）民權黨的機關報人民新聞，（Peoples Paper） 和厄赫特（Urquhart）所辦的自由報（Free Press）等等，都前後投過稿，有些並且還是沒有受報酬的。

馬克思自寄居倫敦後，對於歐美各種報章雜誌所供給的論文，單就已經登載的講，總是以百數計。此等論文後來有印成單行本的，也有印成論文集的，可是還有許多，至今未被從原刊物中採取出來，刊印行世。我們對於已刊行的論文已經擇尤介紹，至於未刊行的論文只好待其出版，再爲增補。現在暫且把馬氏的文字生涯作個結束，進而介紹他的社交關係。

第三章　朋友與仇敵

德國一個警探說：「凡在馬克思家中過訪的客人常是受最大友誼的待遇。（參看本篇第五章。）雷士列也說：『馬克思的家對於每個誠實的同志是開放門戶的。』」（見新時代雜誌第十一年度一卷七五一頁，一個工人對於馬克思的回憶——Erinnerungen eines Arbeiters an Karl Marx.）馬氏爲工人運動的領袖，自然樂意和羣衆及同志接交。不過他生平不喜濫交，因此和他眞正親密接觸的朋友或同志，爲數甚少。我們現在特就此少數人中舉其較爲重要者如左：

馬克思生平第一個共患難同生死的同志是昂格思，這是人所共知的。當他賣文爲活時，昂氏時常替他作文，使他得藉此增加收入，當他窮困時，昂氏時常匯款接濟他，或一，二鎊，或五鎊十鎊以至數十百鎊不等。我們試翻閱昂格思重居曼切司特後他們兩人的書信，便時常發見昂氏匯款，或馬氏收款的話。即此一端，已足表見他們關係的深切了。

可是大凡相知愈深的人，相處卽愈不拘形跡，或相責愈切，因此有時不免發生波折，所謂『白首相知猶按劍，』正是這個緣故。馬克思與昂格思雖交稱莫逆，然他們也發生過一次誤會，幾乎要鬧到凶終隙末。今特詳述其經過於下。

昂格思雖是一個單身漢，從沒有和任何女子結婚，但他不獨非獨身主義者，並且還是一個風流種子。柏柏爾說他有三種嗜好，就是工作與酒色，這是絲毫不錯的。當他於一八四七年寄居巴黎時，常到各跳舞場中去找女朋友。他有一次寫信給馬克思說：『沒有法國女子，簡直值不得生活。』（見昂格思與馬克思書信錄第一卷六二頁。）我們已經知道他從前在曼切司特所找的愛人名馬麗，潑恩司。馬麗係一個愛爾蘭平民的女兒，在蘇格蘭作工的。迨昂格思再返該處任事，和馬麗重溫舊夢，愛情甚篤。至一八六三年一月七日，昂氏忽寫信給馬克思說：『馬麗死了。昨天晚上她睡得很早，當利蝌（Lizzy 按此爲馬麗的妹妹，昂氏後來移其愛馬麗之情轉愛利蝌，但至一八七八年後者又死了。）十二點鐘正要去睡的時候，她已經死了。這完全是驟然的心疾或中風。我今天早晨方知道，星期一晚上她還是很好的。我此時心中的感觸怎樣，簡直向你說不出來。這個可憐的女兒是用全副心腸愛我的啊。』（見同書第三卷一〇六頁。）

馬克思接到這個凶耗，於異日回信說：『馬麗的死信使我驚愕不置，並且心緒紛亂。她的性情善良，口才敏捷，她對於你是戀戀不捨的。』（見同書同卷同頁。）馬氏對於馬麗之死僅此寥寥數語，竟沒有一句話安慰昂格思，這自然是不合情理的。他在這幾句話後，接着將自己窮困的事寫了一大段，最後且說，如果籌不出大批款項，則家中的經濟狀況連兩星期都不能維持。這樣一來，表見他好像只顧自己的利害，不管別人的死活。

昂格思在悲慘之中接到馬克思這封信，心中極不高興。他於是月十三日回信給馬氏說：『我自己這一次的不幸和你對此事的冷淡態度，使我絕對不能早日回你的信，這是你當能感覺得到的。這種事變關涉我至深且切，凡我的朋友因此事向我所表示的同情和友誼都出乎我的希望以上，連帶相識的庸俗人，也是如此。你於這個時候却覺得保持你那冷靜思想方式的優越處是對的，那麽，就是這樣好了！』（見同書同卷一〇七頁。）

馬克思本來是昂格思生平唯一的知己，此次對待昂氏反不及一個『相識的庸俗人』，這是什麽緣故呢？他於是月二十四日寫信給昂氏說：『我以爲應過一些時候回答你，才算妥你我的狀況都難「冷靜」地觀察這種情形。　我寫那封信給你眞是不對，那信一經發出，我卽後悔起來了。　然此事决不是因全無心肝演出來的。　當我接到你的信時，（當日早晨到的，）全身震動，和遇着我最親愛的人的死亡一樣，我的妻子和女兒都可以替我證明這一點。　但是當我晚上寫信給你的時候，正遇着在最絕望的狀况感觸之中。　我的家中當時來了房東所派的催款人，同時接到屠行的期票拒絕證書，家中又缺乏煤和其他生活必需品，而燕妮女兒復臥病在牀。　我在此等狀況之下，通常只知道藉憤世疾俗主義（Zynismus）來作救援。　還有一椿事使我特別發昏，就是，我的妻子以爲我沒有將家中眞正的情形實實在在地充分報告你。」（見同書同卷一〇八頁。）

昂格思看過這封信，才知道馬克思前此沒有對他表示相當的哀悼之意，是爲艱苦的家境所壓迫，意亂心煩所致，確實情有可原。　過了兩日，昂氏回信說：「你的眞誠坦白，我很感謝。　你自己覺得你最前一次信使我發生何等的印象。　一個人在一個女子的房裏同住這許多年，對於她的死不能不視爲很可恐怖的。　我覺得我青年時代最後的一幕是和她長埋在地下了。　當我接到你的信時，她還沒有入土。　我告訴你，那封信盤旋於我的腦際，至盤個星期之久，我當時不能忘掉那信。可是現在不要緊了，因為你最近的一信足和那信相匹敵，我最老和最好的朋友不致與馬麗同時失去，這是我所慶幸的。』（見同書同卷一一〇頁。）

馬克思看見昂格思這樣特別原諒，於感激之餘，覺得猶有餘愧，他在二十八日的信中復說：『現在不講什麼客氣，我老實告訴你，最近幾個星期中我雖受過許多壓迫，然對於我沒有一種壓迫是比得上我們的友誼破裂這種恐懼的。我幾次向自己的妻子說，不能於這個時候安慰你，反因受家常細故及因此而生的煩惱之刺激，將我私人的困難來煩擾你，把這件事一想，什麼事情都不在意中，都比不上他了。……婦女總是令人可笑的，具有智慧的婦女也大概如此。今天早晨，我的妻子哭念馬麗，歎息你的損失，對於自己在日間集中起來的不幸之事因此完全忘記了，今天晚上，她以為除掉我們外，凡世上的人沒有催款人在家，沒有小孩子要撫養，就沒有什麼事可引起憂慮。』（見同書同卷一一二頁。）馬克思這段話的前半截表見他自己不文過和待昂氏的誠意，後半截並不是一種尋常的趣談，還藏着一點意思，就是，燕妮在平日也有時和昂格思通信，上次馬麗死去，她沒有向昂氏致哀悼之詞，好像休戚不相關，所以馬克思特將她哭馬麗之事隨帶寫出，藉此表明燕妮對於昂氏及馬麗原是一樣關切的。　馬昂兩氏自訂交至死別，共歷四十年之久，此次因疏忽與誤會而發生的波折是他們如膠似漆的交誼中的最初一次，也是他們如膠似漆的交誼中的最後一次。

馬克思最親密的朋友除昂格思外，要算威廉，哇爾夫。　哇氏於一八〇九年六月二十一日出生於德國施列西的達爾（Tarnau）一個農家。　他幼時不獨深悉農民受壓迫的痛苦，並且自己家中也備嘗這種痛苦；他的母親又常以農民受無恥剝削和虐待的忿怒侵潤之，因此他對於農民的壓迫者發生一種憤恨的心理。　及長，歷盡艱苦，才得入士外德尼次(Schweidnitz)中學與布列斯勞大學肄業。　他在兩校時最大部分的生活費是由自己教課得來的。　迨大學將畢業，忽於一八三四年因黨案被捕，因受不住牢獄生活，以致生病，至一八三九年才被放釋。　他旋往布列斯勞任家庭教師，在此地連住數幾年之久。　然因屢與官僚及檢查書報的人宣戰，又爲政府所捕，卒得解脫，乃於一八四六年往倫敦，至四月間轉赴不律塞，得與馬昂兩氏接觸。

哇爾夫的爲人，性情堅實，舉止光明，態度安閒，容貌和藹，在儕輩中罕有其匹。　因此他與馬昂兩氏交接不久，卽獲得他們的信任。　他在比京擔任黨的工作（參看本書第一册第二篇）和文字的鼓吹，迨一八四八年二月革命爆發後，在該處被捕，繼被驅逐出境。　他於是前往巴黎，和馬克思等共同組織共產黨中央局，旋返德國，至布列斯勞從事革命運動。後又來到寬恩，助馬氏辦理新萊因報，倍極勤勞。　自革命失敗後，他逃往瑞士齊利池，藉家庭教師的位置維持生活。　至一八五一年六月，他重到倫敦，又參加共產黨重新改組的事務。　但此後因謀生不易，陷入困境，至一八五三年年底已經負債三十七鎊。　旋經友人介紹，於一八五四年年初到曼切司特一個私人家庭教書，與昂格思往來甚密。　昂氏說：「他因工作過度，於一八六四年春季得劇烈的頭痛病，逐漸成爲一種失眠症。　他的醫生恰不在本處，而另外延醫，他又不願意。　要他在短期之中將教課停止或限制一下，這種請求都沒有效；他一經担任的事務，卽願意一直幹下去。　迨他到絕對不能支持的時候，才時常將教課停止。　可是此事已經太遲了。〔他〕那因腦充血而發生的頭痛愈加劇烈，失眠症愈加沒有間斷。〔他的〕血擁入大腦，腦筋經過幾次流血後，〔他〕遂於一八六四年五月九日與世長辭了。　馬克思和我因此失去一個最忠誠的朋友；而德國革命因此失去一個最有價值的人。』（見哇爾夫全集昂氏序言二九至三〇頁，一九〇九年出版。Gesammelte Schriften Von Wilhelm Wolff.）

哇爾夫在未死的前幾年從他的父親處獲得一種遺產，在將死時特立遺囑書，將此項遺產贈給馬克思，共計英金八百餘鎊。馬氏既痛摯友的早逝，復感死者的盛情，遂於一八六七年出版的資本論第一卷卷首題名篇上大書特書敬獻此書『於我永不能忘的朋友和無產階級勇敢的，真實的及高貴的戰士哇爾夫』。墨爾林說得對：『當那些替世俗偉人豎立的銅鐵紀念碑早已消滅的時候，這個紀念碑是會長久存在的。』（見新時代雜誌第二十七年度二卷三六一頁，墨氏：論哇爾夫。）哇爾夫的令名真是與資本論同其悠久了。

馬克思最親信的朋友除昂格思和哇爾夫外，就要算威廉李卜克內西。李氏於一八二六年三月二十九日出生於德國繼盛。他五歲喪母，六歲喪父，然因出身於富有教育的官吏家庭，幼時曾受嚴厲的教育。他自己在小時候也很好學，常通夜讀書，不稍休息。至十六歲卽在中學畢業，旋入繼盛和柏林兩大學習神學，哲學，言語學，兼研究聖西門的著作及其他社會主義的著作。至一八四六年，他變成一個共產主義者，擬往美國，加入威斯康皋

（Wisconsin）的共產居留地。當一八四七年秋季，他往齊利池，迨二月革命爆發，馳赴巴黎，僅遇着昂格思，尚未與馬克思謀面。

李卜克內西到巴黎的目的是在投入黑維的志願軍，雖有馬克思等的警告，也熟視無覩，然卒因自己患病，未達目的。至是年九月，考斯道夫，斯特魯味（Castov Struve）在瑞士組織一小隊志願軍，要闖入巴登，在該處建立共和國，李卜克內西即加入其中。事敗，李氏爲反動的農民所捕，送往夫賴堡（Treiburg）監禁，他在獄中得識監獄長十四歲的美麗女兒亞列士丁，藍多爾特，（Ernestine Landolt）彼此一見傾心，遂互相戀愛，後竟成爲夫婦。到了一八四九年五月，巴登又發生革命運動，李氏因得放釋，復投入軍中，旋退入瑞士，寄居日內瓦。『當他在齊利池的時候，已經時常參加該處的工人會議；他到日內瓦，變成德意志工人聯合會的會員，未幾且當聯合會的主席。』（見新時代雜誌第十九年度二卷五四三頁，施維協爾紀念李卜克內西。Robert Schweichel:Zum Gedächtniss Wilhelm Liebknechts.）

李卜克內西於一八五〇年二月復在瑞士被捕，旋被驅逐出境，他於是取道法國，前往倫敦，以教書語學和任報館通信事務維持生活。『他在倫敦亡命十三年，有時要受極大的窮困的壓迫，然這個時期可以說是他一生精神上最有結果的時期。他在此處才親識馬克思，他是當感謝馬氏的。在他生平遇着的一切人中，只有馬克思〔就以許多智識〕灌輸給他。』（見同書同卷同頁。）

李卜克內西在倫敦因得到馬克思的指導，獲益非淺，在馬氏方面也極端信任李氏，且倚之如左右手。當一八六二年代的初期，德國的工人運動逐漸復興，馬昂兩氏既爲無產階級的指導者，當然不能忘情於此，不過德國在一八六〇年雖頒布政治犯的赦令，他們兩人却因種種關係，不能親返德國。他們於是令李氏於一八六二年夏季攜家眷往柏林，相機活動。此時適有李氏前在瑞士認識的老革命家布拉斯（A. Brass）創辦一個大規模的民主主義報，名北德普通報，（Norddeutsche Allgemeine Zeitung）他遂加入編輯部。至是年九月底，畢士馬克秉政，他旋發見布拉斯變爲畢氏走狗的事實，即與此報脫離關係。自此以後，他靠替各處報館通信，維持一家四口（一妻二兒）的生活。同時馬昂兩氏有時也予以接濟。例如一八六四年六月九日昂格思寫信給馬克思說：『李卜克內西在柏林，對於我們極關緊要。無論如何，我們必使他站在那裏，稍予以維持。你現在如果寄錢給他，他一定很高興，你如果認爲再有必要時，可寫信給我，以便我送你一張五鎊的票子轉給他。』（見昂格思與馬克思書信錄第三卷一七〇頁。）

李卜克內西是爲作工人運動而來柏林，所以他力求與工人的組織接近。至一八六四年十二月，全德工人聯合會（Allgemeiner Deutscher Arbeiterverein）的健將石衛茨（Schweitzer）在柏林創辦一種社會民主報，初時每星期出版三次，後來便改爲日報。李氏因石衛茨的聘請，列名編輯。同時李氏又介紹石氏於馬克思，請其合作。

馬克思於接到李卜克內西和石衛茨的信後，卽于是年十一月十四日寫信徵求昂格思的同意，並且說：『據我的意見，我們可允許偶然投稿。在柏林找着一種機關，甚爲重要，尤其是爲我在倫敦共同創造的團體〔指國際黨〕和我所著的書〔指資本論〕的緣故。我們如果要幹，當共同來幹，這是更關重要的。』（見同書同卷一九四頁。）昂氏於兩日後回信贊成合作，不過不可表現熱烈的態度；一因李卜克西內非外交家，不能十分依賴他的遠見，二恐哈慈費爾德伯爵夫人從中操縱，三則不知道石衛茨爲何如人。『但社會民主報，這是

馬克思傳　中　　一〇七

何等的一個名稱！　他們爲什麽不稱爲無產者呢？』（見同書同卷一九六頁。）　馬克思旋回信也承認：『社會民主報是一個不好的名稱。　然〔此報〕或致於失敗，正不必急於給他一個最好的名稱。』（見同書同卷一九七頁。）

社會民主報既獲得馬，昂兩氏加入合作的允許，卽於二、三期報上刊出馬氏所送的德文國際黨的開幕詞。　至一八六五年一月下旬，他應石衛茨之請，對於剛才去世的蒲魯東作一篇長文，登在十六、十七、十八的三期報上。　同時昂格思也將古丹麥的農歌繙譯給此報登載。　可是他們旋因此報登載黑斯從巴黎所發懷疑國際黨黨員托雷（Tolain）的信和聯合運動的事，殊不滿意。　昂氏於二月寫信給李卜克內西，叫『他們應拋棄向反動派送秋波的態度，對於貴族和反動派的論調，應適如其分，但對於這些派別和資產階級也不必詬詈，因爲在平靜的時期，這是用不着的。』（見同書同卷二二五頁。）　馬克思於是月十三日也寫信給石衛茨道：『我從你們的報上看見內閣含含糊糊宣布取消聯合禁令。　在另一方面，泰晤士報的專電報告這是以保護爲名，廢去擬議中國家對協作社的幫助。　泰晤士報這次的電報如果非常正確，我絲毫不覺得奇怪。　對於由聯合產生的工聯作各種聯合，這不獨是團結工人階級對資產階級爭鬥的最重要的方法—此事的重要除其他證據外，還可由美國工人雖享有選舉權及共和的利益，猶不能缺少聯合一點表現出來——聯合權在普魯士和德意志並且還足以打破警察威權，與官僚政治，殲滅鄉村中的奴僕制度與貴族經濟，總之，這是一種使「百姓」達於成年期的方法，進步黨（Fortschrittspartei）——就這是說，普魯士資產階級每個反對黨——如果沒有發癲，他提出這種方法，可以比普魯士政府和現在的畢士馬克政府早一百回！在他方面，普魯士王國政府贊助協作社—凡能認清普魯士現狀的人預先看得出這種必然的畸形——在經濟的手段上是無效的，同時保護制度却因此擴充，工人階級的一部分被軟化，而〔勞動〕運動也被削弱了。普魯士資產階級的黨從前眞正相信，在「新時代」中，因攝政王的恩惠，政府將落入他的懷中，現在因此受人非難，並且飽經困苦，現今的工黨如果幻想黃金般的蘋果，在畢士馬克時代或其他一個普魯士時代，將由君主的恩惠，落入他的口中，那麼，他的受人非難將比從前資產階級的黨厲害得多。拉塞爾一種不幸的幻想是：普魯士政府的一種社會主義的干涉，現在對於拉氏這種幻想會發生失望之心，這是要繼續增長，沒有疑義的。事實的邏輯會證明出來。但是工黨的體面却要求他在經驗中識破此等幻想的虛無漂渺之前，卽當予以排斥。工人階級是革命的，否則便是無足輕重的。」（見同書同卷二三〇頁。）

石衛茨接到這封信，卽於同月十五日覆一信，表示每種理論上的指導都甚歡迎，至於評判一時策略上的實際問題，則須置身於運動中才能正確。馬克思看見此信後，在十八日寫信給昂格思說，石氏是「決心不准我們在社會民主報上向德意志的工人有所指示。旣須與此子決裂，不如趁早。關於德意志小資產階級的工人，隨便他們怎樣去叫喊。其中可用的部分遲早必定是要再集合在我們周圍的。」（見同書同卷二三一頁。）

同時他草就一種致社會民主報編輯部的宣言，與昂格思共同署名，發登德國五，六種報紙，其內容如下：「〔本宣言的〕署名人曾允許參加社會民主報，並承認將他們的姓名列入編輯者之中，而以報紙的編輯根據他們參議的簡明綱領的精神爲明白條件。他們對於社會民主報的困難地位，沒有一刻誤會過，因此對於柏林的機關沒有過甚的要求。然他們屢次要求〔社會民主報〕對於內閣及建封專制黨至少要用他對進步派人所用的一樣勇敢的論調。可是社會民主報所用的策略使他們不能再行參加。本宣言的署名人對於普魯士王國的政府社會主義和工黨對於這種引誘應處的正當地位所持的意見，已於一八四七年九月十二日在德文不律塞報第七十三號發揮了。這就是答覆當時寬恩萊因觀察報第二百零六號所倡「無產階級」和「政府」聯盟去抵抗自由資產階級的提議的。我們在當時宣言的每個字，至今還是簽字承認。」（見同書同卷二三一頁。）

馬昂兩氏發表上列宣言後，李卜克內西也跟着退出社會民主報。歷時不久，李氏因攻擊普魯士及其政府，被驅逐出境。他初到漢諾威，（Hannevr）後往萊比錫，因此得與柏柏爾相識。柏氏也是此後的德國工人運動中一個最重要的人物，我們在講他和李卜克內西共同活動之前，對於他的身世當略說幾句。

柏柏爾是一八四〇年二月二十二日在德國寬恩一個下級軍官的家中出生的。他的父親於一八四三年因病去世，他的母親旋改嫁於他父親的雙生兄弟。柏氏的繼父於一八四四年在一個大監獄中任看守之職，因此他幼時感受監獄悽慘痛苦的印象十分深刻。至一八四六年，他的繼父又去世，他遂隨母親往一個親戚家，度貧苦的生活。至一八五三年，他的母親也死了。他於是從一個車工主人習車工業，期滿後，流離轉徙於中部德意志各地，於一八六〇年來到萊比錫作工。

柏柏爾的爲人，才幹優長，性情堅實，又能發憤自修，所以他在工人中嶄然露頭角：旋因參加當時的政治運動，在德國工人聯合會中便成爲一個有力的人物。他自和李卜克內西相識後，情投意洽，頓成良友，因此得益很大。柏柏爾後來告訴我們說：『李卜克內西比我大十四歲，當我們相識之時，他已經先我而具有一種長久的政治經驗。李氏是一個有學識的人，他爲學甚勤，這種學識的教育是我所缺乏的。他後來又在倫敦住過十二年，與馬克思，昂格思等過從甚密，因此學識上很多長進，這種交際也是我所欠缺的。在這種狀況之下，他對於我自然要發生極大的影響。……我和李卜克內西的交際使我迅速地變爲一個社會主義者，這是沒有疑義的。他實具有這種功勞。』（見柏氏我生回顧錄第一卷一二九至一三〇頁。）

柏柏爾所謂變成『一個社會主義者』，就是指變成一個馬克思主義者。不獨是這樣，他並且還變成馬克思和昂格思最忠實的朋友。他和李卜克內西於一八六七年同當選入北德意志國會。自此以後，他們兩人在國會中，工會中和社會民主黨中共同奮鬥在三十年以上。他們對於馬克思主義的宣傳，盡了極大的責任，並獲得美滿的成績。

可是在北德意志國會中充任議員時的李卜克內西還不能正確了解馬克思主義，他的見解不免有幼稚的地方。例如他於一八六九年五月三十一日演講『社會民主黨的政治地位』，（Ueber die politische Stellung der Sozialdemokratie）主張當選的民主黨議員只到國會提出一種抗議，即行離去。關於這一點和其他幻想之處很受馬克思嚴厲的批評。馬氏在是年八月十日致昂格思的信中說：『大家只能利用國會做一種煽動的工具，切不可在裏面從事於合理的和直接關涉工人利益的活動呀！因為畢士馬克「喜歡」說親善工人的話，一定不致反對眞正謀工人幸福的方法，忠實的威廉〔李卜克內西的名字〕這種幻想眞是令人迷惑！……威廉不知道現在的政府固然向工人送秋波，但他們深深知道他們唯一的立脚點是在資產階級裏面，因此他們是用親善工人的話去威嚇這個階級，可是永不能眞正違着這個階級的意志進行。』（見昂格思與馬克思書信錄第四卷一八八頁。）馬克思這一段話不獨批評李卜克內西的演說，深中肯綮，並且還是近世無產階級政黨中左派幼稚病和右派機會主義的警鐘。

馬克思親密的朋友除上列數人外，本來還有好些，不過因他們和馬氏的交接，在他的中年時代無可紀述，故略去不提。我們現在將從另一方面敍述他和他的仇敵的交涉，這自然也是以這個時代爲限的。

馬克思自寄居倫敦後，因共產黨的分裂，德意志工人教育會的退出，對於革命觀察的獨標新論等原因，引起一般亡命客的反對，他們不是斥他爲反動派的機械，即罵他是革命黨的叛徒。他在倫敦的生活本極困難，然反對他的人偏要散布謠言，說他爲資產階級所收買，一家生活是怎樣豐裕。　他於一八五一年八月二日寫信給維德梅耶說：『我的狀況十分悽慘，你是可以想得到的。這種狀況如果長久繼續下去，我的妻子就會因此犧牲。各種不斷的煩惱和一切最瑣細的家常磨折把他拖倒了。　此外，還有反對我的人無恥的行爲，他們從沒有在事實方面攻擊我，只是猜疑我，散布一些難以言語形容的蜚語，藉快他們報復的弱心理。……　我對於這種詆譭自然要付之一笑；我的工作也並不因這種騷擾而停止片刻，但是你知道我的妻子飽經憂患，從早至晚，困頓於最不適意的家常苦惱中，她對於愚蠢的播弄是非者每日從民主主義汚濁的陰溝中向她發散的蒸氣，是不能感覺愉快的。』（見新時代雜誌第二十五年度二卷五七頁，墨爾林，馬克思與昂格思傳的新材料。）

在倫敦的亡命客不獨是造謠誹謗馬克思，並且還有要向他動武的。馬氏因共產黨的事和威里系意見不合，形成對峙的兩派，這是我們曾經講過的。他們兩人在一八五〇年九月十五日的爭執非常激烈，威氏這個糾糾武夫遷怒馬克思，達於極點，後來竟要求與之一決雌雄。馬氏對於這無意識的舉動自然是不睬。可是威氏對於他便再接再厲地加以侮辱，稱他爲叛賊，說他是懦夫。因此激怒了他的少年朋友施蘭姆，要去代他和威氏決鬥。他們決鬥的武器爲手槍，威里系是一個嫻於軍事的人，施蘭姆對於使用武器却完全是個門外漢，誰勝誰敗，自然可以預先料到。他們兩人渡海到比利時的海濱安提維本（Antiverpen）決鬥，威里系一槍將施蘭姆打倒在地下。噩耗傳來，馬家和一般朋友無不異常哀慟。可是施氏竟於決鬥的第二日回到馬克思的家中，因爲他在決鬥時僅頭部微受槍傷，暈倒地上，威氏以爲業已結果他的性命，急忙離比返英，迨他醒過來之後，也跟着回倫敦了。

馬克思初到倫敦遇着這個用武力的敵人，幾乎喪失一個俠義的朋友，隔了十年，他又遇着一個逞筆鋒的敵人，使他感受不少的刺激，並費去許多時間，精力和金錢。這個敵人是誰呢？就是德國卡爾，佛格特。佛氏於一八四八年革命之時，曾爲佛郎克佛國會左派領袖之一，並被舉爲國家攝政者之一。他後來寄居瑞士，在日內瓦當地質學教授。至一八五九年，有所謂意大利戰爭出現，他竟做拿破崙第三的走狗，而大肆活動。這種戰爭的起緣不獨和佛格特與馬克思相爭的事件有關，並且還是馬，昂兩氏與拉塞爾的政治意見大相逕庭之處，故我們不能不先在此說一下。

法國有一個時代（Siècle）雜誌於一八五六年九月登出一些論文，說法皇拿破崙第三已經決定在歐洲創造新形式和新原則的國家生命，幫助各民族實現國家的組織，並攻擊阻撓這種國家組織的反動勢力。拿破崙第三這種意思，第一就是指幫助意大利獨立，第二就是指幫助多惱河諸國獨立。拿氏自然只是打着幫助民族獨立的招牌，引起國外的戰爭，藉以鞏固他在法國的地位，並企圖擴充法蘭西的勢力於歐洲。然意大利各邦因想脫離奧大利的羈絆，也就傾向於他。他遂於一八五八年七月二十日邀請意大利的撒地尼亞（Sardinien）王國首相加富爾（Cavour）伯爵會於普隆比挨，（Plombieres）籌商共同攻奧的策略等等。加氏允於成功時，以薩服雅（Savoyen）和尼撒（Nizza）兩地給予法國，而拿氏則承認倫巴底（Lombardei）和威尼西亞（Venetian）歸撒地尼亞管轄，以便造成一上部意大利王國。同時巴黎有一種小册子出現，名『拿破崙第三與羅馬尼亞問題』，書中說明民族的原則係文明國家中至高無上的原則，而奧大利是歐洲最退化的國家，因爲他宰制意大利和羅馬尼亞等國，實爲一切民族的仇敵。

至一八五九年一月一日，拿破崙第三接見奧國駐巴黎公使許布列（Hübner）男爵，說：『我們對於你們政府的交誼不如我所期望的那樣親善，不勝遺憾，但請你轉告你的君主，我對於他個人的感情是始終如一的。』過了十一日，撒地尼亞王在殿上演說，『寡人從意大利各地方所聽得的悽慘的呼聲，不能置之不顧。』奧大利君主對於這一類言論的用意何在，自然明白。奧政府爲先發制人計，於四月十九日向撒地尼亞王國提出哀的美敦書，限撒國於文到三日內開始裁減軍隊。撒政府於二十六日拒絕這種要求。不到三日，奧國軍隊已侵入撒國邊界。但是到了六月初，奧軍即被法撒聯軍逐出撒國，後來又爲聯軍所敗。拿破崙第三和撒王於六月八日進至梅蘭德，（Mailand）宣布意大利至亞得里亞（Adria）止，完全獨立。結果意大利有幾個王公出亡，各處多組織臨時政府，要求撒地尼亞的保護。

至一八六〇年三月，拿破崙第三也如約取得薩服雅和尼撒。

然在意大利戰爭之前，拿破崙第三因奧大利屬於德意志聯邦，恐怕普魯士因這種關係，幫助奧國，使他不能預操勝算，遂派人向普魯士作有力的宣傳，令普國於開戰時嚴守中立。他又收買德人，到處替他作種種活動。

一八五九年四月一日，佛格特從日內瓦向倫敦的亡命客佛萊利格拉等送出一種政治綱領書，內中所說的是德意志民主主義的黨對於意大利戰爭應持的態度，他並要求佛氏加入瑞士新出的一種星期週刊中。佛氏將這種綱領書轉給馬克思，並請他加以批評，馬氏當時的答詞是『下等酒店的政策。』他旋於是月二十二日對昂格思說明綱領書的內容，並批評道：「國家攝政者佛格特要造一個新『黨』的綱領書……是德意志捨棄德意志以外的所有地帶。不幫助奧大利。法蘭西的專制主義業經過去，奧大利的專制主義却存在着。大家要使兩個專制主流血以至於死亡。（對於拿破崙的幾分傾向顯然可見。）德意志武裝中立。佛氏『從最好的根據證明』在我們一生中不要想及德意志的革命運動。所以奧大利一經被拿破崙殲滅，德國馬上就自然開始呈出一種國家攝政式的溫和的自由民族發展，而佛格特或者還是普魯士的弄臣。』（見昂格思與馬克思書信錄第二卷三二〇至三二一頁。）

佛格特又曾致書於亡命倫敦的德人布林德（Karl Blind），說及他的政治綱領的事。布氏是一個民主主義的革命家，且爲馬克思的朋友。他於五月九日遇着馬氏，說他獲得實據，可以證明佛格特爲拿破崙第三所收買，暗中幹那背叛祖國的勾當，並且向南德一個著作家獻三，四萬戈爾頓，（Gulden）不過他不便舉出此人的姓名罷了。後來人民報的編輯畢士坎蒲（Biskamp）來馬克思家請他作文，他偶然談及此事，俾氏歸後，沒有向他聲明，即利用布林德的話做材料，作一篇滑稽的論文，稱那位國家攝政爲國家叛逆，登在人民報上，並郵寄一份給佛格特。佛氏接到此報後，即在瑞士一種商業報上辯駁，並警告德意志工人，防備倫敦馬克思手下的匪徒陷害他們。馬氏向來不怕他人攻擊，此次對於佛格特的任意誹謗，雖在致昂格思的信中斥爲胡說，卻無意與之作筆戰。

然李卜克內西也是人民報編輯之一，他於是年六月初在此報的印刷處發見一種反對佛格特的小册子，名爲警告，（Zur Warning）內中含有布林德前此所說的話，不過沒有署名。李氏詢問排印人，據說係布氏所作，囑令付印的。李氏同時又爲德國奥格斯堡普通報（Allgemeine Zeitnng）的通信員，因將這種小冊子寄給普通報，說此爲德國一個最有體面的出亡者所作，內中的事實是可加以證明的。普通報將這種小冊子登出來，佛格特便以故意毀壞他的名譽爲理由，向法庭起訴。普通報的編輯部向李卜克內西索取證據，而李氏則轉求之於布林德。但李氏雖屢次函催，他總是置之不理，後來他雖在普通報上發表一種宣言抨擊佛格特的政策，然始終不承認『警告』那個小冊子是他做的。

佛格特復於是年十二月刊布一種小冊子，名爲『我對於普通報的訴訟』。（Mein Prozess gegen die Allgemeine Zeitung）書中所敍述的，除掉訴訟事件以外，復涉及馬克思。內中說馬氏是一個匪黨的頭目，而這個匪黨又專靠向德國人民敲詐金錢維持生活。這一黨的黨徒常向德國人民寫數十百封恐嚇信，令他們在一定時期內，送若干款項到信中所指定的地點，否則他們就會被宣布爲與這種革命或那種革命有關，必受官廳的懲罰。這種小冊子在德國發生很大的影響。拉塞爾於一八六〇年一月底寫信告訴馬克思說：『在認識你的人中，這種小冊子不能傷害你。但在不認識你的人中，便於你大有損害。還有一層，這種小冊子共有三千本，依照寬恩報的報告，已經售罄，正在趕印第二版。此間的國民報

（Die Nationalzeitung）對於這本書已做過兩次社論，每次都有所介紹。總之，此事在公衆之前顯然發生了大效果。你自己以及我們全黨將因這樣的描寫而受一種大損害，因爲他雜入一半事實，描寫得十分巧妙，能使一般眼光不銳利的人相信內中所說的事都是眞的。』（見拉塞爾書信與著作三卷二四一頁。）

佛格特的小册子固然虛構事實，極力攻擊馬克思，然國民報三十七號和四十一號的長篇社論更藉討論此書爲名，推波助瀾，對於馬氏橫加誣衊。因此引起他的一般朋友的憤恨，都要替他作不平之鳴，或代他證明他的品性。如本篇第二章所引德那一八六〇三月八日的信是屬於第二類，而英國民權黨的領袖瓊斯（Ernest Jones）是年二月十一日的信，則屬於第一類。瓊氏說：『我已經看見國民報上一批反對你的可恥的論文，對於作者的虛僞與惡毒極爲驚訝。凡認識你的人應當證明你的品格的高尚和淸廉，這種證明雖沒有必要，我實在覺得這是一種義務。當我回憶許多年來，你替我的小雜誌「人民之聲」（Notes of the People）和後來的「民報」作過多少論文，完全不受報酬，我尤應加倍地履行這種義務；你這些論文對於人民的主張是很有價值，對於本報很有裨益的。我希望你將嚴厲懲罰那卑鄙的誹謗者。』（見馬氏：佛格特先生一八八頁，一八六〇年倫敦出版。）

馬克思怎樣能夠『嚴厲懲罰那卑鄙的誹謗者』呢？　他想只有假手於法庭，或容易達到目的。　可是拉塞爾說得對，馬氏『映入普魯士裁判官的眼簾中，至少仍帶着一種過於深紅的彩色。』　因此他的訴訟當然得不到勝利。　他在一八六〇年十一月二十四日致漢堡（Hamburg）改革報（Reform）的宣言中敍述訴訟的經過說：

『我於一八六〇年二月對於國民報的負責編輯雜柏爾（F.Zabel）在柏林提起一種誹譏我的訴訟。　我的律師韋柏（Weber）是個裁判顧問，起初擇定一種刑事訴訟的手續。　一八六〇年四月十八日，檢察長對於雜柏爾的訴訟，批示不准，因爲此案「缺乏公共的利害關係」。　一八六〇年四月二十六日，高等檢察長復認可這種駁斥的批示。

我的律師此時取民事訴訟的手續。　一八六〇年六月八日，普王地方法庭的批示禁止我進行這種訴訟，因爲雜柏爾實際誹謗的「批評和議論只是援引別人的話，」並不含有「侮辱的意思」。　一八六〇年七月十一日，普王高等法庭的批示宣布，所謂援引語句的形態不能改變社論的過失，但內中所含的誹謗各節無損於我的「八格」。　此外，「在本案上」侮辱的意思是「不能成立的」。 普王的高等法庭因此復批准地方法庭駁回的批示。 我於一八六〇年十月二十三日接到普王的大理院一八六〇年十月五日的批示，這個機關以爲普王的高等法庭「在本案上」並沒有「法律上的錯誤」。 因此對於雜柏爾的訴訟就被這種禁止訴訟的批示所決定，公然進行訴訟一事也不能夠出現。」（見昂格思與馬克思書信錄第二卷四一八至四一九頁。）

馬克思對於雜柏爾的訴訟拖延九個月，毫無結果。 在另一方面，他對付佛格特所費的時間雖超過九個月，所得的結果却比這種訟案好得多。 他因爲要證實佛氏和拿破崙第三的祕密勾當，寫了許多信給法蘭西，瑞士和其他地方的朋友，四處偵查，並將偵查的結果著成一部書，名爲『佛格特先生。』 他將自己的金錢和朋友的助款（波克海姆——Borkheim——十二鎊，拉塞爾八鎊，）合攏來，得英金數十鎊，作爲在倫敦印刷此書的費用。 書係用小字密行排版，約二百頁，若照普通版排印，差不多有四百頁。 馬克思在書中不獨是洗刷自己的事件，證明佛格特受拿破崙第三的賄賂，並且大體把歐洲十九紀上半期的歷史，特別是把一八四八年黨人的行動史一起敍述出來了。 此書對於佛氏的罪狀是呈出鐵的證據，遂予他以一種致命的打擊。至一八七〇年法蘭西第二帝國失敗後，共和政府在皇宮中查出拿破崙第三的祕密款項薄據上有付佛格特四萬法郎的一筆賬，佛氏是一八五九年八月在巴黎具領的。由此益足以證明馬克思指他爲拿氏所收買，不是信口雌黃的了。

佛格特先生一書是爭辯文字中一種最有價值的名著，凡當時讀過此書的人，不論其爲馬給克思的朋友或仇敵，無不異口同聲，交相讚許。昂格思於一八六〇年十二月十九日，寫信馬氏說：『這的確是你的著作中一種最好的爭辯的作品，此書的體裁比拿破崙〔指路易拿破崙的霧月十八日〕更爲簡潔，然却具有同等的效力。』（見昂格思與馬克思書信錄第二卷四二五至四二六頁。）拉塞爾也於一八六一年一月十九日寫信給馬氏說：『當我念此書時，伯爵夫人和我笑得像發狂一樣。……許久以來，她沒有像念這個小册子時那樣愉快。……我的記憶雖於最快樂之中，逗留在我的發笑的筋肉這種稀有的刺激上，但詼諧的方面並不是此書最大的特長，這是不言而喻的。無論在那一方面，這是一種最好的東西。』（見拉塞爾書信與著作第三卷三四七頁。）此外，就是馬克思的老仇敵露格於讀完佛格特先生後，也稱讚他是一種很好的滑稽。

『佛格特先生』一書雖是一部有價值的著作，然德國的羣衆却很少知道的。此事的原因有二：一由於德國資產階級的報紙不肯予以介紹，二由於馬克思不聽昂格思與拉塞爾的勸告，將此書在德國印刷發行，使人得就近購買。可是在倫敦方面，他却發生不少的效力，馬氏因此得新結識一些朋友，並與倫敦德意志工人教育聯合會重新恢復友誼的關係。

然在另一方面，馬克思又因佛格特事件和向來一個好友發生嫌隙。此人即是首先將佛氏政治鋼領書報告馬氏的佛萊利格拉。佛氏對於馬氏的私交本來很好，自一八五六年夏季以來，他因任瑞士一個銀行的倫敦經理人，收入增加，時常將自己從紐約特里標報所得的薪金，接濟馬氏。然當馬克思對付佛格特事件，正在緊急之際，他却在報上發表一種宣言，表示對於馬佛兩氏爭持的事件沒有關係。在世人的心目中，很容易推測他這種行動是左袒佛格特而反對馬克思。但馬氏却屢次寫信給他解釋誤會，維持友誼，因此他們兩人的關係，就和馬氏告訴拉塞爾的一樣：『在世人之前，始終還是「朋友」。』

馬克思在中年時代除掉遇着兩個文武敵人外，還碰到一個似友而實非友非敵而却是敵的人。這就是德國的布合。（L.Bucher）布氏當一八四八年革命時，為普魯士國會議員之一，迨反革命出現，便亡命倫敦。然他和馬克思沒有何等關係，更無友誼可言。他後來自附於英國厄赫特一派，更爲馬氏所不滿。（參見昂格思與馬克思書信錄第二卷八六頁。）

在布合一方面，對於馬克思頗呈出一種慇懃的態度。他曾寫信給波克海姆，說佛格特先生一書證據充足，行將作文登在奧格斯堡普通報上，予以介紹；但此事畢竟沒有現實，不知是他未踐前言，還是普通報沒有登載他的文字。至一八六一年，他因普魯士已下政治犯赦令，重返德國，在柏林與拉塞爾相友善。旋於一八六二年七月隨拉氏至倫敦，因得與馬克思相接觸，馬氏於是月三十日告訴昂格思說：『布合現在是一個十分漂亮的人，但也是一個奇怪的人。』（見同書第三卷七六頁。）他後來依附畢士馬克，服務於普政府的外交部。馬克思在一八六四年十二月十日致昂氏的信中斥他及其他人等爲：『狐羣狗黨，柏林一切——馬爾克（Mark）和邦墨（Pommern）——的狐羣狗黨！』（見同書同卷二〇四頁。）由此可以證明馬氏對於他始終沒有交情，並且始終表示不滿意。

至一八六五年十月五日，布合忽寫信給馬克思說：『國家指導報（Der Staatsanzeiger）每月想要一篇關於金融狀況的報告。（關於商品的市情自然也是要的，因爲兩者不能分離。）

有人問我能否薦一個人，我當時答道，沒有一個人比你還相宜。因此他們現在要求我向你代達聘請的意思。至論文的長短，不加限制，論文愈徹底，包羅愈宏富，便愈好，關于文字的內容，自然只管依你的學問做去；然你須將此項問題中最重要的中心點明白描寫出來，而避去爭辯的論調，這種顧慮是爲着讀者方面的利益計，不是爲着編輯部設想的。此外還有一個條件，就是論文由你於每月一定的日期寄到此間。你是否擔任此事，有何條件，並於何時起任事，統希寫信告我。』（見斯巴哥：馬克思的生平及其言行德文本二二三至二二四頁。）

馬克思接到此信後，回信給布合，謝絕他的推薦。此信已不可得見，不知內容如何。馬氏在平日無論何事，必函告昂格思，但他於是月二十日將親往曼切司特訪昂氏，故在前一日的信上只有句話報告達到的時刻，並未涉及此事。此外，馬克思致其他友人的書信，就現在所發見的講，對於布合的要求也沒有不滿意的明白表示。他的內心作何感想，既無明文表現出來，遂使後人議論紛紛，各持一說。有些人以爲國家指導報是普魯士政府的機關報，布合既服務於普政府，爲畢士馬克的左右手，對於馬克思又沒有什麼交情，且知道馬氏素來反對普政府，今忽作此請求，必由於畢氏的授意，想藉此進行收買的工作。又有些人以爲馬克思一直到一八六五年的秋季爲止，對於德國的工人運動沒有一點勢力，畢士馬克係一個頑固的貴族政治黨人，向來不措意於勞動問題，更未必知道他在政治上和學問上是個重要人物，要使之入彀。所以布合推薦他替國家指導報作文是由於尊重他的學問，未必含有政治作用。

布合的信有無作用，我們沒有充分的證據，固不能加以臆斷。然馬克思在當時恐怕未必不聯想及此，否則他當時的境遇並不佳，何以辭而不就？他於一八六七年十二月七日寫信給柯格爾曼說：『布合自己曾要求我做普魯士王室國家指導報的經濟通信員，我如果沒有弄錯，此事已經告訴你了。我要是願意利用此等機關，那麼，沒有第三者的介紹，也能做到，這是你見得到的。』（見馬克思與柯格爾曼書三三頁，一九二四年柏林出版。——K. Marx: Briefe an Kugelmann. Berlin. 1924.）這就是表示他不利用普魯士政府的機關報，免致反爲政府所利用。至他對於畢士馬克，尤其是遠而避之。他曾於一八六六年八月二十三日發一信給柯格爾曼，因柯氏出遊，至九月二十七日才收到。他以爲此信爲普政府所沒收，因在十月十三日致柯氏的信中說：『這種截收信件之事的確令人不歡，因爲我不願意使畢士馬克先生知道我的私事。反之，他如果願意知道我對於他的政策的意見，儘可向我直接接洽，我一定對他直切說明出來。』（見同書二二頁。）又一八六七年五月，馬克思從漢堡回倫敦，船上遇着一位女士，要在倫敦一個車站上車，因攜帶許多行李，覺得難於處置。馬氏『像一個善良的騎士一樣，』特送她到車站，並於開車前同逛海德公園（Hyde Park）至六點鐘之久，又同入飲冰店取飲。這位女士旋告訴馬克思，說她是畢士馬克的外甥女，剛從柏林畢氏的家中出來的。馬氏在六月十日給柯格爾曼的信中述及此事，並且說：『你試想一想，自布林德和其他庸俗的民主主義者看來，此事是我和畢士馬克的陰謀的何等好材料！』（見同書二六頁。）以上兩點都足以表見馬克思非常鄙視畢士馬克，當他接到他平日認爲『深沉的』（參看昂格思與馬克思書信錄第二卷三二〇頁。）布合那封十分慇懃的書信時，自然要聯想到畢氏，所以他便毅然拒絕了。

畢士馬克是近代德國一個所謂大政治家，有人還把他和馬克思相提並論，說他是代表現世一種成熟的運動，馬氏是代表一種未來的運動。（參看克卡樸社會主義史中文譯本。）

因此他們彼此間的言論和交涉，值得我們在此再說幾句，以補上文之不足。

昂格思於一八六六年七月二十五日寫信給馬克思說：『德意志的歷史自我看來，現在較爲簡單。自畢士馬克將小德意志資產階級的計畫和普魯士的軍隊連貫起來，並獲得這樣巨大的成效以後，德意志的發達已經決切地向這一方面前進，無論願意與否，我們和別人一樣，必須認清這種完全的事實。……政治將使畢士馬克幫助資產階級，並利用這個階級去抵抗貴族諸侯。目前也許不致如此，因爲現在威權和軍隊還夠維持一切。但他爲着替中央權力向國會獲得必要的條件起見，必須給予國民一點東西，局勢自然的發展將一天一天強迫他或他的承繼者再求助於國民，所以畢氏現在雖不能儘可能地多給國民一點東西，是曾愈加走入資產階級中的。就好的方面講，此舉將局勢弄簡單了，因此使一種革命易於進行，並且消滅各小都城的騷擾，促進國內的發展。一個德意志的國會畢竟將與一個普魯士的議會完全不同。全部小邦制度將被牽入運動中，各種最壞的地方勢力都要銷聲匿跡，各派終久也要變成全國的而非僅限於地方的。就壞的方面講，主要的是德意志免不了要爲普魯士所操縱，這是一種很大的壞處。於是將有德意志與奧大利的分離，這種分離的結果將使斯拉夫人即刻向撈門，默倫，（Mähren）和坎騰（Karnten）進發。可惜對於此兩事都無能爲力。依我的意見，我們除掉明白承認事實而不加贊成外，別無辦法，我們除掉在可能的限度內，利用現今所呈的很容易着手的狀態，使德意志的無產階級形成全國的織組和聯合外，也別無辦法。』（見昂格思與馬克思書信錄第三卷三三六至三三七頁。） 隔了兩日，馬克思回信，說他對於昂氏的見解完全同意。 畢士馬克的立脚點與馬昂兩氏的完全相反，他是眞正的敵人，馬氏不願和他及其手下人發生私人的關係，這是當然的事。

但在畢士馬克方面，却不能忘情於馬克思。 當一八六七年馬氏回德寄居柯格爾曼家中時，有一個律師名瓦列博爾德（Warnebold）的，以畢士馬克使者的資格，訪問馬氏，並遵畢氏的訓令，勸他運用他的槃槃大才爲德國的人民謀利益。 此事足以證明畢士馬克知道他是不可輕視的。 當一八六五年的時候，畢氏正想竭力制服奧大利，爲先謀國民一致對外起見，使他的手下人設法收買——至少也是接近——革命黨領袖的馬克思，自是應有之事。此外，畢士馬克在公衆之前，也曾談及馬克思，就是，他於一八八五年在國會一個取締社會主義法令討論中說，馬克思是否養有刺客預備暗殺他，却是一個疑問。 在一方面，馬克思之視畢士馬克，和他的女兒伊利安樂所說的一樣，只是一個小丑，用不着養刺客暗殺他，也沒有力量養刺客去暗殺他；然在另一方面，畢氏的話適足以表見他對於馬克思不無戒心，他和他的手下人想設法收買——至少也是和緩——革命黨領袖的馬克思，也自是應有之事。

我們對於中年時代的馬克思的社交關係，已經說得不少，可是還有一個重要人物是值得我們在下面用專章介紹的。

第四章　拉塞爾

我們在上面說過，馬克思一直到一八六五年的秋季，對於德國的工人運動還沒有一點勢力。然有一位在一八六四年八月因決鬥而死的人在德國的工人運動中佔絕大的勢力，他死了之後，這種勢力仍繼續增長，他和馬克思不獨在生時有很多的關係，即在死後仍沒有斷絕關係。此人是誰呢？就是拉塞爾。因此我們特將拉氏的事業，學說，以及他和馬氏的關係在此詳細敍述出來。

拉塞爾於一八二五年四月十一日出生於德國布列斯勞一個富裕的絲綢商人家中。他和馬克思一樣，是屬於猶太種族。他眼見同種人在當時受種種虐待，心懷不平，曾在一八四〇年二月一日日記上說：『啊，要是依我小孩子的夢想，那麽，我最中意的理想是手持武器，在猶太人上面來自決。』當他說此話時，還不滿十五歲。至是年五月，達馬士革(Damaskus)的猶太人受了虐待，拉塞爾叫道：『一個民族受這樣的待遇，無論他是要報復，或是容忍，總是十分驚慌恐怖的。』拉氏既抱有猶太民族的感情，所以對於壓迫猶太人的國家制度和社會制度，一律反抗，而表同情於民主主義的鬥爭。然他却又說：『我要是生而爲王公，一生當做貴族。但我現在不過是平民之子，那我就要做這個時代的民主主義者了。』他後來向馬克思說，他自一八四〇年以來卽是一個革命者，自一八四三年以來，就變爲一個意志堅定的社會主義者，這句話如果靠得住，則他和馬氏是在同一年中轉入社會主義一途的。

拉塞爾幼年在本地受教育。他在布列斯勞中學時，喜歡與教職員衝突，與同學決鬬，並與同學交易——他簡直是一個頑童。他因爲要避免父親的責督遂商准父親，於一八四〇年五月轉學於萊比錫的商業學校，然才過一年，又離校了。此校的校長在學生名册上對於他所下的批語是：既不爲教員所器重，又不爲同學所尊敬。由此可見拉塞爾在商業學校的成績也一定不是很優美的。

拉塞爾自出萊比錫商業學校後，初轉學於布列斯勞大學，後入柏林大學。他所學的是博言學和哲學，尤注意於黑格爾的哲學，旋變成一個狂熱的少年黑格爾信徒。馬克思入柏林大學未幾，也變成少年黑格爾派的信徒，但他後來再變爲唯物論者，三變爲歷史的唯物論者，而拉氏却終身爲黑格爾的信徒，這是他們兩人的不同之點，也是他們兩人持論格格不相入的大原因。

拉塞爾在大學畢業之後，於一八四五年前往萊因，後到巴黎，志在研究法國的學術，並結交當代社會運動中的名人。他在此處得識漢訥。漢氏正因一樁繼承財產的事與人爭持，得拉塞爾的帮助，心中甚爲感激。當拉氏回國時，漢訥寫信介紹他於安塞，（Warnhagen von Ense）說他是一個天資英俊，學問優良，知識淵博，思想敏捷的少年，是一個勇敢有爲的新時代的產兒。

拉塞爾回國後，於一八四六年的上半年在柏林遇見哈慈費爾德伯爵夫人，他們兩人從此發生許多的關係。哈慈費爾德伯爵夫人出於德國貴族的家庭，自和表兄弟哈慈費爾德伯爵結婚後，歷時不久，即不和睦。他們反目的原因已不可得而知，大概雙方都有過失，不過『夫的過失較婦的過失大到不可比擬。』（見阿克思拉塞爾傳四七頁，一九二〇年第三版。Lassalle eine politische Biographie）伯爵夫人因此受種種虐待，她的兒女被奪去，進款被斷絕，而伯爵自己却將無數金錢擲諸花天酒地。伯爵夫人許多年來雖千方百計想從丈夫的手中取得一份財產，但畢竟沒有成功。

哈慈費爾德伯爵夫人爲饑寒所迫，無法自存，竟至迫而操神女生涯，正於無可申訴之時，忽遇着柔腸俠骨的拉塞爾替她代鳴不平。拉氏從此研究法律，在法庭上替她辯護，歷時至八年之久，經過法庭至三十六個之多，畢竟將勢力最大和財產極多的哈慈費爾德伯爵打敗了。伯爵夫人因此取得一種巨額的財產，每年分七千達列給拉塞爾，一則是爲酬勞，二則因她在訴訟中曾受其接濟。拉氏每年既獲得如許巨款，又加上自己的財產，所入甚豐，而他一生的飲食起居便非常闊綽，非常奢侈。

拉塞爾代哈慈費爾德伯爵夫人經理訴訟，雖獲得絕大的成功，然當時德國人士大概視他爲一個極不道德的人，因爲伯爵夫人是一個美人，雖比拉塞爾大二十歲，然『徐娘雖老，風韻猶存，』他們以爲他犧牲無數金錢與時間去替一個毫無關係的美婦人當辯護士，目的何在，不言可知。他對於這種揣測，曾在『小箱案』的辯護詞中反駁道：『此城很有體面的人，對於我懷善意的人，以及對於我的情形得有報告的人，可以不相信一樁齷齪自私的事——然這些人却相信我和伯爵夫人必定絕對立在一種戀愛的關係上。如果准我問一問他們這種假定的根據在那裏，那我所得的明白答案不過是：爲着一樁與己無關的事而有這樣大的犧牲，殊不可解，除此說以外，再也沒有根據了！ 我承認這些人下批評是以很識世情和極有經驗的人自居的。 但是他們却忽略了一樁事。 他們忽略了我是在少年時期，忽略了現代雖是自私自利的時代，然少年時期在一切時期中是一個不自私的，有熱忱的，和肯犧牲的時期，自古至今，都如此。』 拉塞爾又設一個譬喻說：『那一個善於游泳者看見了一個人陷在波濤洶湧的急流中而不加以援手啊？ 我曾自命爲一個善於游泳者，我是自由獨立的，所以跳入急流中。』

拉塞爾這些話是何等冠冕堂皇，他要替伯爵夫人做辯護士，只好這樣說。 可是克卡樸也跟着叫道：『他所竭力要做的事情的原動力是極高尙的；他以爲哈慈費爾德伯爵夫人個人的命運和痛苦就是當時社會疾苦的一種反映，他擁護夫人的主張就是反對這種疾苦的一種道德革命。』（見克氏社會主義史中文譯本上卷八五頁。） 拉氏做這樁事的動機如果與他自己及克卡樸的話完全相合，那我們除掉讚美以外，自然沒有別的話可說。 不過我們細考拉氏的心理，未必不雜有其他念頭。 他雖是一個社會主義者，然却慕勢利，愛虛名，並且喜投機。他看見哈慈費爾德伯爵夫人出身貴族，哈慈費爾德伯爵財多勢盛，如果能夠代伯爵夫人制勝伯爵，自己當然名利雙收。他於是本其慕勢利，愛虛名並喜投機的心理，再加上幾分義俠的熱忱，遂轟轟烈烈不屈不撓地幹起來了。我們這樣分析他的心理，並非憑空揑造，是有其他事實作參考的。（一）畢士馬克於一八七八年九月在國會演說，涉及拉塞爾，說他的野心是在大規模的事業上，德意志帝國應當與霍亨索倫朝相終始，還是尙有一朝拉塞爾，這是一個疑問，他的感情完全是屬於君政方面的。畢氏的話雖未必完全正確，然拉塞爾確曾夢想做德國的大總統，畢氏算是看出了他的慕勢利與愛虛名的心理。（二）拉塞爾於一八六二年七月在倫敦向馬克思說，他因做投機事業，復失去五千達列，這就是他喜投機的明證。他的性格既是如此，所以辦理哈慈費爾德伯爵夫人的訟案也不能稱爲出於極高尙的動機。

拉塞爾的動機我們已經知道了，現在進而考察他和哈慈費爾德伯爵夫人的關係。他於一八六〇年九月寫一封幾乎多至四十大頁的求婚書給一個俄國女士名索非亞（Soohia Von Sontzew)的，說他愛哈慈費爾德伯爵夫人是一個兒子對母親的愛，不過要加上三倍。他自認伯爵夫人是他的二我，是他的幸福的第一個條件，並且簡直是他的全我的條件，如果失去伯爵夫人，便覺得他的全我所受的損傷更甚於砍去他的手足。　他何以有如此感覺呢？　因爲他以爲凡他的精神所經歷的一切危險，一切勝利，一切恐怖，一切困難，一切憂患，奮鬥，和安樂，總說一句，一切情感、伯爵夫人都和他有同感。

然拉塞爾對於哈兹費爾德伯爵夫人果如他所說的，只是一個兒子對母親的愛而再加三倍麽？

我們就見聞所及，殊不盡然。　卡斯天說：『拉塞爾在以後的年月之中對於哈兹費爾德伯爵夫人是否由友誼而更進於親密的關係，姑置勿論；但是斷定他在初相識而擔任訴訟事件之時，他們就有這種關係，那麽，在心理上已經是沒有根據了。』（見卡氏拉塞爾傳三六頁，一九一九年出版。）　阿克恩說：『〔拉塞爾與哈兹費爾德伯爵夫人的〕關係使拉氏受許多譏彈，並且使他的政治生涯受無窮的阻礙，這種關係是不能以適合於平常人規行矩步的生活方法的小道德標準去測量的；這是兩個非常人中間一種非常的關係，他們是要在自己蓬勃的熱忱中和宏大的秉賦中，自求一種標準。』（見阿氏拉塞爾傳五一頁。）　細玩卡阿兩氏這些話的言外之意，便知道拉塞爾與伯爵夫人在實際上發生了一種什麽關係。　我們的心中要是沒有資產階級所謂道德的成見，便覺得他們兩個自由獨立的人因交接頻繁所發生戀愛關係，雖年齡不甚相稱，然既出於雙方自願，也算不得一樁絕對駭人聽聞的事。我們對於拉塞爾雖不像克卡樸一樣，任意讚揚，『舉之升天；』但也决不是故意羅織，『按之入地，』不過是還他一個本來面目罷了。

拉塞爾在辦理哈慈費爾德伯爵夫人的訟案中，常因違法而被逮捕，受監禁。他因箱竊案的牽連，於一八四八年二月二十日在坡慈丹（Potsdam）被捕，解至寬恩監禁。因此不能參加是年德國的三月革命。直至八月，他經過一次有名的辯論後，才被釋放。他於出獄之後，初識馬克思，兩人交誼頗好，他常至寬恩訪馬克思，馬氏也來杜塞爾多夫訪他和哈慈費爾德伯爵夫人。

拉塞爾一經恢復自由，即參加當時的革命運動。他於十一月二十一日在諾易斯（Neuss）演講，係從無產階級的觀點出發的，因此即於異日被捕。他的罪名是煽動國民以武力反抗王室的威權，以暴力反抗長官。他的第一種罪要受經常法庭的審判，第二種罪要受警察法庭的審判。一般朋友盡力奔走運動，想使他早日出獄。一八四九年二月，有許多代表向法庭遞上一張二千八百人署名的呈詞保他，至三月又有馬克思，昂格思和哈慈費爾德伯爵夫人的兒子等等遞呈詞保他，但均未發生效果。不過他在獄中沒有受嚴厲的拘束，對於哈慈費爾德伯爵夫人的訴訟事件可以自由著論，登在報上。至五月五日，他受經常法庭的審判，經過一次很長的辯護後，於異日被宣告無罪。然他的八十頁的辯護詞後來付印時為法庭所禁止。

拉塞爾雖由經常法庭宣告無罪，却被警察法庭於七月五日判處六個月徒刑，因此他仍不能出獄。這樁事本是他的不幸，然也是他的大幸。因為他既身羈囹圄，不能參加最後幾次的革命戰爭，所以出獄後仍得安居德國，從事活動。反之，一般在革命中奮鬥最力的人如馬克思，昂格思，哇爾夫，李卜克內西等等都不得不於反革命抬頭之日，倉皇出走，去領略那亡命客的滋味。

當拉塞爾於一八五一年的上半年出獄時，馬克思一派的共產黨中央機關已經由倫敦移至寬恩，馬氏曾介紹他加入共產黨，然寬恩的中央局因他辦理哈慈費爾德伯爵夫人的訟事，名譽不好，不允其入黨。在以後幾年之中，他因辦此案與伯爵夫人同住在杜塞爾多夫，兼在此處做工人運動。他後來告訴馬氏，說當此處工人受金錢壓迫而要求帮助的時候，他不惜重大的犧牲，當他們和警察衝突的時候，他卽予以庇護，當他們入獄的時候，他就照顧他們的家屬；並於每星期六和星期日令他們到自己的家中聚談，且分贈書籍，於每年的新年晚上和他們在一塊兒慶歲。拉氏這種工人運動，在當時沒有獲得效果，但後來到萊因地方演講，大受工人的歡迎，實因他早將活動的基礎預備好了。

拉塞爾自一八四六年起辦理哈茲費爾德伯爵夫人的訟案，至一八五四年八月才告結束，在此八年之中，他的大部分精力旣全集於此，所以對於學業未免荒疏了。自此以後，他再開始研究學問，兼完成八年前業已着手的赫拉頡利圖斯(Heraklit)的書。此書於一八五七年出版。在此書未脫稿之前，他於一八五六年九月出遊瑞士，旅行君士坦丁羅堡，並訪古蹟於埃及，至年底方返國。到了一八五七年，他移居柏林，該處的警察當局因他參加一八四八年的革命運動，本不准其逗留首都，後因洪保德的斡旋，乃得居住的許可。

拉塞爾移居柏林一事在早前一年卽有人告訴馬克思。當一八五六年的春季，德國一個商人列維(J. Lewy)由杜塞爾多夫至倫敦訪馬氏，自稱負有該處工人的使命。列氏宣布拉塞爾的爲人極不可靠。說他自辦理哈慈費爾德伯爵夫人的案件獲得佳果後，卽生活於伯爵夫人不體面的羈絆之下，受其豢養，並且要同往柏林，代爲創一文社；對於工人便和用舊的工具一樣，將擱置一邊，致爲他們所憤恨。列維曾向拉氏要求二千達列的借款，僅得到五百，心中不免懷恨，他這段話卽或不是虛造，也是言過其實的。馬克思和拉塞爾初時本甚相得，但自他們遠隔異國後，彼此的眞相不易明瞭，因此馬氏對於列維的話便有幾分相信了。他於是年三月五日將此事函告昂格思，並且說：『這一切不過是一些零星碎片。我從前對於拉塞爾雖滿懷好意，現在對於工人的閒話雖不肯輕信，然這全部事對於我和佛萊利格拉已有一種深刻的印象。我已經向列維說過：單從一方面的報告抽出一種結論，自然不可能，然無論如何，懷疑總是妥善的，他們應當繼續監視此人，但暫時應當避去一種彰明較著的喧赫樣子；我們或者找得到機會強迫拉塞爾取一種明白的步驟云云。你對於此事的意見怎樣呢？』（見昂格思與馬克思書信錄第二卷一〇〇頁。）昂氏從一八四八年秋季認識拉塞爾起，卽對他抱一種劇烈的反感，（他的同鄉人哇爾夫對他也抱有這種反感，）所以在回信中批評他便十分嚴厲；『就此子的大才能講，未免可惜，但此等事實在太不好了。

大家對於他這種人必須像對惡魔一樣注意：他是斯拉夫界上一個眞正的猶太人，時常起念頭藉黨做口實，去達自己的目的。』（見同書同卷一〇二頁。）

拉塞爾和馬克思及昂格思終久不能情投意洽，乳水相融，固然是由於他們所持的主義和所取的手段各不相同，然黑克列(H. Herkner)下面一段也是他們沒有好感的重要原因之一，就是：『馬克思和昂格思暗中對於拉塞爾的懷疑，半起於萊因地方一般黨人對於他向倫敦所傳播的消息。　自他們看來，拉塞爾是一個背叛主義的人，世人對於他的奢侈，趨附權貴和結束哈慈費爾德訴訟那種不體面的方法，都加以責備。』（見黑氏工人問題第二卷三一一頁，一九二一年第七版。(Die Arbeiterfrage.)

拉塞爾的私人行動固不爲馬昂兩氏所贊同，而他的政治主張尤非他們所首肯。　此事在書面上第一次的重要表現，是關於一八五九年意大利戰爭（參看本書本篇第三章，）的策略問題。　我們在敍述拉氏對於這種戰爭的政治策略之前，必須先講昂格思所持的策略。

當意大利戰爭正在醞釀之際，昂格思爲掃除大德意志和奧大利宣傳的幻想起見，特於一八五九年四月初刊佈一個小冊子，名『波與萊因』。(Po und Rhein) 書中首先說明：『

自本年年初以來，在波河防護萊因這句話已經成爲德意志一大部分報紙的口號。這個口號對於路易，拿破崙的軍備與威嚇自有其充分的正當理由。德意志人從本能上感覺到拿氏既以波河爲口實，必以萊因河爲目標。只有在萊因界上引起一種戰爭，才能夠轉變法蘭西內部勢將反抗拿破崙主義的兩種元素——即革命羣衆愛國的「優越勢力」和「資產階級」醞釀中的不滿意——的視線。對於第一種元素是給予國家的職業，對於第二種元素是給予新市場的希望。因此德意志不會誤會解放意大利的說法。這就是古諺所謂打袋擊驢的例子。然意大利如果要做袋子，德意志這一回却不願做驢子。」（見昂氏波與萊因三頁，一九一五年司徒嘉德——Stuttgart 出版。）

此外，還有好些軍人與政客從政治上的理由主張波河—即倫巴底和威尼斯—應爲德意志一個不可分離的部分。他們以爲『意大利絕對不能獨立；統治意大利的，不是德意志，就是法蘭西；奧大利今天如果退出意大利，法蘭西人明天就站在亞支河流域（Etschtal）和的里雅德（Triest）的門前，而德意志整個的南部邊界便毫無防護地委諸這個「世仇」了。因此奧大利在德意志的名義和利益上，主張據有倫巴底。』（見同書四頁。）

昂格思於是從軍事學上的理由，詳細證明德意志爲自衛計，沒有佔據意大利尺疆寸土的必要，否則必結怨於意人。『不論我們據有倫巴底與否，只要在國內強健，對於意大利總有一種重大的影響。我們如果讓意大利自決，即可以消滅意人的憤恨，而我們對他們的自然影響將較前好得多，在某些情形之下，還可升到眞正領導的地位。我們不可在佔領外國土地和壓迫外國民族——只有成見能夠否認他的前途的希望——中去求我們的力量，最好是致力於自己內部的統一與強固。』（見同書三四至三五頁。）

還有一層，『凡事對一方面如認爲合理，對於他方面也是正當的。我們要求波河與明韶（Mincio）作爲軍事形勝之地，既是防備法蘭西人的成分多，防備意大利人的成分少，那麼，當法人同樣要求河流綫來防備我們時，也就不足奇怪。』（見同書三五頁。）這條河流綫就是萊因河。因爲『我們如果將圓規的一脚再插在地圖中的巴黎上，用巴黎至里昂的半徑，從巴塞爾（Basel）至北海（Nardsee）畫一個弧，便發見萊因河流從巴塞爾至河口都很靠近這個弧。萊因河一切重要地點與巴黎的距離大致相等，有些不過是幾哩的差異。這就是法國要求萊因邊界的眞正理由。』（見同書三九頁。）

總之，『德意志既有權要求波河，法蘭西便有權要求萊因河。法蘭西如果不當爲着一種軍事形勝地的緣故而合併九百萬窩倫人，（Wallonen）泥得蘭人（Niederlander）和德意志人，那我們也不能爲着一個軍事地位而宰制七百萬意大利人。結果，波河這種自然的邊界不過是一種軍事形勝，有人竟宣佈德意志因此應取得此處。』（見同書四六頁。）

『德意志既以自然邊界說爲根據而要求波河，俄羅斯也可依照同樣權利而要求加里西亞，（Galizien）布柯維納，（Bukowina）和達到東海（Ostsee）的一種圓形地，他至少包括普魯士右面全部維克塞爾河岸。（Weichselufer）俄國在幾年之後，又將依照同樣的權利，要求奧得河（Oder）爲他與波蘭的自然邊界。

自然邊界說如應用於葡萄牙，必須擴充到庇里尼斯山脈，（Pyrenaen）而整個的西班牙也不得不歸併於他。』（見同書同頁。）

主張中歐大國的政客從軍事學上所倡的自然邊界說固不可通，德意志固不可據有意大利的任何土地，然法蘭西也同樣不得干涉意大利。『據有倫巴底的問題是意大利與德意志間的問題，而不是路易拿破崙與與大利間的問題，這是必須絕對確定的。對於第二者，即對於在其他方面反德意志利益而出來干涉的路易拿破崙，這是簡單地據有一省，據有一種軍事形勝，因不能保持，只得引退。此處的政治問題馬上退處於軍事問題的後面；我們如被攻擊，即當從事於自衛。』（見同書五〇頁。）

昂格思在指示德意志對野心的法蘭西所應持的態度後，提出一個劃定民族界限的標準道：『沒有人主張歐洲的地圖是確切固定的。然一切改變要能經久，在大體上必須使歐洲有生機的大民族愈加符合於他們眞正的自然邊界，此等邊界是由言語和同情決定的；同時散佈各處而不復適於民族生存的部分民族包含各大民族中，或是與後者聯合，或是僅作爲人種的標誌而不含政治的意義。至於軍事上顧慮只能置諸第二列。』（見同書五一頁。）

昂格思在此書的末尾一段總結他的意思道：『可是歐洲的地圖如果應加以修改，我們德意志人即有權要求此事當無偏無陂從根本上着手，大家不能——像隨心所好的態度一樣——要求德意志應當單獨犧牲，其他民族絲毫無損，反取得利益。我們對於圍繞我們邊疆而使我們陷於糾紛的某些東西——對於此等事不這樣直接干涉更爲佳妙——可以不要。可是其他民族也要這樣做去；他們或是願意予我們以榜樣，或是緘口不言。此處全部探討的終極目的是，我們德意志人如能以波河，明韶，亞支河及全部意大利的廢物去換得統一——這種統一使我們不致重演華沙（Warschau）和布琅截爾（Bronzell）的故事，並使我們對內對外都增強固——便表現一種完全圓滿的行爲。我們如果獲得統一，即可以不用防禦。於是用不着明韶；「我們的天才」將再取「攻勢」；然尚有好些缺點是需要這種「天才」去應付的。』（見同書五一至五二頁。）

昂格思的波與萊因是沒有署名，由拉塞爾介紹在德國一個書店出版的。馬克思在書未付印之前得先讀一遍，他稱此作『非常巧妙；政治上的討論也很好，不過很難。這個小册子將獲得人成功。』（見昂格思與馬克思書信錄第二卷三一一頁。）果然不錯，當馬氏一八六一年遊歷柏林的時候，哈慈費爾德伯爵夫人告訴他說，在最高級軍事界中都認這個小册子係普魯士一個秘密『將軍的作品』，（見同書第三卷一五頁，）據另一報告，即在維也納，大家也有同樣的猜想。

可是拉塞爾對於這個小册子的見解不表贊同。他於波與萊因出版四星期後，在同一書局刊佈他的同樣沒有署名的意大利戰爭與普魯士的使命（Der italienische Krieg und die

Aufgabe Preussens）一書。　他與馬，昂兩氏不同的地方曾由他在致馬克思的一封信中說明了：『我們所爭持的自然不在原則上，而在——和你所說，並我所見的一樣——最適宜的政策」上，這就是說，在「最適合於革命發展的政策」上。』（見拉塞爾書信與著作等三卷二二五頁。）　更具體地說，就是他對於一切根本原則上的問題，如承認德意志和意大利統一的必要，奧大利宰制意大利的不當，拿破崙第三政策的自私自利，以及德意志的利益受危害時起而作戰等等，與馬，昂兩氏初無二致；只有對於上部意大利的戰爭是否已經危及德意志的利益這個事實問題，便和他們的意見大不相同。

拉塞爾在他的小冊子中首先討論意大利的戰爭。　他以為意大利的興起是一樁佳事，並不因一個壞人根據自私自利的動機，予以帮助，而減少其價值。　意大利的戰爭如果只是使奧大利削弱，那對於德意志不獨無損，而且有益。　因為德意志向來統一運動失敗的原因，就在奧大利挾着他的德意志以外的領土，橫加阻礙。　當意大利和匈牙利一旦脫離奧大利的羈絆，則後者勢必降為德意志的一省，而德意志的統一即可以完成。　所以路易拿破崙帮助意大利攻擊奧大利不啻替德意志服務。

路易拿破崙於打敗奧大利之後，如果據奧國前此的贓物爲己有，或立他的兄弟爲中部意大利的君主，普魯士即可向法宣戰。但此等企圖不會出現。在這種情形之下，普魯士如果要對法挑戰，則民主派人應加以反對。還有一層，不僅普魯士對於意大利戰爭應守中立，他並應當監視德意志中部諸邦共守中立。『一種有利於德意志民族和普魯士的有價值的唯一態度是普魯士下面的說法：「拿破崙如果按照民族的原則在南方訂正歐洲的地圖，好罷，我們也在北方照樣做。拿破崙如果解放意大利，好罷，我們便取得施列斯衛芝和霍爾斯台。」我們的軍隊即隨着這種宣言而向丹麥輸送。』

普魯士的政府應毫不躊躇地擔任這種民族戰爭。不獨德意志聯邦將唯他的馬首是瞻，即民主派也會拿起他的旗幟。但這個政府如果因循自誤，不起來擔負這種使命，那就是證明德意志的君主政體不適應於一種民族事業了。反之，普魯士的政府如果於民族利益沒有受危害時，使德意志與法蘭西作戰，那他一定爲民主派所反對。

拉塞爾這個小册子第一版一千五百部在十天之內即行售罄，銷路既好，拉氏也自認他是發生了極大的效力。他於一八五九年六月中旬寫信告訴馬克思說：『許多比較重要的人物從前持有一種相反的意見，現已向我表明，他們是被這個〔小册子〕所說服。人民報(Volkszeitung)與國民報都不敢說一句反對的話。他們並且還被風動，以致取退守的態度；國民報在六篇社論中已經完全搖動了。萊因工人對於這個小册子最歡忻鼓舞的信紛紛而至。……與論站在我一邊；這完全是決切的。』（見拉塞爾書信與著作第三卷二二一頁。）

可是馬克思對於拉塞爾這個小册子不獨不表示滿意，並且還認爲『一種極大的謬誤。』（參看昂格思與馬克思書信錄第二卷三二五頁。）因此他和拉氏對於意大利的戰爭，書信往來，頗有爭執。不過現在只有拉氏的書信仍舊存在，至於馬克思的信已經不見，我們無從知道他的議論。然綜合馬昂兩氏當時的各種作品，也可得其梗概。

一、昂格思爲着反對路易拿破崙合併薩服雅與尼撒起見，在他的波與萊因出版一年後，刊佈一個小册子，名爲薩服雅，尼撒與萊因，(Savoyen, Nizza und der Klein)作爲前者的續本。他在書中指出俄羅斯自十九世紀以來已經兩次和法蘭西聯盟，（第一次在的爾西特——Tilsit第二次爲一八二九年，）每次聯盟都以瓜分德意志爲目的或基礎。至於路易拿破崙更已爲俄皇主義手中的工具。『俄，法聯盟在目前仍威嚇我們。法蘭西自己只能在某些時候危害我們，並且還要與俄國聯合才成。可是俄羅斯却時常威嚇並侮辱我們，當德意志起來相抗，他便使法蘭西的憲兵在萊因河的左岸發動。』（見昂氏：薩服雅，尼撒與萊因四六頁，一九一五年司徒嘉德出版。）

二、馬克思在紐約特里標報的通信也認法蘭西第二帝國在內政與財政的狀況上已經達到一種危機，非引起一種對外的戰爭，即不足以鞏固國內政變後的統治與歐洲的反革命。路易拿破崙的解放意大利只是一種口實，藉以宰制本國，壓倒意大利的政變，使法蘭西向德意志推進他的『自然邊界』，使與大利變成俄羅斯的工具，並強迫民族從事於一種合法的與非法的反革命的戰爭。

我們由此可以知道馬昂兩氏是認定路易拿破崙與俄羅斯係當時歐洲的兩大敵人，不推翻拿破崙，則法國共和派人不能抬頭，而歐洲的革命也無由出現；不制止俄羅斯與法蘭西的聯合，則中南歐洲的受宰制將更甚於前，而歐洲反動的局勢也無從打破。至於奧大利雖是歐洲自由的敵人，但和前面兩種敵人比較，却有大小之分。他們本兩害相權取其輕的主旨，主張在這種情勢之下，應反對路易拿破崙干預意大利戰爭，去打擊奧大利。可是後來歐洲局勢的發展爲意大利一個王國的興起，德意志帝國的出現，與法蘭西帝國的傾覆。這樣便證明馬，昂兩氏不免過分估量了路易拿破崙，俄羅斯及其聯盟的勢力，而拉塞爾的見解反較爲確切。因此有許多人認馬克思對於政治上的見解遠不及拉塞爾。其實我們要知道：「拉塞爾是從德意志最近的需要出發，他站在德意志統一的觀點上看出最危險的仇敵在哈布斯堡朝一邦和中部各邦，對於以後十年中的估計較爲正確。他是一個實際的政客。凡實際的政策只能從一個民族的利益出發，他的効力也必須以現在與最近的將來爲限。馬克思便不是這樣；他是從歐洲革命的需要出發，他在倫敦高掌遠遮，思慮所及，十分遠大，他和實際的政客相較，便是一個國際革命的理論家。」（見阿克思的拉塞爾傳一四六至一四七頁。）

我們於詳細說明馬昂兩氏與拉塞爾第一次政治意見的不同之點後，現在回轉去敘述拉氏寄居柏林的情形。他久居此處，不能有所活動，心中很不自在。旋決定辦一個大報做活動的中心點，並擬邀馬克思一班名人加入。他於一八六〇年一月底寫信給馬氏，說普魯士不久當有關於政治的赦令出現，馬氏及其他朋友是否願回柏林。他因沒有接到馬氏對於此事的答覆，復在三月十一日的信中說明擬在柏林辦一大報，希望馬氏等回德共同主持其事；至一八六一年一月十九日，他又寫信問馬氏，曾辦新萊因報的人們誰願回柏林。

馬克思本已感覺到自己沒有一種機關報，一點事也做不成，不過知道在當時德國還沒有他活動的餘地，所以他於接到拉塞爾一月十九日的信後十日對昂格思說：『德國的波浪揚得不高，載不起我們的船舶。』（見昂格思與馬克思書信錄第三卷八頁。） 可是他於是年二月底因事往荷蘭，遂乘便返德，與拉氏面商辦報的事，並察看一切情形。

馬克思到柏林，受拉塞爾誠懇的歡迎，和慇懃的招待，自四月一日起至十二日止都住在他的家中。 但是他們共同辦報一事終於無成。 他當面表示必須與馬氏同做主筆，其理由是：一、他對於資產階級的黨派在輿論上較為接近，因此籌辦款項比較容易；二●他對於學理的研究和學理的深思默考既須犧牲，必當有所取償。 馬氏對於這種條件自然是承認的。迄馬氏問他怎樣處置昂格思，他的答詞是，昂氏也可做主筆，不過他們兩人對於決定一切事務的權力只能和他相等，換句話說，他們兩人只有一投票權，他也有一投票權。 馬氏對於這種條件就不能承認了。 但他也不便當面拒絕，只說要和昂格思商議，才能決定，藉此打消是舉。　他於五月七日在致昂氏的信中批評拉氏道：『拉塞爾因他的赫拉頡利圖斯一書在某一部分學界中具有一種名望，因他的酒肉的關係，在其他一羣趨附者中具有一種名望，遂爲此所炫惑，自然不知道自己在大衆之前是聲名狼藉的。　此外，他又固執己見；堅守「推理的概念，」（此子還夢想作一種黑格爾哲學，）沾染舊法蘭西的自由主義，動筆就脾睨一切，喜多管閒事，而做事復笨拙，諸如此類，不必多述。　拉塞爾在嚴格的訓練之下，做一個主筆，可以表現成績。　否則不過是動輒得咎能了。』（見同書同卷一七頁）

馬克思在柏林和拉塞爾共同辦報一事，除因條件不合，不願擔任外，還有一種阻力。就是他的政治罪沒有邀赦免的希望。　拉氏於他未到柏林之前，即爲其運動赦免。　但普魯士政府對於威廉即位的赦免政治犯令所下的解釋是，凡政治犯居住外國至十年以上的，即失去普魯士的國籍，當以外國人看待，應先遞請求入籍的呈詞。　馬克思不獨是寄居倫敦超過十年，並已於一八四五年脫去普魯士的國籍，因此他對於這種赦令更不能適用。　拉氏雖替他如法遞上請求入籍的呈詞，但警察當局根據一八四二年十二月三十一日的法令，因馬氏政治的名譽「很壞」，於一八六一年三月二十一日，三十日和四月十日三次批駁了。　然拉塞爾本其堅持的態度，在警察總監和內務大臣等處替馬氏請命，再接再厲。至四月二十五日，他所代上的呈詞又被警察總監批駁，其所持的唯一理由是，馬克思具有共和主義的意志，否則至少也是沒有忠誠的意志。至十一月十一日，他的另一呈詞又被內務大臣批駁。不過在最後這一次批示之前，他接到馬氏不允加入報館的明白答覆，所以即使呈詞批准，對於他辦報一事也是沒有裨益的。

拉塞爾辦報的計畫既因馬克思不允加入而至於流產，於是馬首南向，再作遨遊名山之舉了。他於一八六一年七月與哈慈費爾德伯爵夫人共同出發，九月至瑞士，在以後三個月中則流連於意大利。當他在瑞士的齊利池時，曾結識兩個人，一即參加一八四八年革命的黑維，一爲從前普魯士的軍官和軍事著作家儒斯托。（W. Rüstow）他到意大利之後，很有志於革命的民族運動，並於十一月中旬造訪統率意大利民軍的加里波的。(Garibaldi) 他自稱爲德意志革命的工人階級的代表，並且說普魯士對於意大利戰爭的干涉政策爲他所著的意大利戰爭與普魯士的使命一書所抑止，而普魯士最近三年來的歷史已經是由他指導的。他又向加氏獻攻擊奧大利的策略，並勸加氏於一八六二年的上半年令軍隊向奧國的達爾馬提

(Dalmatiem)進發，因爲他對於此處很有聯絡，先在此處引起一種普遍的變亂，則必因此而蔓延於匈牙利，再波及於德國，此即他所謂在白斯特(Pest)的革命就是在維也納的革命；在維也納的命革就是在柏林的革命。拉氏這樣大吹法螺，定下一種計畫後，遂於十二月底回齊利池，於一八六二年一月初返柏林了。

拉塞爾到柏林後，於是年四月開始演講。當時普魯士的政治狀況和以前的不同：普王與進步黨人的衝突愈加厲害，並愈趨顯明。拉氏利用這個雙方爭鬥各走極端的機會，一面取一種調停的態度，一面從事於工人運動，想藉此領袖工人階級獨樹一幟。他於四月十六日在柏林市民地方聯合會(Berline Bürger-Bezirksverein)講演憲法的性質。(Ueber Verfass-ungswe en)這是當時一個重要的時事問題。一國的憲法是站在什麼東西上面的呢？他的答案是：憲法不是站在空紙上，而是站在一國現存的實在勢力關係上，這就是說，憲法不是一種寫在紙上的具文，而是一個時代中實在的政治勢力關係的表現。他以爲普魯士實在的勢力關係就在君主及其軍隊，貴族，資產階級，工人階級和小資產階級，這都是憲法中的元素，並且是按照他們勢力的大小而表現於紙上的。所以憲法問題不是一個法律問題，而是一個勢力問題。一種憲法要是各種實在的勢力關係的表現，才有穩固的地盤一個，民族要在憲法中有一種抵抗政府專制的保障，在某種沒有憲法的場所，才能夠抵抗專制。

拉塞爾自在柏林市民地方聯合會演講後，旋又在其他三個聯合會中將這個題目重講一遍。他旋將演講的稿子印成一個小册子，並寄一本給馬克思。馬氏在一八六三年一月二日致昂格思的信中批評道：『拉塞爾是一切時代中最大的政客，尤爲他這個時代中最大的政客。從純粹沒有前提的和沒有前提純粹的學說中發見一國的憲法不徒寫在紙面，而是站在實在勢力關係等等上面的人，的確爲拉塞爾。像他援引文句所證明的一樣，就是「新普魯士報」，（Die neue Preussische Zeitung）畢士馬克，和儒洛（Roon）都崇拜「他的」學說。因此聽講的人可以相信：他既發見正確的學說，在「目前」便有正確的解決。這種解決是：「政府既不顧國會的議決而繼續開支軍費等等，一個立憲政府的存在既是假的，國會便可停止開會，一直到政府宣布截止那些費用爲止。」這就是「事實所表現的「勢力。』（見昂格思與馬克思書信錄第三卷一〇五頁。）拉塞爾說憲法是實在勢力關係的表現，這是公然的事實，人所共知，然他却沾沾自喜，引爲自己的新發見，至於主張國會停止開會去抵抗政府的濫支軍費等等，是於事無補的，所以馬克思發出這一段譏評。

拉塞爾在演講憲法的性質之前四日，在柏林一個手藝工人聯合會中曾講過『現今的歷史時期與工人階理想的特別關係』(Ueber den besonderen Zusammenhang der gegenwärtigen Geschichtsperiode mit der Idee des Arbeiterstandes)［題。 他這兩次演講的題目既不相同，內容亦復各異，驟然看來，好像沒有什麼相互的關係。 但仔細考察一下，他們却有一貫之處：憲法的性質是說明憲法爲一種實在勢力的表現，現今的歷史時期與工人階理想的特別關係是說明工人爲現今歷史時期中的創造者和代表者。 拉氏想藉此引起工人的覺悟，使他們與資產階級的自由派分離，獨自組成一個階級，成爲最大的實在勢力，而掌握將來的政權。

拉塞爾在現今的歷史時期與工人階理想的特別關係中說明歷史是一種自由發展的記錄，於是追溯既往，上及中古，而以封建制度的原則和土地財產的優越權爲這個時代的主腦。所以他說：『諸君啊，在中古時代，土地財產無論在何方面是獨擅威權的，這種財產將他自己特別的印象印入當時一切組織和全部生活上面；他必須認爲當時統治的原則。』(見拉氏工人計畫二〇頁，一九二三年柏林出版。）

然土地財產在中古時代爲什麽獨占勢力呢？『土地財產爲當時統治的原則，理由十分簡單。這種理由——這種理由至少在此處是很充足的——就在中古時代的經濟狀况上面；就在生產狀况上面。當時的商業不甚發達，而工業更極幼稺。當時社會的主要財富只在農業的生產。』（見同書同頁。）

土地財產爲中古時代的統治原則是基於當時的經濟狀况，私有權的觀念就是這種狀况的表徵，而當時的統治原則所表現的最重要之點有四：一、公權或封建制度的組織；二、公權或憲法的組織；三、大地產的免稅；四、社會對於其他業務的輕視。這種原則彌漫於當時的社會，隨時隨地可以表現出來。一五二四年德意志的農民戰爭在表面上雖像一種充分的革命運動，然戰爭的內容仍舊依附在土地財產的原則上，所以實際是一種反動的運動。

農民戰爭雖是一種反動的運動，然當時的資產階級却起而從事革命運動了。中古時代可以說是以宗教改革爲終止期，而資產階級的歷史也是從此時開端的。資產階級的運動係從這個時期醞釀而來，以此劃分時代，不爲無因，不過在實際上中古時代的末期與資產階級的初期，實以一七八九年法蘭西的大革命爲分界點。然資產階級革命的要素是什麼呢？『工業資產階級的生產，愈弄愈精的分工，因分工而起的資本財富——這種財富獨集於資產階級的手中，因爲這是一個指揮生產和攫取利益的閥閱——等等的進步，是當時實在的和眞正的革命要素。』（見同書二四頁。）

資產階級既引起產業革命，資本財富卽集中於這個階級的手中，於是資產階級的原則——卽資本財富——起來支配社會，而前此封建的貴族退處於無權了。『因那種和土地財產相對峙的資本財富——卽動產——之生產和蓄積操在資產階級的手中，於是貴族退處於一種完全無足輕重的地位，並且已經陷於一種倚賴這個富力日增的資產階級的地位。貴族如果想傍着資產階級而保持他的地位，必須預先背棄自己一閥閱的一切原則，開始運用工業利益的方法，這種方法是資產階級的財富和實權所由出生的。』（見同書二五頁。）

資產階級財富與實權的增加是由於工業的發達，然工業發達的原因又在那裏呢？美洲的發見，因此對於生產所引起的無限影響；因好望角的航行所發見的往東印度的海道——從前往東洋和印度洋的一切商業必須經過蘇以士陸路——磁針和羅盤的發明——一切海商業因此獲得較大的安全與速度，並且減少保險費——內地所建造的水道，運河，和道路——無數生產物從前不堪運輸的昂貴，現因有這些水陸道路減少運輸費，才可以運至遠方——人民所有權的愈加安全，有條理的司法制度，火藥的發明，君主利用這種發明破壞好戰的貴族封建勢力的舉動；以及因破壞貴族的堡壘和貴族的獨立戰鬥力而釋放的農奴與騎士迫而加入工作場——這些事件都集在資產階級勝利的車上去了！』（見同書二六至二七頁。）『這些事件以及人家尙能告訴你們的其他許多事件形成一種效力：就是因爲開創了大卸賣場，和因此而減少了生產費及運輸費，遂引出大量的生產，——即爲世界市場的生產；因大量的生產復造成廉價生產的需要，而這種需要只有再經一種愈加精密的分工——即一種機械動作最簡單的精細分工——才能夠滿足，因這種愈加精密的分工又引起一種規模愈大的生產。』（見同書二七頁。）

資產階級實在的勢力既日漸充足，於是一躍而執工業界的牛耳，再躍而登政治舞台，一七八九年的法國大革命就是資產階級取得法律上地位的開端，而風聲所播，遂波及全歐。然這種革命却不是一個人或少數人一手一足之烈造成的。『大家決不能創造一種革命；大家只能對於一種已經伏在社會事實關係中的革命，予以外表的法律上的承認，並且促其終極的實現，要想創造一種革命，這是未成熟的人們的愚行，他們對於歷史的定律是絲毫不知道的。」（見同書三一頁。）

然在另一方面，一種已經成熟的革命也不是一個人或少數人所能阻止的。「要阻止一種已經伏在社會懷中而行將出現的革命，或不肯予這種革命以法律上的承認，或對於參加這種催生婆義務的社會和個人而加以責備，說他們是喜歡革命，這也是一樣未成熟，一樣稚氣的。　這種革命既伏在社會裏面，既藏在事實的關係中間，必定——這是無可如何的——要出現，並且要轉變爲合法的。」（見同書同頁。）

當法蘭西大革命之際，資產階級的對面站有兩個爲法律所承認的特權閥閱，他自認爲全體人民的代表，他的事業就是全人類的事業。　可是自資產階級革命成功後，便另自成爲一個特權階級，他將自己的威權印入一切社會組織中，和中古時代的貴族運用土地財產的特權所作所爲的，恰恰相同。　他以財富爲政治上和社會上權利的標準，以納直接稅爲人民選舉權的條件，因此把無產者排出政治舞台之外，他又用警戒法和徵稅政策去限制報紙的言論自由與銷路，並極力推廣間接稅的制度，幾乎把國家所需的大部分經費都加在無產階級的身上。

可是至一八四八年二月二十四日，一種新歷史時代的曙光忽然出現了。這是工人階級的革命。『當這一天，在法蘭西——在這一國劇烈的內爭中，自由的勝敗就是全人類的勝敗——爆發一種革命，這種革命引起一個工人加入臨時政府，宣言國家的目的是在改良工人階級的命運，並且公布採用普通直接選舉權，凡年齡達二十一歲的國民，不問財產的有無，對於國家的統治，國家意志和目的的決定，都享有同一的參加權。』（見同書四四至四五頁。）

中古時代的貴族或地主，近代的資產階級一旦掌握政權，都各為自己一階級的私利而爭鬥，為自己一階級的特權而爭鬥，可是工人階級秉政後，情形便不相同了。『第四階的統治即時現出一個極大的異點，就是第四階係社會中一個最下層的，最後的和最沒有承襲特權的閥閱，他既沒有法律一類的特有條件或事實一類的特有條件，又不是貴族，沒有土地財產或資本財產，可規定為一種新特權，藉社會的組織表現出來。我們對於人類社會如果想做一種有用的人，那我們便都是工人！第四閥的心窩中既不復含有一種新特權的種子，他和全人類便是相等的。他的事業在實際上就是全人類的事業，他的自由就是人類自身的自由，他的統治就是普天下人大家的統治。』（見同書四五頁。）

工人階級的事業既與全人類的事業同其範圍，因此凡贊助他的，就是贊助全人類。

『凡倡工人閥的理想爲社會中統治原則的人——這是就我對你們所發揮的意思講的——不是發一種使社會中各階級分離的呼聲；而是發一種調和的呼聲，這種呼聲是包含全社會的，這種呼聲是解決社會中一切對抗的，這種呼聲是一切不願有特權存在和特權閥壓制人民的人所同意的聯合，這種呼聲是一種愛的呼聲，這種呼聲第一次從人民的心窩中發出以後，卽永爲人民眞正的呼聲，當他成爲人民的戰聲時，依他的內容的旨趣，仍然是一種愛的呼聲。』（見同書四五至四六頁。）

工人階級的原則，應爲社會中統治的原則，現在從三方面來加以考察。

『一、關於實現這種原則的正式方法。……曾經說過的普通選擧權是實現這種原則的正式方法。……諸君啊，普通直接選擧權眞正也不是一根什麽魔術棍子，可以保護你們免於暫時的錯誤。……　但是普通直接選舉權對於他暫時流於濫用的錯誤，畢竟是一種由自己再行矯正的唯一方法。　他是一枝能夠將自己所弄的傷痕醫好的長槍。　在普通直接選舉權之下，歷時既久，則立法關機不是別的東西，只是曾經選舉他的人民正確的寫眞。　所以無論何時，人民應當以普通直接選舉權爲他們不可少的政治上的武器，和他們最徹底的及最重要的要求。』（見同書四六頁。）

『二、關於這種原則道德的內蘊。……　世人或以爲將社會最下層階級的原則作爲國家和社會統治的原則，似乎是一種很危險和不道德的舉動，似乎是要使文化毀滅於一近世野蠻狀態中。』……　然這種恐懼只是一種成見，在相對方面，還可以證明這種將最下層階級的原則作爲統治原則的思想足以代表世界史上未曾有的道德最大的進步和勝利。』（見同書四七頁。）

『許久以來，人民的發達和歷史的進程是在再接再厲地毀滅那些保障上等閥閱爲上等和統治閥閱地位的特權。　一種繼續保持這些特權或個人利益的志願使上等閥閱中每個沒有放大眼光看自己個人全部生存的人——諸君將知道，只有極少數的例外才能如此——對於文明的發達，文明和科學的傳播，文化的進步，和一切歷史及生活的運動與勝利，自始至終，總站在一種有主義的仇視地位。上等閥閱的利益與民族的文化發達間有了這種對抗，便引起上等閥閱很大的和必然的不道德行爲。……諸君啊，個人的利益與民族的文化發達間有了這種對抗，便不是社會中下等閥閱的幸福。

『但是社會中各下等階級力爭改善他們的階級地位和無階級組織的狀態，這種個人的利益並不和歷史的運動相抵觸，而墮落到一種不道德的地步，依照他的趨向，他和全體人民的發達，這種發達觀念的勝利，文化的進步，以及歷史的生活原則都是相符合的，至於這種歷史不是別的東西，只是自由的發展。或者像我們曾經說過的一樣，你們的事業就是全人類的事業。諸君啊，你們因此站在一種幸運的地位，你們不獨不致使這種觀念枯稿，並且因你們個人的利益必定使他極受歡迎。你們是站在一種幸運的地位，凡你們眞正個人利益所構成的東西，和歷史的動脈及促進道德發達的生活原則恰相符合。因此你們可以把個人的熱忱注在歷史的發達上面，就此處所發揮的純粹意義講，這種熱忱愈發揚，便愈道德。諸君啊，這就是第四閥統治國家必定達到前此歷史上所沒有的一種道德，文化和科學三者全盛』（見同書四九至五〇頁。）

時代的理由。』(見同書五〇至五一頁。)

『三、關於這種原則所固有的國家目的的政治觀。 第四閥不獨比資產階級具有一種不同的正式政治的原則——就是普通直接選舉權，而資產階級則為編查戶口的選舉政策——因為他的生活地位的緣故，對於道德力不獨是比各上等閥閥具有一種不同的關係，還比資產階級具有一種完全不同的道德的國家目的觀。

資產階級的道德觀念是，除掉保護每個人，使他的力量毫無阻礙自由活動外，絕對沒有別的東西。

我們倘若都是一樣強健，一樣聰明，一樣受教育，並且一樣富裕，那麼，這種觀念可以視為一種滿足的和道德的觀念。

但我們並不如此，也不能如此，所以這種思想是不夠的，因此他終久必定流於極不道德的境界。 因為他使強有力的人，聰明的人和富裕的人掠奪弱者而自飽私囊。

反之，工人閥的道德觀念是，個人的力量由個人無阻礙的自由活動是不夠的，在這種活動上必須加入一種為道德所制裁的共同性質，就是；共同一致的利益和全體及相互的發達。

資產階級按照這個異點形成一種道德的國家觀，就是：國家的目的只限於保護個人的自由和財產。

諸君啊，這是一種守夜者的觀念，因爲一個守夜者的全部職務只在防止刼奪和偸竊，而資產階級的觀念只能在一個守夜者的模型之下想像一個國家。……

諸君啊，可是第四階級心目中的國家目的便完全不同了，他的國家目的是和眞理相同的。

諸君啊，歷史是一種對自然的爭鬥；就是一種和困苦，無知，貧窮，無能力，以及一切不自由——當人在歷史的初期出現時，以上種種東西卽環繞在他們的四周——的爭鬥。繼續脫離這種無能的狀態，就是歷史所代表的自由發展。……

國家所有的職務是促成這種自由發展，促成人類向自由的發達。

國家是要把各個人聯成一種道德的全體，這種一體使所有個人的力量增加至幾百萬倍，使各個人處置事物的力量增加至幾百萬倍。

所以國家的目的不僅在保護個人的自由與財產，——這種保護個人自由與財產的目的已經按照資產階級的觀念，在國家裏面出現了——國家的目的是在藉這種聯合之力使各個人以個人資格永不能取的生存步驟，却能因此達到目的，使他們得獲到一種教育，勢力和自由，這是他們以個人資格做不到的。

因此國家的目的是使人生積極的發展，和進步的發達，換句話說，就是使人類的命運——即適合於人類的文化——形成一種眞正的生存；這種目的是人類進到自由的教育和發展。』(見同書五一至五二頁。)

『所以一個在工人閥觀念統治下的國家將不復像自古至今一切國家一樣，因事物的性質和環境的強迫，而趨於痲木不仁與違拂己意，他將以最明瞭的態度和允分的覺悟，將這種道德的國家性質引爲自己的任務。他將以自由的意志和最圓滿的效果去完成向來僅能枝枝節節實現的事業，並且將因此……引起精神的煥發，和一種幸福，教育，安甯，及自由發達，這種情形在世界歷史上沒有前例，就是將前代最有光榮的狀況與之相較，也必定相形見絀，反成爲一幅慘淡無光的圖畫。』(見同書五三頁。)

工人階級的原則既是超越向來一切的原則，所以這個階級的人應及時覺悟，快些起來擔負重大的歷史使命。『一個閥閱綜合於道德的高尚印象，莫過於覺悟他當爲統治的閥閱，知道他是被召將自己一閥閱的原則提起來作爲全時代的原則，將他的觀念變作全社會主要的觀念，於是照着他自己的模型去鑄造社會。這種職務具有很高的世界歷史的尊榮，你們的思想當全注於此。凡被壓迫者的種種惡行，固不復適宜於你們，就是無思想者游惰的行樂，以至微賤者無傷無損的輕躁態度，也不復適宜於你們了。你們是一種磐石，現時代的教堂當建築在這上面。』（見同書五四頁。）

拉塞爾本是一個富於煽動力的演說家，這次演講更說得天花亂墜；然當時柏林的工人還在資產階級的進步黨影響之下，並不相信他，所以他沒有收到很大的效果。伏蘭德爾說：『他因此獲得多少社會主義的信徒，我們不知道。然柏林的機器工人的確完全不傾向他。』（見伏氏哲學家的馬克思昂格思與拉塞爾七九頁，一九二〇年出版。）

拉塞爾旋將這種演說詞在柏林付印，一八六二年六月底書已印就，却被政府沒收了。至十一月四日，國家律師向柏林地方審判廳控拉氏唆聳無產階級仇視並且輕蔑資產階級。一八六三年一月十六日開審，拉塞爾雖有一種有名的辯護——這種辯護詞後來刊布成書，名爲科學與工人(Die Wissenschaft und die Arbeiter)——仍舊失敗，被判處徒刑四個月。但他不服判決，提起上訴，至第二次審判，遂由徒刑而改爲罰金。

拉塞爾因他的演說詞不能在柏林出版，便改在瑞士齊利池付印，標題爲工人計畫(Arbeiter Programm)書出版後，爲馬克思所見，他於一八六三年一月二十八日報告昂格思說：『你知道，這種東西不過是「共產黨宣言」和我們時常宣傳的其他作品的一種拙劣庸俗的仿造品，此等作品已經有幾分變成常識了。（例如此子稱工人階級爲「閥閱」。）……此子公然認他是繼承我們財產帳目的人。因此就鬧出奇怪的笑話了！』（見昂格思與馬克思書信錄第三卷一一五頁。）

馬克思對於拉塞爾的工人計畫這樣鄙薄，而卞斯天却極力讚揚，說：『這可以稱爲社會主義的思想界中一種卓絕的入門之作。我如果指他爲適合於時代與環境的「共產黨宣言」的註釋，對於他的價值無所貶損；凡共產黨宣言的歷史部分已經大量標舉的東西，他就將重要的事件用團體的例證闡揚出來了。』（見卞氏拉塞爾傳一六〇至一六一頁。）

拉塞爾的工人計畫一書實含有馬克思與黑格爾兩人的見解。現在專提出其中的牢牢大者來講，拉氏認歷史的發展由封建貴族的原則，轉入資產階級的原則，再轉入無產階級的原則，是由於經濟狀況的變遷，而非出於理想的指導；這是他剽竊馬克思的學說之處；同時他認國家是要將各個人聯成一種道德的全體，這就是他因襲黑格爾的學說之處。總之，他不是一個自出心裁的獨立思想家，他所剽取的學說，常是雜而不純，弄得非驢非馬，不能自成一家言。所以阿克思說：『他始終不能將國家的觀念及其不變的道德的內蘊，與社會變化的形態及其經濟的前提作一種內部的結合。黑格爾學說的成分與馬克思學說的成分在此處忽然衝突起來了。』（見阿氏拉塞爾傳二四六頁。）

拉塞爾在柏林從事講演，既沒有獲得預期的效果，更深覺孤立無援，很難做事，因想和馬克思通力合作。他在一八六二年六月十九日致馬氏的信中已表示要來倫敦，至七月九日，果然蒞止，寄住馬氏家中至三星期之久。初到時，要求馬氏請昂格思來倫敦，共商活動的策略，但昂氏却託故不到。他向馬氏表示願共爲德意志新運動的領袖，要求予以援助。他對於馬克思向來十分殷懃，如替馬氏介紹書店刊印政治經濟學批評，介紹馬氏任紐阿德報和維也納報的通信員，偶然帮助馬氏金錢和屢次寫長信等等，都是他的具體的表示。

可是馬克思因爲不滿意於他的行動，對他不獨十分冷淡，不獨屢次於接到他的信後不予答覆，並且對他非常懷疑，屢加以嚴厲的批評。拉氏平常對於此等事絲毫沒有察覺，這一次親到倫敦談判的結果，才恍然大悟。他對於辦報事仍想進行，要求馬克思加入。馬氏的答詞是，如有優厚的報酬，可以做英國通信員，但對於報館不負何種責任，不作政治的參加，因爲他除掉幾種遙遠的終極目的外，在政治上沒有同意之處。拉氏至此才知道馬氏不能和他攜手同行，他們兩人的交誼不能繼續下去，已由這一次會見確定了。

當拉塞爾在馬克思家中作客時，正値馬氏的家境艱窘萬狀，燕妮爲款待賓客計，將所有値錢的物件都典押了。然拉氏直至臨行之際，才察覺馬家的困難情形，當時允許借給馬克思一張於來年一月一日到期的十五鎊期票，如果昂格思或其他人等擔保償還，馬氏並可從他取得任何數目的期票。至八月二十日，拉塞爾從威爾德巴德（Wildbad）致書馬氏，表示『爲防止一切不可預料的情形起見，不管死活，』必須取得昂格思償還款項的書面擔保。（參看昂格思與馬克思書信錄第三卷八八頁。）馬氏接到這封信，大不謂然，即於當日作覆，詞句之間，不免帶着譏諷之意。拉塞爾對於馬昂兩氏不合作的態度本來不大高興，此時忽接到這樣的一封信，不禁大怒，卽於是月底回信責備馬克思，並且說：『我爲確切知道我從威爾德巴德發給你的信的內容起見，要求你抄一份給我，我要求此事，你聽啊！ 然後我可以完全正確評判我對於你的信應當怎樣着想。 我在柏林等着，再向你說一次，取得我的信的抄稿，是我的完全决切的要求。』（見拉塞爾書信與著作第三卷四〇五頁。） 馬氏對於拉氏此信延不作覆，也沒有將他的信抄寄給他。 至十一月六日，拉塞爾因昂格思從前允許對於是月十二日到期的期票，早八日卽予以抵補，竟逾期未至，於對是馬氏又大放厥詞：『你如果認我前此從齊利池，和此處〔指柏林〕寫給你的三封信值不得答覆，可是你現在要知道，我這一次有要求你馬上作覆的權利。』（見同書同卷同頁。） 然馬氏在沒有接到此信之前，卽於七日致書拉氏，報告佛萊利格拉當日匯六十鎊給他抵補他的期票，並對他解釋誤會，說明沒有抄寄他從前一信的必要，最後且說：『我希望「不管這些怎麼樣，」我們的舊交誼仍繼續如故。』（見同書同卷四〇七頁。）

不幸拉塞爾於忿怒之餘，對於此信不復作答。 所以馬克思於一八六四年九月十二日寫信給哈慈費爾德伯爵夫人弔拉塞爾之喪，順便帶聲明他們近來沒有往來，半由於拉氏未回信。（參看同書同卷四〇八頁。） 但馬氏於一八六三年六月十二日在致昂格思的信中說：『我自本年年初以來，對於寫信給此人〔指拉塞爾〕一事不能決定。』（見昂格思與馬克思書信錄第三卷一三六頁。） 照他這句話看來，好像是拉氏又有信來，他不能決定應否裁答，因此有人認他此話和他給哈慈費爾德伯爵夫人信中的話，自相矛盾。 然邁耶却將這個矛盾點解釋清楚了，他說：『拉塞爾於一八六二年年底似乎尙寫了一封信給馬克思，報告收到羅協（Hoscher）的書，他在十一月的信中已經催促〔馬氏〕郵寄此書。…… 拉塞爾對馬克思十一月七日自白的信沒有答覆，因此維繫他們友誼的線索從此中斷，他們中間最後的一封信（即一八六二年十二月的信，現已不見，）是純粹照例的。 拉氏於一八六四年四月向阿息（Ludmilla Assing）說，自兩年以來，已不復寫信給馬克思，他們決裂了，並且是起於錢財上的糾葛，其實他所指的時期既不正確，所說的理由尤不充足。』（見拉塞爾書信與著作第三卷邁氏序言二五至二六頁。）

然在另一方面，馬克思因政治意見的不同，與他的學說被剽竊，對拉塞爾的感情日趨惡劣，拉氏以後雖屢將自己的講演詞寄給他，不獨無所改善，並且還招致不少的反感。 同時昂格思因拉氏在德國大肆活動，要組織工人階級的政黨，也想乘時崛起，與之競爭，故於一八六三年五月二十日寫信給馬克思，促其趕緊完成資本論，以便別樹一幟，他說：『拉塞爾的歷史及其在德國所引起的訾議開始表現不大佳妙。這正是完成你的書的好機會，因此我們又可獲得另一種宣傳者。此外，用這種方法再取得反資產階級事業的一種根據地，是很好的，不過此人也獲得一個位置眞是糟糕。』（見昂格思與馬克思書信錄第三卷一八〇頁。）在馬克思方面　認資本論的完成非短時期所能達到目的，對付拉塞爾也不能應用何種積極的手段。他在六月十二日的信中說：『我如果批評他的作品，便等於虛擲光陰；此外，他把每一句話當做自己的「發見」。如果指出他的剽竊，未免可笑，因爲我不願意在他所玷汚的形態中把我們的事業從他分離出來。承認這種誇張與鄙陋也不好。他馬上會利用這一點。所以沒有辦法，只好等待，一直至他的脾氣發作時爲止。然後我有一種很好的口實，說他……時常看得出這不是「共產主義」。我於是要回答他說，他這些反覆聲明的宣言——我如予以注意——當逼迫我，（一）向公衆指出他怎樣並在什麽地方抄襲我們的東西；（二）我們的著作是怎樣並在什麽地方和他的不同。』（見同書同卷一三六頁。）昂格思對於馬氏這種不理的政策，完全表示同意。後來此政策即見諸實行，所以馬氏在七月六日的信中報告昂氏說：『拉塞爾將一種新出的小册子——即他在佛郎克佛的講演詞——送給我。我現在從事經濟學每日既費去十點鐘，其餘的時間便不能用在讀這種學生課程上面。』（見同書同卷一三九頁。）在拉氏一個短促的活動期中，馬昂兩氏未嘗改變這種態度。

我們現在再回轉來敘述拉塞爾的行動。他自離倫敦後，轉往威爾德巴德遊歷，然後返德國。至十月底，他的父親去世。他於十一月初間復返柏林，從事政治活動。着手的方法仍是講演。他擬就一題，名爲『現在幹什麼？』（Was nun?）於是月十九日請友人勒味（L. Löwe）代他在柏林一個市民聯合會中講演，因爲他當時正害病，不能親自出席。至十二月十日，他將此題在另一個公會中復講一遍。他以爲抵抗政府唯一有效的方法是國會將政局的實況盡情宣布出來。普魯士的專制主義自一八四八年十一月制勝革命以來，不敢公然繼續露出本來面目，只是藉助於一種僞立憲主義來延長他的生存。僞立憲主義的分別就在政府雖宣言國家是立憲的，然實質上却是專制的，因此國家不是人民的所有物，而是專制主義的所有物。要圖補救，只有國家強迫政府不能再行僞立憲主義，只有國會舉行無限期的閉會，一直到政府表示將一切被否認的經費停止支付爲止。國會一經採取這種議決，政府即被制服了。政府解散國會是沒有用的，因爲新議員也將取同一的行動。政府如果不要國會也是不行的，因爲他的威信必受損傷，因此他終久不能不讓步。除此以外，使沒有方法可以制服政府。國會如果一面開會，一面對於政府的經費加以否決，則人民和政府對於此等議決案必不注意。至於現今所討論的憲法根本問題尤其不當讓步。政府如果愈倔強，則他的屈辱將愈甚，他畢竟不能不退讓。他如果漸次認識國民的社會勢力是支配他的一種勢力，便要屈服於人民和國會之前。對付這種舊專制主義決不可用新讓步的手段，但將他壓倒就成了。

拉塞爾這種演說詞不獨反對政府，並且還是針對資產階級自由派人而發，因此大受進步黨的機關報的非難。他們說他將正義的要求附在武力的要求之下，因此使反動勢力獲得莫大的援助。拉塞爾於是刊布一個小册子，名爲武力與正義，（Macht und Recht）對於世人的非難加以辯駁。他以爲他認武力走在正義的前面，這並不是他自己一種道德上的假定，而是一種歷史的事實。自一八四八年十一月以來，普魯士憲法史的記錄是正義走在武力的前面，還是武力走在正義的前面呢？　這是大家所深知的。　至於講到正義，在普魯士國中，除掉舊的眞正的民主主義以外，沒有配談正義的。　這種民主主義當以正義爲依歸，從來沒有自貶身價，與強權調和。　現在正義旣僅在民主主義一邊，將來武力當附屬於他，和他在一塊兒！　拉氏自刊布這個小册子後，遂和進步黨完全決裂了。

拉塞爾在一方面雖與進步黨人決裂，在另一方面，却和德國一部分工人結合攏來了。當一八六二年十月底，萊比錫工人委員會（Das Leipzige Arbeiterkomittee）的會員中有一個煙草工人佛利采（F. W. Fritzacle）和一個鞋匠瓦爾台系（J. Vahlteich）前往柏林，與柏林工人委員會的重要會員及領袖當時工人運動的進步黨黨員舒爾慈代立池（Schulze-Delitzsch）等交換意見，並參預十一月二日的工人大會。　他們接洽的結果，深知柏林工人信仰舒爾慈代立池，而舒氏對於工人運動只願其附屬於進步黨之下，不願其獨立；至於進步黨志在利用工人去達自身的目的，並不肯實心幫助他們。　因此萊比錫的工人對此黨很不滿意。拉塞爾的友人勒味乘着這個機會向他們爲拉氏吹噓，並讚美他的工人計畫一書，遂引起他們的注意。　他們組織一個中央委員會，預備召集一個全德工人會議，委員會於一八六三年二月十日正式開會，根據會中的議決，於異日寫一封信給拉塞爾，徵求他對於工人運動的意見。拉氏花兩個星期的工夫，寫一封公開書信，（Offenes Antwortschreiben）於三月一日送給中央委員會。

拉塞爾的公開書信只含有一個大原則，就是普通直接選舉權。他首先駁斥工人階級（按拉氏對於工人階級稱爲工人閥，殊屬不當，因爲閥閱是在法律上具有特權的人羣，資產階級的革命已經剷除一切閥閱及其特權，資產階級的社會中只有階級而無閥閱。）不作政治運動和附屬於普魯士的進步黨之下這兩點的謬誤，於是進而討論工人階級在政治運動中應取的方針和對進步黨應持的態度。『工人閥必須組成一個獨立的政黨，而以普通，平等，和直接的選舉權作爲黨內原則上的口號及旗幟。在德意志立法機關中有工人閥的代表——只有此與才能滿足他在政治方面合法的利益。運用一切合法的手段，對於此事作一種和平合法的煽動，這是工黨在政治方面應有的綱領。像這樣的工黨自然是和德意志進步黨對峙的。工黨無論在何處，必須組成一個和進步黨分離獨立的黨派，凡與進步黨有共同利益的事件及問題，即予以援助，否則可回轉來加以抵抗，或逼迫他前進，超過他的水平線，或乘他沉淪的時候，強迫他愈加陷於無關重要及無能爲力的沼澤中——此舉當爲德意志工黨對待進步黨的一種簡單的策略。」（見拉氏公開書信七至八頁，柏林出版。）

工人階級組織一個獨立的政黨，而以普通直接選舉權爲黨綱，這是根本問題，至於其他行動均屬枝葉問題，沒有什麽效驗的。 例如工人階級願意創設節儉儲金，救助儲金，老年儲金和疾病儲金等制度，但這只是拯救工人個人的困難的適宜方法，對於工人階級全體經常地位的改善，毫無效力，因此用不着小題大做，將此等事當做一種普遍的運動，在德意志來相號召。 此外，舒爾茲代立池所籌畫的預支公社，信用公社，原料公社，和消費公社等等對於工人階級地位的改善也是絕對沒有效力的。 因爲信用公社，預支公社和原料公社對於據有獨立舖店的小手工業固然有益，但對於在工廠中作工的人便沒有用處；而小手工業已經抵不住大資本和工廠生產的競爭，所以這些公社只有延長小手工業者滅亡的爭鬥，增加這種爭鬥的痛苦，對於文化的發達沒有裨益。 至於舒氏的消費公社雖爲工人階級全體而設，然這個階級所受的害處，是因爲做生產者而受的，不是因爲做消費者而受的，所以不從生產者的方面去幫助工人，僅從消費者的方面去幫助工人，便完全是一種錯誤。 工人爲貨財所限，對於物品只能零星購買，因此備受商店的剝削，有了消費公社固然可以保護他們，不致再受剝削；但這只是一種附屬的害處；和他們所受的主要的害處是不相干的。

工人階級所受的主要的害處在那裏呢？就在工資鐵律。「經濟的鐵律在現今情狀之中，與勞動供給和需要支配之下，決定勞動工資大略如下：凡平均的勞動工資常達於足以購買生活必需品而止，這種必需品按一個民族通常的生活程度，是維持生命和蕃殖子孫所不可少的。這種平均工資是一個定點，實際上日常的工資和這個定點相比，雖常是起落不定，然無論他是起是落，不能持久。實際上的工資必不能永久高於這個平均點，——因爲工人因獲資容易，生計充裕，婚嫁之事必多，婚嫁既多，生育卽衆，於是勞動人口增加，而勞動者的供給也隨之增加，此事的結果就將勞動工資復降至從前水平線上下。反之，勞動工資也不能永久低於這種維持生活必需品，因爲工人因此必遷徙他方，禁絕婚嫁，而子孫的生殖不蕃，勞動者的人數因遭遇艱窘而減少，他們的供給也跟着減少，此事的結果就將勞動工資復升至從前的水平線上。實際上的平均勞動工資在工資運動中常是圍繞着一個重點——終久必定回轉到這一點——而循環，然有時稍高於這個重點，（在所有或單個勞動部門的興盛時期中，）有時又稍低於這個重點。（在普遍的緊急和危機的時期中。）』（見同書一六至一七頁。）

工人階級受工資鐵律的限制，他的生活狀況便沒有改善的可能。即就消費公社而論，其發生効力之處，『只在工人的零星團體加入消費公社之時，只在普通的勞動工資不以這種消費公社爲根據之時，只在消費公社以廉價的消費稍微減輕屬於他的工人困難地位之時。……當消費公社一經開始包括工人閥全體，則因剛才所考慮的定律的作用，必然的競爭就會出現，於是勞動工資必定跟着消費公社的廉價生活必需品，一樣地下降。』（見同書二三至二四頁。）

舒爾慈代立池所籌畫的組織對於工人階級沒有效力，只有假手於自由協作社才能改進這個階級的地位。『但此舉須應用並擴充到由工廠製造的大生產上去。工人閥自爲企業者——這是一種唯一的方法，只有藉這種方法……才能夠除去那決定勞動工資的無情鐵律！當工人閥自爲企業家時，勞動工資和企業利潤間的差異以及勞動工資自身都沒有了，在勞動工資的地位上出現而爲勞動報酬的，是勞動的收入！運用最和平合法和最簡單的方法——

工人閥在這種方法中藉自由協作社，自己組織成爲企業家——剷除企業家的利潤，又因此剷除工貲鐵律——這種鐵律在現今的生產中將生產所得分爲延長工人生命的必需品之工資與企業家的總剩餘——此舉對於工人閥的地位是一種唯一無二的，眞正的，適合於此閥正當要求的，和絲毫不欺幻的改良。」（見同書二四至二五頁。）

然工人階級總是沒有資本從事企業的，因此國家對於這個階級私人的自由協作社應予以援助，這是國家應有的事業和任務。但是國家怎樣肯擔負這種責任呢？『此事只有藉普通直接選舉權之力才能辦到。當德意志的立法機關是由普通直接選舉權產生出來的時候，你們才可以使國家擔負這種義務。到了那個時候，這種要求將提出於立法機關，到了這個時候，〔國家對於協作社〕干涉的範圍，形態和方法便可以借助於推理與科學，加以討論，到了那個時候，——你們對於此事是靠得住的！——那些了解你們地位和專心於你們事業的人具有精鋼一般光輝燦爛的知識，站在你們一邊，並且保護你們的利益！到了那個時候，如代表你們事業的人只居少數，那麽，你們——社會中的貧苦階級——只能歸咎於你們自己和你們不好的選舉。像現在所指示的普通直接選舉權不獨是你們的政治基本原則，並且還是你們的社會基本原則，是一切社會幫助的基本條件。　這是改工人閥物質地位的唯一方法。』（見同書三八至三九頁。）

普通直接選舉權既是改善工人階級物質地位的唯一方法，究竟用什麼方法使這種選舉權實現呢？『你們組織攏來，成爲一個全德工人聯合會，在全部德意志從事於一種以提倡普通直接選舉權爲目的的不屈不撓並繼續不止的合法和平煽動。　這個聯合會只要有十萬德國工人，便會變成一種不可輕視的勢力。　你們將這種呼聲向每個工廠，每個村鎮和每個小屋中去傳播。　願城市中的工人將他們更高的見解和教育輸送到鄉村中的工人裏面去。　願你們像英國反對五谷法令的大煽動一樣，在和平公開的會議中以及私人的會議中討論普通直接選舉權的重要，到處如是，片刻不休。　你們的聲音的響應愈加幾百萬倍，這種聲音的壓力卽愈不可抵抗。……　實際上全部成功的妙訣就在時時將全力集中於一點——集中於一個最重要之點——神不外馳。　你們不要左顧右盼，凡非普通直接選舉權的事，或非和普通直接選舉權有關係的事，以及不能向普通直接選舉權一途進行的事，都應當置之不聞不問！……這是你們應當樹立的旗幟。　這是你們將制勝的符號！　此外，你們便沒有其他方法了。』

（同書三九至四一頁。）

拉塞爾旋將這封公開書信印成一個小册子，於是年四月初間寄一本給馬克思。馬氏在是月九日致昂格思的信中批評道：『他用「一種輕易的方法」解決勞動工貲和資本兩者間的問題。就是工人必「從事於普通選舉權的煽動，於是選送像他這樣『具有精鋼一般光輝燦爛的知識』的人到議會中去。他們於是建造工廠，國家向這種工廠投資，而此組織將逐漸布滿全國。這眞是新奇！』（見昂格思與馬克思書信錄第三卷一二五頁。）

在一八七五年五月，馬克思於批評德意志工黨，（Die Deutsche Arbeiterpartei）的哥達（Gothae）綱領時，對於拉塞爾的工律鐵律說道：『關於「工資鐵律」，大家都知道只有拉塞爾從哥德（Goethe）的「永久大鐵律」所假借的「鐵」字是屬於他的。這個鐵字是正宗派所自認的一個標記，但我如依拉氏的格式，並照他的意義去估量這種律，必須將他的基礎一起估量。這個基礎是什麼呢！像朗格於拉氏死後不久所指示的一樣，就是（朗格自己宣傳的）馬爾查士的人口論。這種學說如果正確，那麼，卽使將工貲勞動剷除一百次，也不能夠再剷除這種律，因爲他不獨支配工貲勞動的制度，並且還支配每一種社會制度。五十多年以來，一般經濟學者曾經指明社會主義不能剷除基於自然的困苦，只能將這種困苦同時散布到社會整個的上層，這恰恰是以上面的學說為立脚點的。』（見經濟學研究選刊第十二卷下集一五〇至一五一頁。）

馬克思在資本論中描寫並批評資產階級經濟學的勞動人口決定勞動工資說，即已根本推翻了拉塞爾的『工資鐵律』的來源，實有徵引的價值。　他說，這種經濟學確定一種固執的教義，以為『勞動工資跟着資本的蓄積而上升。　勞動工資的上升引起勞動人口急劇的蕃殖，一直到勞動市場充溢為止，於是資本對於勞動者的供給已經相對地感覺不足。　此時勞動工資下降，而獎牌的反面出現了。　勞動工資既經下降，勞動人口也會逐漸減少，於是資本又表現過剩，或像他人所解釋的一樣，下降的勞動工資與相因而至的對勞動者高度的剝削，復使蓄積加速，同時低廉的工資阻止了工人階級的蕃殖。　舊時的情形從新出現，即勞動的供給少於勞動的需要，而工資因之上升等等。　這是發展的資本主義生產中一種何等優美的運動法則啊！　當眞正有勞動能力的人口跟着工資的上升而積極增殖之前，產業戰已經開始實行接觸，決定勝負，且經過多少次了。』（見考茨基註釋的資本論第一卷五七五頁。）

馬克思既指摘拉塞爾的工貲鐵律爲謬說，復宣佈他的生產協作社係幻想，所以他在批評德意志工黨依照拉氏意旨所提出的生產協作社中說：『「社會主義全部工作的組織」不發生於社會革命的轉變進程中，却「出於」「國家的帮助」，國家對於生產協作社給予這種帮助，此等協作社是由國家「喚起來」，非由工人喚起來的。這却配得上拉塞爾的幻想，就是，由國家貸款可以造成一個新社會，恰和建築一條新鐵路一樣。』（見經濟學研究選刊第十二卷下集一五二頁。）

至關於拉塞爾的普通直接選舉權，馬克思雖沒有何種詳細的批評，然他於一八五五年在紐阿德報所發表的一篇論英國民權要求書（The Charter）的通信，可以表現他對於這種選舉權的見解。他說：『歐洲大陸的人依照法國一八四八年彝送普通選舉權的經驗，容易傾於忽視英國民權要求書的重要與意義。他們不注意法蘭西的社會係由三分之二的農民和三分之一的市民組成，英國的人民有三分之二以上住在城市，僅有三分之一以下住在鄉村。英國普通選舉權的結果必定和法國相反，恰恰和城市與鄉村在兩國的情形一樣。法國和英國普通選舉權的要求所表現的直接相反的性質可以由此事說明出來。在法國這是政治的意識形態的要求，每個「受教育的人」可以按照他的自信來參加。在英國這卻構成貴族及資產階級與民衆階級（Volks-klasse）間一種寬廣的分界線。在法國這是一個政治問題，在英國卻是一個社會問題。英國在普通選舉權變成羣衆口號之前，他的煽動曾經過一種歷史的發展。在法國普通選舉權起首是輸入的，後來才開始他的歷史的進程。在法國膚淺的是普通選舉權的實施，在英國膚淺的是普通選舉權的意識形態。當十九世紀的初年，普通選舉權對於柏得特（Sir Francis Burbett）卡特萊特，和科柏特，（Cobbett）還完全具一種不定的理想的性質，這種性質使普通選舉權成爲一切不直接隸屬於統治階級的人民部分虔誠的志願。在實際上這種選舉權對於資產階級只是他在一八三一年國會改革中所要求的一種普遍化的離心的表現。英國普通選舉權的要求在一八三八年還未嘗具有他的實體的特別性質。休謨（Hume）和鄂康尼（O'Connell）署名於民權要求書上就是一個證據。至一八四二年，這最後的幻想都消滅了。拉味特（Lovett）在當時作最後一次的企圖，要使普通選舉權成爲所謂急進派與民衆共同的要求，但是沒有效力。自這個時候起，普通選舉權的意義及其名稱不復含有何種疑義。這是民衆階級的民權要求書，並且是指應用政權作工具去實現他的社會欲望。　普通選舉權在一八四八年的法國是作爲博愛的口號，在英國則作爲戰爭的口號。在法國，革命最初的內容是普通選舉權；在英國，普通選舉權最初的內容是革命。』（見馬克思與昂格思論文集第二卷二七四至二七五頁。）

耶贊諾夫說得對：『馬克思對於民權要求書的描寫，在他對普通選舉權的見解發展中投下一道新光線。　此等描寫指出「理想」觀與「實體」觀的區別是怎樣顯著，前者在八年後倘爲拉塞爾所發揮與代表，後者則爲馬氏所主張。』（見同書同卷編者註釋五二五至五二六頁。）

又馬克思在一八六八年十月十三日致石衛茨的信中概括批評拉塞爾道：『經過十五年的眠睡之後，拉塞爾復引起德意志工人運動的發育，這是他的不朽的功績。　不過他犯了許多大錯誤。　太受當時環境的拘束。　他以一個小的出發點——和舒爾慈代立池這種小人物對抗——作爲活動的中心，就是用國家的幫助去對抗自助。　所以他只是重新拾起法蘭迦特力教社會主義領袖布協於一八四三年以後對於法蘭西的實際工人運動所提出的口號。　要將這個口號作爲一種過渡時代以外的東西，至包括一切爲止，未免過於聰明，他只能藉這個口號

（所謂）直接的實用去證明其適當。爲着這個目的，他必須主張此口號在最近的將來可以實行。於是「國家」就變爲普魯士的國家。因此他必定被迫向普魯士王國，普魯士的反動派（封建黨），甚至於教士派讓步。他把布協的國家幫助的協作社和民權黨人所呼號的普通選舉權結合在一起。忽視了德國的情形和英國的情形是不相同的。並忽視了「拿破崙第三」帝國對於普通選舉權的教訓。還有一層，他從初時起即予——和每個主張懷中具有醫治羣衆痛苦的萬應藥的人一樣——自己的活動以一種宗教的派別性。……並且對於——這恰因爲他是派別的創造者——與從前的運動一切自然的結合加以否認。他犯了蒲魯東的毛病，就是，他的煽動的實在基礎不求之於階級運動的實際元素中，却只願依某種教條將煽動的途徑描寫出來。我在此處補說出來的話，當拉塞爾於一八六二年來到倫敦要求我和他共同站在新運動的領導地位時，大半先已和他說過了。」（見新時代雜誌第十五年度一卷八頁，卡斯天；馬克思致石衞茨論拉塞爾主義與工聯爭鬥的信——Ein Brief Von Karl Marx An J. B. V. Schweitzer Ueber Lassalleanismus und Gewerkschaftskampf）

此外，昂格思在一八七五年三月致柏柏爾的信中批評哥達綱領，也涉及拉塞爾的工資鐵律與生產協作社兩點。「第三，我黨人已經讓拉塞爾的工資鐵律闖進來了，這種律是站在一種完全陳腐的經濟學見解上面的，就是，工人平均只獲得最小限度的勞動工資，所以如此，實因依馬爾查士的人口論，工人的數目常是過多（這是拉塞爾的引據）。馬克思在「資本論」中已經詳細指明這種規定勞動工資的律十分複雜，因種種關係，有時趨向這樣，有時趨向那樣，所以他並不是鐵的，而是很有彈力性的，此事決不能像拉氏所幻想的一樣，用幾句話就可以解決。拉氏從馬爾查士和李嘉圖（錯解後者的論旨）抄下來的定律中的馬爾查士議論——這種議論從拉氏另一種小册子引入工人讀本（Arbeiterlesebuch）第五頁——已由馬克思在「資本的蓄積進程」一章中詳細駁斥了。……第四，這種綱領把拉氏從布協（Buclez）偷來的那種赤條條的形態的國家幫助說作爲一種唯一的社會要求。」（見柏氏我生回顧錄第二卷三二〇頁。）

昂格思上面一段話對於拉塞爾的工資鐵律及依國家幫助的生產協作社雖沒有詳細的批評，然他不滿意於這兩點，正和馬克思相同，他認拉氏的工資鐵律是出源於馬爾查士和李嘉圖，拉氏的生產協作社是出源於布協，也正和馬克思相同。可是墨爾林獨標新論，認拉氏這兩種主張都出自馬昂兩氏的共產黨宣言。『按照馬爾查士的人口論，人類的蕃殖常速於養料的增加，李嘉圖由這種學說中抽出一種定律，根據這種定律平均的勞動工資只限於一個民族維持生活和蕃殖子孫通常所需的生活必需品而止。拉塞爾對於這種藉所謂自然律而形成的工資律的議論從沒有採取；他駁馬爾查士的人口論，和昂格思及馬克思是一樣尖刻的。只有在資本主義的社會裏面，「在現今情狀之中，與勞動供給和需要支配之下」，他才注重工資律「鐵的」性質，因此他就是跟着共產黨宣言的足跡走的。……他沒有從布協採納生產協作社，也沒有把生產協作社看做一種萬應方，不過是把這種協作社看做一種生產社會化的起點，就這種觀點講，即是共產黨宣言中所稱的信用集中於國家之手，與國家工廠的設立。』（見墨氏馬克思傳三一五頁。）

拉塞爾的工資鐵律係脫胎於馬爾查士和李嘉圖的學說，我們一經溯源，即可知道究竟。馬爾查士以爲按照支配人口和形成人類蕃衍的原因所生的結果，那些最弱者的工資，永不能完全超過自然與習慣所需的維持工人生活必需品的水平線。李嘉圖以爲勞動的自然價格就是一種通常使工人維持生活和不多不少地蕃殖他們一個階級所需的資料的價格。及至拉塞爾，則說平均的勞動工資常達於足以購買工人維持生活和蕃殖子孫所不可少的生活必需品而止，實際的工資高過於平均的工資，則演成婚嫁多，人口衆，勞動者供過於求的局面，反之，則演成婚嫁少，人口寡，勞動者求過於供的局面，而這一起一跌，終達於平均之度。大家看了拉氏這種學說明明是出自馬李兩氏的工資學說，並雜有馬氏人口論的成分在內。

上面所列關於他們三人的工資學說，即可見其源流。然我們還可讓拉塞爾自己說：『平均的勞動工資限於一個民族維持生活和蕃殖子孫所必需的生活必需品——我重複告訴你們，這是在現今的情狀中支配勞動工資之殘忍的鐵律。這種律是沒有人能夠辯駁的。我可以對你們舉出許多承認這種律的名家，因爲在國民經濟學中，並且還是在自由經濟學派中——發見和證明這種律的，正是這一派——不少鼎鼎大名的人物。……亞丹斯密和色依（Say），李嘉圖和馬爾查士，巴斯楊（Bastiat）和穆勒（J. S. Mill）都一致承認這種律。』（見拉氏公開書信一七至一八頁。）我們看了拉氏這一段親自供出來的話，對於工資鐵律的來源當無所用其懷疑了。

至於拉塞爾的生產協作社與其說是出於布協，毋甯說是出於路易勃郎。因爲布氏的生產協作社係以自助爲原則，而勃氏的生產協作社才是以國家的幫助爲原則，拉氏的生產協作社既是以國家的幫助爲原則，自然是取法於勃氏。不過布協於一八三一年卽提出一種生產協作社的計畫。他以爲凡一種同業的工人應當聯合攏來，收集他們的勞動工具，共同作工，於是在合作前爲企業家所得的利益，現在總歸到他們的手中。從這種利益中應抽出五分之一作爲一種長久和不動的社會資本，並且當年年照常增加。如果沒有社會資本，生產協作社便和其他合股公司一樣，只能供創辦者的利用，對於創始時沒有加入的人大有妨害，於是生產協作社卽變爲創辦者手中的掠奪工具。他這種計畫是爲小工業設想的，後來路易勃郎祖述他的思想，加以改變，應用於大工業上。勃氏的思想既是承襲布協的，因此說拉塞爾的生產協作社是出源於布氏，亦無不可。

拉塞爾的工資鐵律及生產協作社的來源既如上所述，現在要問這兩種東西與共產黨宣言裏面的學說有無異同，馬克思何以要加以訾議。關於這一點，科爾施（K. Korsch）說得最爲詳細精當。「驟然看起來，在馬克思與拉塞爾的主張中間，似乎確實沒有什麼實在的對抗存在。共產黨宣言也曾經指出，工人所耗資本家的「費用」，「差不多只限於他維持生活和蕃殖子孫所需的生活品」。這句話顯然是要證實那種從資產階級經濟學者馬爾查士和李嘉圖以後名為「工資鐵律」所說明的同一事實。然哥達綱領書信猛烈攻擊拉氏這種「工資律」的理由，只是出於在資本主義社會的全部結構和這種社會的歷史發展定律中深切觀察的理解，至於這種發展定律是科學的馬克思主義從他的「剩餘價值」的中心觀念所抽出來的結論。把工資看做勞動力的價值而不看做勞動的價值，這種見解不獨是（像好些人所指的一樣）對於馬克思主義經濟上的理論和知識可以有一種更為簡單明瞭的抽象觀念。還有一層，在這種狀況的觀察之下，所有資本主義社會階級對抗的異性質裏面的全部觀察都胚胎在內；這種觀察表明——如果始終貫徹下去——階級對抗的起緣，發達和尖銳化——不管社會勞動的生產力如何繼續增加——的物質原因，這種觀察同時又表明，因生產力這樣增加，由階級對抗完全轉入一種共產主義社會畢竟達到「物質上的」可能與必然的程度。反之，那種半以自然科學為基礎，半以法律哲學為基礎的「工資鐵律」的學說既不能表明階級對抗的起源，又不能表明——拉塞爾這種從資產階級的經濟學者取來的教條，用于工人階級實際的解放爭鬥中，恰恰含有特別的危險！——一種異于倫理和唯心的「必然狀況」，藉以充分「創除」這種定律，以及因這種定律而加諸勞動階級的「禍患」。』（見科氏校的馬克思哥達綱領批評導言一七至一八頁。）

『綱領書信中第三章表現馬克思以不可和解的敵意反駁含在哥達綱領中唯一的經濟和社會的要求：即「依國家幫助而建設生產協作社」的要求，伏在這一章中的主旨也是完全一樣的複雜，並且驟然看不出來。 馬氏在此也完全和對於工資鐵律一樣，他那銳利的攻擊在實際上並不施於生產協作社本身的要求上，而只施於這種要求在拉塞爾擬就的體制中所佔的特別地位上。 馬氏在十年前就將「生產協作社和工人階級其他有用措施的建設」列入國際黨規條的實際要求之中，他在他的「開幕詞」中讚揚十點鐘法令和協作運動是「自古至今勞動的政治經濟學對於資本的政治經濟學一種最大的勝利」，當時並曾鄭重要求依「國家資財」的幫助，「使協作勞動發達到全國的範圍中」。 所以從表面上看來，在馬氏的觀點和綱領草案的要求中，也似乎絲毫沒有實在的對抗。 但在實際上，他此處所顯示的狂怒的態度只是他的見解和拉氏的見解兩者間一種實在的大對抗鋒利的表現。 按照他所深知的和由哥達綱領其他內容所陳述的事件的實際狀況，在一八七〇年代依拉氏意旨籌畫的協作社計畫中（拉氏自己對於這種要求的提出曾作什麼想法，是沒有關係的，）倚賴由國家推行這種手段所給予的幫助，遠過於倚賴協作社經濟自身的實現，大家願意因生產協作社的幫助，將「受資產階級限制的國家」用術法轉變爲「充滿道德的自由觀念的社會主義國家，」在推進工人階級政治經濟學（當必要時也會經過生產協作社的促進，）去抵抗資產階級政治經濟學之中，不着眼于所爭取的社會主義社會不可缺少的物質基礎。　這是反對國際黨主義宣言所提出的大原則的一種大錯誤，依照這種原則，「工人階級的經濟解放是一個終極的大目的，而每種政治運動只是一種工具，當附屬於這個目的之下。」」（見同書導言一八至一九頁。）

馬克思和昂格思對於拉塞爾公開書信的批評以及他人對於馬氏批評的解釋等等已如上所述，現在對於拉氏書信中的幾個要點仍應加以詳細的分析和批評，因爲他的學說的精華全集於此，我們把他這幾點的利弊弄清楚了，就是對於他的全部學說的評價。　他持普通直接選舉權選舉議員加入國會爲改造社會的唯一武器一點，是後來盛極一時的議會主義的先聲，也是改良派與革命派所用的策略的分界點，這是值得我們特別注意的。　拉氏在工人計畫中根據歷史的事實觀察古今大勢，以爲在歷史的進程中常是伏在下面的階級進而爲政治上的統治階級；繼封建貴族和資產階級而掌握將來政權的是工人階級。這種觀察當然十分正確。他在公開書信中的主張是承他的工人計畫中的觀察而來的。可是他竟視普通直接選舉權爲工人階級取得政權的工具，那就完全弄錯了。他在工人計畫中的立論既是以歷史的事實爲根據，那就應當知道，自今至古一個被壓迫的階級起來代替向來當權的階級而掌握政權的，總是要經過武力的革命，才能成功。自資本主義發達以後，社會中只剩了兩個主要的階級——即資產階級與無產階級——明爭暗鬥，愈演愈兇，既是這樣，無產階級要升到統治階級的地位，獨能違反歷史進程中的公例，不經過武力的革命而可以和平方法達到目的麼？拉氏在科學與工人中會說：『一種改良可以由暴亂與流血貫徹起來，一種革命可以在最大的和平中實現出來。農民戰爭是一種強迫改良的企圖。工業發達是一種在最和平方法中充分發展的革命。』他不知道資產階級的產業革命雖是殺人不見血地靜悄悄的進行，然資產階級的政治革命從一七八九年起一直到一八四八年止，無一次不運用武力，他如果想無產階級升爲統治階級一事『在最大的和平中實現出來，』即藉議會主義實現出來，那完全是一種幻想！

可是拉塞爾這種幻想後來竟變成議會主義者替無產階級獲取政權的天經地義。例如考茨基說：『現在只有那盲目的政治學者尙可主張在普通選舉權統制之下的代議制度猶能鞏固資產階級的統治權，要破壞這種統治權，必先剷除代議制度。一種眞正的議會統治可以爲無產階級專政的工具，恰和他可以爲資產階級專政的工具一樣，此事現已開始顯明了。不要去剷除代議制度，只要破壞政府對抗議會的勢力，但同時也要使無產階級藉選舉權的平等，選舉區的比例分配，祕密選舉，短期議會，充分的出版自由，集會自由，結社自由，以及擴充選舉權至凡年滿二十歲的國民——此事尤爲重要——等等，對於議會統治儘可能地開闢一條大路，這是工人階級在獲取政權的爭鬥中一種最重要的任務。』（見考氏議會主義與民主主義第三版一二一至一二二頁。——Parlamentarismus und Demokratie, 1920.）

自拉塞爾以至考茨基皆視議會爲無產階級解放的不二法門，這眞是非愚卽妄。因爲議會制度是適合於資產階級統治組織的一種制度，就是少數人統治多數人的一種制度，決不是像世人所說的一樣，議會代表民意，是大多數國民參預政權的一種表現。關於這一點，佛蘭慈（Constantin Franz）早於一八七九年用數目字表明出來了。他說：『世間的大騙子莫過於主張我們現在的代表機關是代表民意，或容納民意的。假定選舉人中平均有五分之四眞正派選舉場選舉——從經驗上看來，這種假定數目已經太大——，又假定各選舉區中所舉出的代表平均佔投票額中四分之三——各黨派的競爭到處皆是，這種假定數目也顯然太大——，最後又假定議會的議決案平均是由法定的全數議員中三分之二議決的——議會差不多沒有一次是全體議員出席，便只能假定爲大多數—其算式如下：$\frac{4}{5}\times\frac{3}{4}\times\frac{2}{3}=\frac{24}{60}=\frac{2}{5}$ 這種數目指明，即使在順利的狀況中去容納全體民意，也只有一小部分的民意是表現出來了。 此處所假定的數目比例在實際上如遇着不順利的狀況——這是常有的事——那又是什麼結果呢！在這種狀況之下，也許有下列的算式：$\frac{2}{3}\times\frac{3}{5}\times\frac{1}{2}=\frac{6}{30}=\frac{1}{5}$ 然這種數目怎樣算爲代表大多數人呢！ 這就是此種制度所能產出來的東西。』（見達馬施克的經濟學史第二卷二五〇至二五一頁。——Adolf Damaschka: Geschichte der Nationaloekonomie, Jena, 1920）

佛蘭慈的算式已經把議會不能代表大多數民意的眞面目完全暴露出來了。 然這却不是普通人所能一望而知的。 資產階級利用議會代表民意的假面具，在表面上既可藉此掩飾這一階級獨攬大權的行動，在實際上又可藉此爲合萃策羣力宰制無產階級的『特別參謀部』，所以議會是資產階級專政中一種不可少的機關。 拉塞爾妙想天開，要使無產階級的人不折一兵，不損一將，大隊擁入資產階級的『特別參謀部』，去制服資產階級，取得統治階級的地位，這自然是不可能的，因爲議會自身並不是一種獨立的政治勢力，他的議決案如不能獲得統治階級的贊同，即不能見諸實行。這好像一個參謀部一樣，也不是一種獨立的勢力，他的謀略如不能獲得統軍將領的贊同，也不能見諸實行。資產階級極力讚揚議會勢力的偉大，以爲除『變女爲男和變男爲女』外，無事不能爲。其實議會的勢力只是建築在議會以外實在勢力上面的，外面的實在勢力一經解體，議會便無能爲力。所以主張無產階級運用普通直接選舉權選派議員，加入議會，通過議案去推倒資產階級，就好像主張派人佔據敵人的參謀部，發布謀略給敵軍，藉以殲沒敵軍一樣。讀者如對此猶不能相信，特借廉威保羅（William Paul）所徵引的事實數節以證吾言。

『「進化的社會主義者」所主張的社會改良方法預先想像在資本主義之下的工人階級狀況可以不斷地改善，資產階級的勢力將繼續受限制，社會便可逐漸和平轉入一種愈加完善的社會主義制度中。這種概念含有一種新社會制度只有經過議會的行動才能形成的一種信條。這種政策特別被推爲一種和平過渡的方法。這是站在下列的假定上面的，就是，一「

凡列甯要由革命所得的一切權力，一種議會的選舉都能給予我。」（見馬克多那爾的議會與革命九二頁。J. R. Mac Donald: Parliament and Revolution)

在社會的歷史中沒有表現過，一個統治階級對於一個勢將推翻他的經濟特權的被治階級自願放棄他支配國家的權力。英國克倫威爾（Cromwell）所領導的中等階級革命以及一七八九年的法國革命，對於近世統治階級不經過猛烈的爭鬥就會屈服的學說，是不能予以幫助的。反之，不幸有種種事實指明每一個資本主義最發達的國家中的統治階級將用拚命和殘暴的方法去擁護他自己，反抗工人歷史的進步。愛爾蘭南部反抗英政府的叛亂已經證明一個民主主義的議會要維持他的統治威權，可以陷入何等深的罪惡中。在將來的社會革命中所加入的一種新要素，在過去的革命中未曾出現。自從私有財產和階級發生以後，每種革命都是為一個有產業的階級而起的。許多時代以來，一直追溯到雅典人，凡政權的爭鬥，或創造新社會制度的爭鬥，已經是相反的財產利益的動作。英國的「光榮」革命和法國的一七八九年革命這些好圖解是表示封建和君政的有產分子拚命抗拒資產階級，去保護那坡是以擁護他們財產的政治表殼，至於這個資產階級是要創造一種政治制度，使他的經濟利益容易發展。各種被奴役和無財產的階級固然屢屢起而反抗他們的主人；但這是叛亂，不是革命。現時歷史所呈的舞台，是要驅策工人們——一個無財產，被奴役和屈伏的階級——上去和一個統治階級作戰——這不是盲目的叛亂中抵抗受不住的寃抑，而是這個階級帶着方法去構造一種新社會組織。

一切過去的革命是對於財產關係的政治形態作戰的階級爭鬥。但將來的社會革命是對於每種用爲階級壓迫工具的財產形態挑戰。這種社會革命徹底的性質迫着一般深思遠慮的社會學者承認沒有一種猛烈的爭鬥，資產階級不會拋棄他的政治和經濟的特權，有很多證據表明這種猜想是有根據的。全世界的資產階級編制軍隊，驅策他們去攻擊蘇維埃俄羅斯。一般財政界偉人和工業界偉人用一種殘忍的經濟封鎖去對付俄羅斯，使無辜的小孩因自己的父母不肯推翻蘇維埃，遂饑餓而死。……

但是所有曾經折磨和壓迫蘇維埃俄羅斯的殘酷行動，我們也用不着列舉出來。歷史有一天會說明在匈牙利和芬蘭的白色恐怖殘暴的實情，至於此等恐怖是志在殲滅本地的共產黨人。意大利法西斯蒂（The Fascisti）的暴虐，和美國兇惡的平刻吞（Pinkerton）的兇手都表明財產的利益對於立憲主義或議會的大多數是不介意的。……

工黨對於共產黨人議會革命的批評所囘答的是極力表明，他在衆議院中一經佔得大多數，並且組成一個政府，有武裝的軍隊供他的指揮，就可以用強迫力實行他的意志。……但一個工黨的政府是否能運用軍隊去抵抗財產的勢力，實行他的意志，我們對於這一點却有些懷疑。就理論上講，政府管轄武裝的軍隊，然要政府是一個保護財產權的政府時，此事才能有效。在常規上，軍隊是由地主階級和資產階級中人統率與指揮的。……在這種狀態中被指揮的軍隊只會對於以憑藉並維持現社會制度自誓的政府所發布的命令，即時奉行。無論什麼時候，凡關於財產的利益，在統治階級中發生糾紛，必須用武力解決時我們便覺得議會不能獲得武裝軍隊同心一意，和忠順爲懷的贊助。政治上的衝突常起於經濟利益的對抗，這種衝突即刻反映到指揮軍隊的一部分軍官中。他們所帮助的方面不是服從政府的命令，而是服從他們所有的經濟利益。』（見保羅的共產主義與社會一四二至一四七頁，一九二二年出版。Communism and Society）

保羅說明議會行動不能使無產階級達到奪取政權的目的，是根據從前的歷史和現代的事

馬克思傳　中　二〇七

實立論，所以他的議論最有價值，最足以破拉塞爾藉普通直接選舉權選舉代表入議會達到無產階級升爲統治階級的夢想。北德意志同盟國於一八六七年即實行普通的，平等的和直接的選舉制度，那時距拉氏主張普通直接選舉權只後四五年，然自當時一直到現在，普選制度已經實行六十餘年，普選限制已經減少，可是德國的無產階級依然伏處於資產階級支配之下，呻吟憔悴，不能自拔，何曾因獲得普通直接選舉權，選派議員，加入國會，而佔得政治上的大勢力，得到解放。所以拉氏視普通直接選舉權爲改善工人階級物質地位的唯一方法，完全是騙人的話。

拉塞爾視普通直接選舉權爲工人階級唯一的救星，固然不對，他標出一個『工貲鐵律』的名詞，認此爲這個階級在資本主義制度下無法自救的根源，也未免武斷。阿克恩總括世人對於工貲鐵律批評最重要的結果說：『反對李嘉圖和拉塞爾的以爲世上不止一個工資階級，却有幾個工資階級，因此有幾個重心，而其效力及於有智識的工人與及於無智識的工人是特別不同的，這種效力尤其不是因一種自然律的必然而出現，只是在一種或然的狀況中發生的，並且也依賴完全不同的要素，還有一種逐漸相等數中各種差異的可能伏在下面。李嘉圖至少也曾看出自然的勞動工資在實際上因地因時可有很大的變動，更可有長久的升漲，然拉塞爾爲自己所視爲自然的黑格爾辯證法所激勵，對於勞動工資取一種更抽象和更鋒銳的論調。在他所謂「鐵的和慘酷的」形態中，這種只能適應於無智識並比較取得最低工資的（還是結了婚的）工人，至於有智識工人的工資，在不同的等級中，的確有一種維持生活之資，超過購買一切必需生活品，並且在現社會制度之下，照統計的證明，還有一種進步的改善。」（見阿氏拉塞爾傳二八六至二八七頁。）

阿克恩的說法是對的，不過照現代的情形看，拉塞爾所謂『工資鐵律』也並不能『適應於無智識並比較取得最低工資的（還是結了婚的）工人，』因爲試查考世界大戰前二十年的統計，歐洲各先進國一般工人的工資較前增加，他們的狀況較前改善，却又絕對沒有呈出工人人口驟增的傾向。這種工資增加的結果是工人的智識進步與物質的生活改良，至於蕃殖子孫一層，他們且運用種種人爲的方法，加以防止。這種行動是由於感覺生育衆多必使自己已有的物質生活扯低下去，（大戰以後，各國的工業沒有恢復原狀，生活品復異常昂貴，工人的物質生活已不如戰前，而他們對於限制生育一事，尤特別注意；）所以當時各先進國的工人人口不獨沒有增加的傾向，並且還有減少的趨勢。　此事更足以證明拉氏所謂鐵律完全是虛構的。

拉塞爾的『工資鐵律』固然過於武斷，而他的依國家帮助的生產協作社不獨是和他的社會主義的主張自相矛盾，並且障礙極多，不能推行。　他是一個國家社會主義者，一切生產工具收爲國有，自然是他應有的主張。　然他所提議的生產協作社恰恰與這種主張相反。　因爲他明明是要工人組織生產協作社，所需的資本由國家擔負，一切規章當由協作社自行制定，自行遵守，而國家不能干涉；既是這樣，這種生產協作社便只是私人的所有物，而非國家的財產。　他要靠議員的建議來成立這種協作社，固然是一種幻想，現在卽退一步，假定協作社能夠因此成立，並且發達徧於全國，於是無產階級變爲小資產階級，當小資產階級的人數愈加增多，生產工具的社會化一事便愈艱進行。　拉塞爾提倡社會主義，是在剷除商品的生產，而他主張工人階級組織私人的生產協作社，便是保障商品的生產，這不是自相矛盾麽？他的目的是在生產工具的公有，而他用來達到這個目的的手段是工人都變爲小有產者，這不是南轅北轍麽？　拉伯爾塔斯批評這是把車子駕在馬前面，可謂一語中的。

拉塞爾的生產協作社和他的社會主義自相矛盾，顯而易見，再就生產協作社的本身而論，他旣是資本主義社會中私人的營業團體，便逃不了自由競爭所演的種種惡果，關於這一點，卞斯天巳有切當的批評，他說：

「某種工業中的許多協作社在沒有將這種工業的全部納入他們的範圍中時，必定要和他們的生產部分中現有的企業互相競爭，並且必須服從這種競爭的條件。因此會生出一種不可免的結果，就是在協作社的懷中必定發生一種特別利益，而每個協作社必定按照這種利益力求增高利潤，卽或因此犧牲其他協作社或其他工作種類，亦所不惜。這些協作社無論是否倚賴國家的信用保證，總還是大小工人團體的私人企業。因此私人的財產，私人的利益，和私人的幸運等等在這些協作社中必定佔顯著的位置，而利潤與虧折的問題對於他們與對於其他私人是一樣重要的。」

拉塞爾起初眞正相信——一八四八年巴黎的羣衆入生產協作社的非常之多，他卽以此爲根據——至少是一處地方某種工業中所有工人卽刻將共同組成一個大協作社，後來他在「巴斯楊舒爾慈」（Bastita-Schulze）裏面宣布國家於每個城鎭「只在每種特別職業中，用國家信用保證一個協作社，公然容納這種職業中所有工人的加入，」

但就是這樣一地方組織一個單一體的協作社，他仍然立在競爭之中。這種全國的競爭眞正可因各協作社經濟事件中的保險大聯合和信用大聯合而消滅；但這種保險如果不是老老實實爲國家的組織和國家的工業獨占的另一名稱，便顯然是一樁荒謬的事。這種保險如果不是一種國家的組織和國家的工業獨占，生產過剩的事必定卽刻將保險社推倒了。照上面所說，國家「公然容納」同一職業中所有工人的加入，則生產過剩的事是免不了的。拉氏爲他的社會主義的良心所驅策，陷入一種大矛盾之中。「公然容納工人的加入，」就是指協作社對於每個報名的工人有收納的義務。可是依照「公開書信」，協作社對於國家應當完全獨立，協作社只予國家以批准規程和監督營業進行，藉以保障他的利益之權。然因上述的義務，協作社便由獨立的機關而轉變爲一種公然的——就是在某種關係之下——國家的機關，這是內部的對抗，協作社必因此受無窮的損傷。

拉塞爾的生產協作社的另一矛盾點如下。當各協作社只包含某種工業中一部分人的時候，他們便站在競爭的強迫律之下，大工廠生產營業構成世界市場的大工業，拉氏既是直從這種營業着眼的，便愈要受競爭的強迫律的宰制。但是凡競爭出現之處，商業的危險也會出現；企業者不論爲個人，爲股份公司，或爲協作社，因競爭的緣故，強迫他盡力將他的生產物作爲當時的低價品——這就是說，作爲非社會必需勞動的生產品——向市場輸送。競爭和生產過剩，競爭和商業停滯，競爭和破產都是現社會中不可免的事。由生產者自己支配生產一事，要在他們內中除去競爭，才有可能，要是獨占才能達到目的。但在現社會中，競爭負有一種重大的使命，去保護消費者，使不受欺騙，並且使生產費時時下降，反之，獨占則有使消費者給予獨占者以重價的傾向，並且有使藝術進步——即或不致消滅——遲緩的傾向。如果參加製造的工人自己是獨占者，則藝術進步遲緩之事愈甚。所以爲着協作社去剷除商業危機一事，要是在資本主義的社會制度之內實現出來，必定使消費者受犧牲，使生產者得操縱大多數人。在協作社利益和全體人民利益兩者之間，便有一種不能解決的對抗。

在一個社會主義的社會中，自然容易防止這種弊端，然這樣的辦法將不經過由受補助的生產協作社到生產社會化的曲徑，但使生產——當這種生產取協作社營業的模型時，就是如此——從初時起卽組織在社會的基礎上。生產協作社旣移植在資本主義的社會中，卽會帶一種資本主義的色彩。　拉塞爾的生產協作社和舒爾慈代立池的生產協作社不同之點只在分量上，不在性質上。』（見卡斯天拉塞爾傳二一七至二二〇頁，）

我們統觀拉塞爾在公開書信中所說的普通直接選舉權，工資鐵律，和生產協作社三個要點，或是達不到他所預期的終極目的，或是和實際狀況不符，或是與他本來的宗旨全相背馳。　拉氏雖非一個獨立和創造的思想家，然他的天資極高，常識極足，爲什麼弄出這許多錯誤呢？　這完全是由於他急圖作工人運動，而又不欲開罪於統治階級，遂不得不弄出一些非驢非馬的學說以相號召。　他看見爭普選權是一樁容易辦到的事，於是主張工人階級用和平合法的手段，注全力去爭普通直接選舉權，並由此引導他作和平合法的議會行動，這是一種機會主義，易使工人階級陷入迷途而無以自拔。　他倡『工資鐵律』之說，並沒有經過愼密的思考，他的意思只在危詞聳聽，吸引羣衆，至於這種工資律是否眞係『鐵』的，便無暇過問了。　舒爾慈自一八四九年起，在德國創設許多信用公社和消費公社，因此在手藝工人中頗占勢力。　拉氏想打倒舒氏，遂提倡一種和消費公社性質相同，程度稍異的生產協作社，與之相抗，至於這種協作社在資本主義制度之下是否可以推行並發達下去，一直達到社會主義的社會，他也無暇過問了。 利斯特說：『拉伯爾塔斯看得很明瞭，就是，大家必須分清楚一個公然的拉塞爾和一個祕密的拉塞爾，或者更簡明一點說：〔大家必須分清楚〕一個向人民說話的政客和一個書房中的理論家；理論家非常勇敢，政客便很帶一些機會主義。』（見季德和利斯特國民經濟學說史德文本四七六至四七七頁。） 利氏這種批評可以說是非常切當。

我們對於拉塞爾的公開書信已經說得很多，現在當敍述此信所發生的效力。 萊比錫工人中央委員會自接到他的書信後，內中大多數人很表同情，他們於一八六三年三月二十四日復開一個大會，贊成他的主張的有一千三百五十人，反對的只有兩人，同時他們並組織一個新委員會去籌備他所說的全德工人聯合會。 拉塞爾於四月間將聯合會會章的草案親自送到萊比錫，並於十六日向工人演說，題爲工人問題。（Zur Arbeiterfrage） 這種演說詞純是對於進步黨人等等攻擊他的公開書信所發的辯護詞。 他演講的結果却不很好，因爲當時與會的人雖非常之多，然有很多人中途退席，還有一大羣進步黨人在會場上和他搗亂，而眞正擁護他的人實居少數。

拉塞爾對於做實際運動既下了决心，便不管這一次的失敗，還是不屈不撓地幹下去。佛郎克佛等處工人聯合會於四月十九日開會時，决定延請他和舒爾慈代立池於五月十七日同到該處演講，藉以决定他們兩人爭論最後的勝負。拉氏應命前往，但舒氏却謝絕了。他於十七十九兩日共演說兩次，題爲工人讀本，內容大致和在萊比錫的演說詞相同，不過比上次更有一番精密的發揮。他在第一日四小時的演說中，常爲反對者喧嘩之聲所擾，不能很順利地進行。至第二次演講，共歷三小時之久，他畢竟獲得最終的勝利，因爲此次與會的人投票贊成他的有四百票，反對的只有四十票。他在第一日講演中說：『我相信眞理的勢力是很大的，當你們初到這裏來，一致决定反對我，我不以爲怪，當你們離開這裏之前，一致投票贊成我，我也不以爲怪。』他這種預言要算是說中了。他既獲得一次勝利，更鼓勇前進。至二十日，在梅慈（Mainz）演說，投票贊成他的有八百票，反對的只有兩票，他這一次的成績比上次更好。

拉塞爾既連得兩次勝利，便與高彩烈，奏凱回萊比錫。至五月二十三日，德國十一個城市的工人代表在萊比錫。舉行全德工人聯合會的章程會議，並宣告聯合會正式成立。

拉氏被舉爲會長，任期五年。他要求在會長期內得選派副會長，執行他所指定的職務，指定地點，召集全體會議和執行委員會會議，停止全權代表的職務，任命新委員，用聯合會名義發佈一切文件，而以三個月內取得執行委員會的同意爲條件——總之，他對於全德工人聯合會須一人獨攬大權。

拉塞爾領導德意志十一個城市的工人代表組織全德工人聯合會，這不當視爲一樁尋常的事。因爲德意志的工人階級向來站在資產階級進步黨的影響之下，受其催眠與麻醉，沒有階級覺悟；拉氏此時第一次使工人階級從這種影響之下解放出來，自己組成一個獨立的政黨，這便是德意志工人階級解放的第一聲，所以馬克思稱此舉爲『他的不朽的功績』。可是墨爾林說得對：沒有馬克思和昂格思在十九世紀『四十年代光輝燦爛的預備工作，則拉塞爾不能實現他所完成的事業。沒有共產黨宣言，即不會有公開書信，沒有共產黨，即不會有全德工人聯合會。』（見新時代雜誌第三十一年度一卷七九三頁，墨氏黨的慶祝——Ein Parteijnbiläum）故拉氏能建此不朽的功績，實有賴於馬昂兩氏。

拉塞爾的初全德工人聯合會自成立後，發達非常遲緩，歷時三月，會員不過三百人。

意不獨是要做聯合會的領袖，並且還要做羣衆運動的領袖，所以他在佛郎克佛的講演中說：『我所號召的是一種普遍的民主主義的民衆運動，决不是一種單純的階級運動。』可是一般民衆不肯踴躍集在他的旗幟之下，而一般民主主義者和社會主義者也不肯應他的招請，加入聯合會。他自己就職僅五星期，復往瑞士，意大利，和比利時等處遊歷，至九月半才歸國，所以會務更難有起色。

拉塞爾於歸國之後，爲謀全德工人聯合會會務發達起見，於九月二十，二十七，和二十九，三日在巴門，索林根，（Solingen）和杜塞爾多夫演說，想藉此煽動羣衆。他向着進步黨進攻，所以當他在索林根方才開始說話，進步黨人就在會場搗亂，但他們或被驅逐出場，或爲武器所傷。在另一方面，拉氏演講才歷半點鐘，索林根市長卽因受傷者的報告，率領十幾個武裝警察，將此會解散了。他當爲此事致電畢士馬克，不獨沒有什麽結果，並且反因此貽下他和畢氏通力合作的口實。

拉塞爾於十月七日回柏林，認定此後最重要的任務是在征服柏林，因草就一文，名爲『對於柏林工人的演說詞』，（Ansprache an die Arbeiter Berlins）印一萬六千本，分給此處的工人。他在十月和十一月中復向他們演講。在第三次演講之時，忽被警察捕去，罪名是他的『對於柏林工人的演說詞』中含有叛逆的陰謀。他被押三日，才取保釋出。進步黨人及警察既處處和他作對，所以他在柏林不能有很大的發展。全德工人聯合會在此處的會員雖因他的活動，於一八六三年十二月增至二百人，然至一八六四年二月，復減至三十五人，他在世之日，柏林的會員畢竟沒有超過此數。

拉塞爾在柏林一面藉口舌之力從事煽動，一面藉筆墨之力去制服敵人。他於三個月之內著成一書，名爲巴斯楊舒爾慈，經濟學的朱理安，或資本與勞動。（Herr Bastiat-Schuze von Delitzsch, der ökonomische Julian, oder Kapital und Arbeit.）他此書是專攻擊舒爾慈代立池的，因舒氏於一八六三年春季在柏林工人聯合會作反對他的演說，後來並將此等演說詞刊印成書，故他特著是書以爲報復。他的書名就是指明舒氏非自出心裁的思想家，不過是法國主張個人主義的經濟學者巴斯楊的應聲蟲，所以稱之爲巴斯楊舒爾慈；又他在文學上曾打倒了朱理安施美德，（Julian Schmidt）現在要在經濟學上打倒舒氏，所以用經濟學的朱理安作副題。此書是一部爭辯的著作，含有一些空泛的議論，然就大體講，這却是他生平一部經濟學的傑作。他在書中對於資本主義的社會狀況爲人類的永久狀况說，自助使各人獲得幸福說，資本起源於節儉說，以及利潤爲精神勞動的工賫說等等，一律加以排斥。他指明資本主義的生產方法只是一種歷史的範疇，這種方法的起源和消滅是可以描寫出來的。在歷史的進程中資本和工人所處的地位互相更換了，活的工人變成一種死的勞動工具，而死的勞動工具却發達成爲一種活的生產機關。這就是資本主義社會中的矛盾點，只有全社會的大生產把資本再降至死的勞動工具的地位，才能夠解決這個矛盾點。

巴斯楊舒爾慈一書雖可算做拉塞爾的傑作，然却非著者自出心裁，不過是承襲馬克思或他人的學說而加以改變罷了。拉氏在書中論及貨幣與勞動時間爲價値的標準單位兩點，雖說明是出於馬氏的政治經濟學批評，並備致推崇，然對於從他的學說中所竊取的其他各點，並未聲明；因此馬克思不大悅服。馬氏於一八六四年六月三日告訴昂格思說：『當我讀完拉塞爾的工賫勞動與資本〔卽指巴斯楊舒爾慈〕時，曾幾次自問，這是怎樣一回事。內中的一字一句（雖在拉塞爾的形態上加以修飾，）我很熟習，然這却不是直接出於「共產黨宣言」等書。幾天前偶然檢査新萊因報（一八四九年）上我對於工賫勞動與資本的一批論文。……

……才發見他的最近的來源，我爲着特別的友誼起見，將以新萊因報上的一鱗半爪，刊在我的書中作爲附錄，而不提及拉塞爾，這自然只是一種僞託的口實。此事將使他難堪。』（見昂格思與馬克思書信錄第三卷一六五至一六六頁。）馬氏後來雖沒有這樣做，然當他在資本論第一卷序言中說明他對於價值的質和量的分析，已經使之平易通俗，易於了解時，即在註脚中說；『這是十分重要的，因爲就是拉塞爾反對舒爾慈代立池的著作的一章—他在內中宣言將我對於那個題目所發揮的「精髓」表現出來了——也含有重大的誤解。此外，拉氏的經濟學著作，全部理論的通旨，例如對於資本的歷史性，對於生產關係和生產方法的關連等等，差不多一字不易地——一直到我所創造的術語爲止——從我的著作中假借出來，並且沒有指明來源。……』（見考茨基註釋的資本論第一卷序言三六頁。）

凡採取他人所發見，發明或發揮的學說而不聲明來源，偏裝作自己的心得，便是剽竊，這是著作界中一椿極不名譽的事，也是被剽竊的人的一種損失，所以馬克思對於拉塞爾竊取他的學說，屢以爲言。至於拉氏誤解他的價值說的原因，墨爾林解釋得最爲詳細。『這種誤解出於拉塞爾和馬克思兩人間一個最大的異點，就是出於法律的哲學觀和經濟的唯物觀的異點。 拉氏在巴斯楊舒爾慈一書中將「勞務的範疇」（Kategorie des Dienstes）擊得粉粹，這種範疇是由巴斯楊和其他詭辯家（Sophisten）插入英國經濟學價值說的資本利潤中的。 拉氏在李嘉圖的意旨上恢復這種學說的純粹形態，一切價值由勞動量解決，而勞動量又由勞動時間解決。 他於是從馬氏的手中發揮下面的學說；在一個社會中，凡個人不是爲使用價值而生產，但是爲交換價值而生產，不是爲自己的需要而勞動，但是爲他人的需要而勞動，則個人的勞動時間不能構成並測量商品的價值，要這種勞動時間成爲普通的社會勞動時間，才能構成並測量商品的價值，這種普通的社會勞動時間在貨幣中取得他的獨立的生存。 然他於這樣說明貨幣和社會勞動爲價值的標準單位時，從馬氏對於價值的量和質所發揮的議論，接受一種「結實的思想精華」，這就是「重大的誤解」。 他對於馬氏發揮的價值說所取的，只是合於他的法律哲學世界觀的：即指明構成價值的普通社會勞動時間爲使工人取得自己的勞動全收入起見，共同的社會生產是爲必要的。 但是就馬氏看來，他所發揮的價值說是解決資本主義生產方法所包含的一切謎子的線索，價值和剩餘價值的構成依照這種線索而爲一種世界歷史的進程，這種進程必定使資本主義的社會轉入社會主義的社會。 拉塞爾忽視了結晶爲使用價値的勞動和結晶爲交換價値的勞動間的差異，卽忽視了商品所含的勞動的兩重性，馬克思在資本論第一卷一再詳細指明這種勞動的兩重性爲了解政治經濟學的出發點。　拉塞爾對於馬氏所開闢的新路走了一段，於是因他的價値說的道德和法律觀又把這條路塞住了，當馬克思繼續他的一八五九年的著作時，自然必須把這種障礙物除去。」（見墨氏德國社會民主黨史第三卷一三九至一四○頁。）

拉塞爾在一八六三年和一八六四年之間的幾個月，演說著書，孜孜不息，卻沒有獲得自己預期的效果，他於疲敝之餘，復繼之以失望，因此就生起病來了。　他於一八六四年二月十四日訴苦道：『我現在疲倦得要死，我的身體本來很強壯，現在簡直是壞透了。　我受的刺激太大，以致夜間不能安眠，每夜輾轉牀褥之中，一直到早晨五點鐘，起牀之後，頭痛不止，我眞精枯力竭了。　我是因用功太過，吃苦太多，以致疲敝不堪；我於三個月之內除掉從事於其他工作外，便和發狂一樣，盡力著成一部巴斯楊舒爾慈，又遇着一些很大的痛心的挫折，而工人階級的冷淡和無感覺復引起我傷心的厭惡之情——凡此種種都是我所不能堪的。』

拉塞爾既因努力奮鬥，弄得疲敝不堪，便打算和以前一樣，再往外國名勝之地從事休養。然他於休養之前仍要在各處作一次煽動，並在幾星期之前卽將計畫擬好了。他當時寫信給一位朋友說：『我這一次的演說只涉及於感動心靈的東西，將力求喚起並保持一種正當的精神和熱忱，最後將對於現在的政治狀況以及對這種狀況內外兩方面最近的觀察作一種簡單扼要的陳述。這一次是從內部檢閱我們聯合會，正和上次從外部檢閱的一樣。』

拉氏按照預定的計畫，於一八六四年五月八日向萊因地方出發，九日在萊比錫演說，十四日在索林根演說，十五日在巴門演說，十六日在寬恩演說，十八日在維爾墨司氣與（Wermelskirchen）演說，二十二日在綸斯多夫（Ronsdorf）演說，二十三日在杜塞爾多夫演說。他的行蹤所至，好像軍隊的凱旋，大受羣衆的歡迎。一隊一隊的代表向前招待他，一羣一羣的工人四處向他喝采。他經過的主要地方，空中高豎着慶祝的彩色牌坊，與一般紅男綠女手中的鮮花互相輝映；羣衆歡欣鼓舞的情形眞是非筆墨所能形容的。他於二十日將在維爾墨司氣與所感覺的印象寫信告訴哈茲費爾德伯爵夫人說：『此處不復能說是一種黨派的讌會或一種黨派的集會。全體人民都在一種不可名狀的歡欣鼓舞中。此次煽動能感動鄉村社會至於此極，眞令我——沒有表示出表——驚訝不置。我當時的印象是當着創造新宗教之際，一定可以看見這種景象。維爾塁司氣與的聯合會和邦會差不多貼滿了標語等等。（綸斯多夫也是如此。）如果普通直接選舉權一旦實現，像維爾塁司氣與，綸斯多夫，索林根這些社團將不復是大多數，而是全體〔贊助我〕。人民對於我所提出來的名單必定是一致投票的。』（見拉塞爾書信與著作第四卷三五五至三五六頁。）

拉塞爾在綸斯多夫的演說題爲『全德工人聯合會的煽動與普王的成約。』(Die agitation des Allgemeinen Deutschen Arbeitervereins und das Versprechen des königs von Preussen) 他此時眞是口若懸河，舌同雷掣，說得天花亂墜，使羣衆喜不自勝。他指明普王對於西利西亞（Silesia）紡織工人代表所訴的苦情，爲之感動，願予以維持；又梅慈的主教刻忒勒（Ketteler）著『工人問題與基督教』（Die Arbeiterfrage und das Christentum）一書，對於他的學說加以讚賞，這就是他的主義和組織的勝利。『我要問，自有世界以來，那一個聯合會在一年之中有這樣的結果？我們已經使一般工人，普通人民，學者，主教和君主留下證據，表明我們的原則是眞理。』

拉塞爾自萊因演講後，於六月間在杜塞爾多夫受過審判，（因前此在索林根演說所引起的訴訟）遂於七月前往瑞士。他初住在利吉，(Rigi)七月二十五日有一個女士名赫媛列（Helene von Dönniges）的，忽到此訪他，而他致命的悲劇遂從此開始了。

赫媛列是駐瑞士的擺陽公使威廉，段尼格（Wilhelm Dönniges）之女。她雖生得十分聰明美麗，然沒有受過適當的教養。十二歲時，牠卽和意大利一個二十四歲的陸軍大佐發生戀愛，至十五歲便失戀了。她於十六歲又和瓦拉與（Walachen）一個姓烏拉可維慈（Janko von Racowitz）的互相戀愛，當一八六一年和一八六二年間的冬季，在柏林霍爾特霍夫（Holthoff）家中初次認識拉塞爾。至一八六四年七月在利吉重遇拉氏，於相見之後，便你憐我愛，登時陷入情網中了。他們於是訂下結婚之約。然此事的阻力很大，赫媛列不獨是已有未婚夫，不容易脫離關係，而她的父親因地位關係，對於她和一個工人運動的領袖結婚，是萬不能允許的。他們初時想用和平方法要求女家父母承認他們的結合，遂於八月三日先後赴日內瓦，（Genf）拉氏並擬於異日進謁赫媛列的父母，親自請命。

可是當赫媛列回家向母親提及此事，卽遇着強烈的反對，並由她的母親報告父親，於是阻力更大。她要與拉塞爾結合的決心雖未完全因此搖動，却有岌岌可危之勢。他於是日寫信給拉氏說：『現在是六點半鐘。你是我的主人，我的上帝，你已經來此處麼？啊！這種思想又予我以堅強的毅力——因爲我要不被軟化，必須感覺我的主人近在咫尺和萬能，才有把握。我對於你和你的愛情都感得到——所以我不復怕什麼，我永遠是你的妻子，你的小孩，你的崇拜者！……我只要你寫個小紙條告訴我，你是愛我的，便夠了！斐笛南，我是怎樣地愛你啊！我的父母的談話已經實現了，父親已經宣言我不復是他的女兒了！現在發生什麼事故，只有上帝知道；他要於我做你的妻子之前，禁止我離開家中！』（見魏蘭女士譯的歐洲近二百年名人情書續集一二五頁，亞東圖書館出版。）

然赫熳列此時愛拉塞爾的心還抵得住她的父母的壓迫，遂於是日的深夜逃到拉氏的旅館中，滿擬與之偕遁。他們從前本有成議，如所謀不遂，當令赫熳列出走，他們預備在意大利結婚，然後逃往埃及。可是拉氏此時却有無限的顧慮，不願實行前議，特將赫熳列送到第三者的家中，然後交給她的母親。拉氏以爲這樣可以獲得她的父母的好感，安然達到目的。

不意赫媛列自回家後，她的父母用利誘威迫和諷勸哀求的方法，於第二日將她祕密移至別處，幽禁起來。拉塞爾得不到愛人的消息，就和發了狂一樣，心神昏亂，不知所措。他於八月五日寫信給霍爾特霍夫說：『兩日以來，我差不多利用每一刻閒暇時間來號哭；我說這句話並不以爲恥，但這是很悽慘的。現在怎麼樣呢？我眞不知道。我只知道一樁事，就是必須獲得赫媛列。工人聯合會，政治，科學，以及監獄——一想及再獲得赫媛列，則這些事情在我的心中是絕對無光的。』

至八月十日，拉塞爾聽說意中人對他的愛情已經發生變化，已經視他爲陌路人，便卽刻寫信責備赫媛列說：『我們的一切盟約是何等堅固，你沒有權利來破壞；我本我的深思遠慮，將你交給你的母親，你沒有權利這樣可恥地來相報答；我作冒險的企圖是由於深信你有堅強的決心，我旣因你的自由提議陷入冒險的企圖中，你沒有權利來增加我的困難。』當拉塞爾在消極方面責備赫媛列不應寒盟之前，已在積極方面四處找朋友替他運動，務使威廉段尼格允許將其『掌上明珠』與之配合。他於十三日離開日內瓦，十四日到卡爾斯羅合與哈慈費爾德伯爵夫人相會，並令其往梅慈請求主教刻武勒出來效勞，同時表示爲着愛人的緣故，自己預備信奉迦特力教！　這位有名的主教雖大發慈悲，願成就他們的好事，可是他却無能爲力，因爲赫嫒列所信奉的係基督新教，與舊教正是格格不相入。　拉塞爾甚至於託人請求擺陽的君主派人出來玉成他們的姻緣。　不過擺陽老於官場生活的外交大臣施蘭克(Schrenck)辦理這種『男女交涉』絲毫沒有成績，於是不得不向拉氏打幾句官腔，說他認赫嫒列鍾情於己，未免有錯誤點，在他們中間既是一方有意，一方無情，殊難強作冰人，爲之撮合。　拉塞爾爲着獲得赫嫒列做妻子，不惜千方百計的求援，痛哭流淚的請願，而其結果竟等於鏡裏尋花，水中撈月！

在赫嫒列方面，自重演『卓文君夜奔司馬相如』的喜劇而獲得悲慘的結果後，對於拉塞爾不獨大失所望，並且起了不少的反感。　歸後復受父母的懇求，威嚇，甚至於虐待，於是這個意志力本來不堅定的弱女子不得不表示屈服。　她又因被引導和未婚夫烏拉可維慈相見，受了烏氏軟語溫詞的撫慰，她的一縷情絲遂離開拉塞爾，復牽掛到烏氏的身上。　她於八月十八日寫信給拉氏說：『自我深悔對於我所愛的未婚夫烏拉可維慈君所取的步驟，並且傾心與他重修舊好，復得到他的原諒和鍾愛之後，特本自由的意志與充分的自信，告訴你，我們兩人間的結合永遠談不到了，我和你斷絕一切關係，誓以永久的愛情和誠心事奉我所愛的未婚夫。』

拉塞爾在閔行（München）得到他的駐日內瓦的全權代表儒斯託所傳的消息，於二十日回信說：

『赫煖列！我寫此信給你，死字擁上我的心頭了。儒斯托的消息給我一個致命的打擊。你，你背叛我了！這是不可能的！這許多重罪，這樣可怕的背叛，我還不能相信。也許是因你的意志暫時被屈服，你自己不能自主；至於說這是你的眞正的和長久的意志，那就令人不能想像了。你不能夠將每種羞恥，每種愛情，每種忠實，每種眞理一齊拋棄達到這樣的極度！凡體面攸關的事你都加以羞辱，而你的較好的心情就是說謊；當你已經說謊了，當你對於達到這樣最終限度的險惡，拋棄神聖的誓言，破碎最忠實的心，認爲適宜的時候，那世界上不復有何事何物可以爲任何人所信賴了！

你已經勉勵我來迎取你；你已經要求我起初應用一切適宜的方法，免使你陷入困難之境，你已經在口頭上和書信上向我發過最神聖的誓；你在最後的信中猶向我說，你是我的親愛的妻子，世間沒有一種暴力能夠羈住你而使你不實現那種決心的。——你於猛力擒住我這顆忠實的心——他一經傾向誰，就永遠是傾向誰的——之後，就要射擊我麼，你於這種爭鬥差不多還沒有開始之時，於我陷入深淵，爲世笑辱兩個星期之後，就背叛我，毀滅我麼？對呀，世人對於我的命運從來沒有成功的事，你居然做成功了，你已經把一個能抵抗外界一切衝擊而絲毫不搖動的最堅強的人推倒了，破壞了！……

赫媛列！　我的命運是懸在你的手中！　但是你如果用這種使我無從挽回的險惡的背叛來毀滅我，那我的敗運可以反響到你的身上，我咀咒你一直達到你的墳墓爲止！　這是一顆最忠實的心的咀咒，他是因你的惡劣行爲而破碎的。　這種咀咒的確是要靈驗的！

……我願意並且必須親自見你一次：單獨和你談話。　我願意並且必須從你的親口中聽見死刑的宣告。　只有這樣，我才相信那似乎不可能的事件！

我正在此處設法來爭取你，我當卽來日內瓦！

赫媛列，我的命運取決於你。」（見魏蘭女士譯的歐洲近二百年名人情書續集一二六至一二八頁。）

拉塞爾這封信眞可以說是一字一淚！他於八月二十三日偕擺陽外交部的特派員黑列（Hänle)來日內瓦謀最後的解決。他因黑氏的先容，於二十五日進謁威廉段尼格，與之作數小時的談話，沒有結果。他要求與其女兒親自面談，雖獲得許可，但赫煖列堅決拒絕此舉。拉塞爾至此連最後的一線希望都喪失了。他自以爲是陷入山窮水盡的境界，因爲他不獨公然失去一個如花似玉的佳人，足以遺羞當世，即他前此在社會上的地位和工人階級中的聲譽，也都將因此而歸於烏有。他於是老羞成怒，積怒成狂，因狂乃不惜一死！他竟向段尼格和烏拉可維慈作决鬥的挑戰，而後者居然也應戰。八月二十八日，拉塞爾與烏拉可維慈决鬥的結果，拉氏的腹部受傷甚重，延至三十一日遂致不起！

馬克思於九月三日接到拉塞爾因决鬥而死的凶耗，當卽致電昂格思，昂氏異日回信，表示驚愕之意，並且批評道：『拉塞爾在私人，文學和科學方面，將來或和他的過去有何種差異，但在政治上他的確是德意志最重要的人物之一。他對於我們，在現時是一個很靠不住的朋友，在將來或確是一個仇敵，然這都可以不管，當大家看見德國極端派一切有能力的人都喪亡了，總覺得難堪。在德國一般工廠主和進步黨的狗黨中將呈出何種歡忻鼓舞的狀，態，因爲拉塞爾是他們唯一畏懼的人物。但這樣喪失生命，是何等特別。戀愛一個擺陽公使的女兒——這個公使要做檔約安(Don Juan)——想和她結婚，遂致和一個被棄的情敵衝突，——此人是瓦拉與的流氓——而受其槍殺。這椿事只有對於特別具有輕浮和癡情，猶太性格和武士風味等雜質的拉塞爾才算相宜。像他一樣的政客怎能夠和一個瓦拉與的冒險者去用槍決鬭呢？」（見昂格思和馬克思書信錄第三卷一七九至一八〇頁。）

馬克思於九月七日寫信給昂格思說：『拉塞爾的不幸使我這幾天的腦子受非常的感觸。他還是老戰士之一，也是我們敵人中最厲害的敵人。此事來得奇突，一個這樣好吵鬧，喜騷動，和勇於前進的人現在和老鼠一樣死去，不復作聲了，這是令人難於相信的。關於他致死的口實，你的話說得很對。在他的一生中有許多笨拙之事，這只是其中之一。雖是這樣，然近年來彼此不幸斷絕關係，這是由於他的不是。在另一方面，我抗拒四方八面的媚惑，當着他的「得意的時候」，從沒有攻擊過他，這是我所稱意的。』（見同書同卷一八一至一八二頁。）

我們於介紹馬，昂兩氏批評拉塞爾的愛情悲劇後，特申述數語，作爲本章的結束。湯義仍說過：『情之所至，可以死，可以生；生者可以死，死者可以生。』拉塞爾是個多情種子，的確具有這種癡情，所以他一經鍾情於赫爕列，達不到目的，即不惜以死繼之。就表面上看，此事好像是值得世間多情男女的讚賞，至少也可獲得他們的原諒。但我們仔細考察一下，便覺得這種態度是不對的。第一、赫爕列是一個很浪漫的女子，朝秦暮楚，視愛情如商品，（她後來一嫁於烏拉可維慈，二嫁於一個伶人，三嫁於一個文人，卒於一九一一年十月自殺而死。）本來值不得拉塞爾的鍾愛；她旋即對拉氏改變態度，拉氏尤應當及時覺悟，視為『塞翁失馬』，絕對不應因她的緣故而犧牲自己的生命。第二、拉塞爾是德國新興工人運動的領袖，他的地位既高，責任尤重，即使赫爕列於備受壓迫後仍矢志靡他，他也絕對不應向一個流氓的情敵去挑戰，所謂『千金之子不死於盜賊』；何況他已為這個賣弄風情和意志薄弱的女子所棄，更失去決鬥的理由了。拉塞爾把男女間戀愛的事情看得太重，所以於失敗後，竟不惜以寶貴的生命供其犧牲，未免過於自暴自棄！卞斯夫說：『那個和烏拉可維慈對敵格鬥的人不是社會主義者拉塞爾，而是少年貴族的商人之子拉塞爾。』（見卞氏拉塞爾傳二九三頁。）唉，我們也只能作如是觀。

第五章　家庭狀况

我們在上面一章看見拉塞爾的生活是怎樣的優美闊綽，可是返觀馬克思的家庭生活便大不相同了。他在中年時代受金錢的壓迫，達於極點，我們如從他的家庭狀况着眼，簡直可稱他這個時代爲『窮困時代』。當一八四九年下半年他初到倫敦時，在折爾息（Chelsea）租定一所住宅，每星期租金一鎊又十二個半先令，這種價格在當時要算是很昂貴的。他既無恆產以供家用，在亡命中又找不到工作，因此只好靠會經剩下來的財產，或出售從前的遺物，維持生活。他有一次持岳家遺贈的古銀器往當舖抵押，店主看見他那寒畯的樣子，挾着如此珍品，疑爲贓物，幾致鳴警逮捕；幾經解釋，才得無事。可是他靠這種財產支持家計，好比一種『無源之水』，自然是會立時乾涸的。因此至一八五〇年的上半年，他的房租已積欠至五鎊左右；女房東因催索不得，遂藉司法警察的威權，一面要沒收他的家具，補償房租，一面要下逐客令，不准馬家繼續居住。燕妮於一八五一年五月二十日寫信給維德梅耶索款，談及她的家境和此事的經過道：

『我們的狀況強迫我提起筆來寫這封信——請你將「政治經濟評論」的入款即刻寄下。我們需用這筆錢至爲迫切。　幾年以來，我們所犧牲和忍受的，的確沒有人能夠說，我們曾囂囂然聲張出來了；我們私人的事件很少驚動公衆，幾乎從沒有驚動公衆。　我的卡爾對於此等事十分明達，在他作民主主義的乞丐——和一般大人物一樣——之前，情願犧牲一切。但他從朋友們——特別是寬恩的朋友們——所能夠希望的事，是對於他辦的雜誌作一種有力的參加。　在知道他對於「新萊因報」的犧牲的地方，尤希望能夠有這種參加。　然沒有達到這個目的，而〔雜誌的〕事業反因疏忽和無條理的營業，竟完全敗壞了，不知道最大的毛病是在書賈的貽誤，或經理人及寬恩友朋們的因循，還是在民主派人的行爲。

我的卡爾在此幾乎被生活中最瑣屑的連累拖倒了，他眞是陷於一種險惡的狀態中，對於此等日常爭鬥，要能支持不敝，即有賴於他的全部精力和個人完全舒適的，淸明的，及鎭靜的自覺。……　當不幸的反革命時期開始時，卡爾前往巴黎，我也帶着三個小孩隨即趕去。　復在巴黎的寄居幾乎還沒有定妥，復被放逐，我自己和小孩也不能獲得長久居留的認可。　復跟着他渡游。一個月之後，我生產第四個孩子。你必須懂得倫敦的情形，才知道已有三個小孩，又生第四個，是什麼景況。單是房租一項，我們每月必須付出四十二達列。所有這些費用，是由自己取得的財產中支付的。但自「政治經濟評論」出版以後，我們小小的資財一起用盡。雖有契約，金錢總難於到手，即到手，也是零星小數，因此我們就陷入最恐怖的境遇中了。

我只要將這種生活中一天的實在情形描寫給你看，你便知道，或者沒有幾個亡命客曾經過同樣的景況。此處的奶娘既難請，我就決意用自己的乳餵養孩子，我的胸背雖時常疼痛極爲厲害，也只好不管。但可憐的小安格爾（Enhel）飲了我這許多靜悄悄的憂愁煩惱，也時常生病，日夜在極大的痛苦中躺着。他自從出世以後，沒有安睡過一夜，至多不過睡兩三點鐘。近來更加上極厲害的抽筋症，此孩便時常飄搖於夭折與困苦的生存之間。在這種痛苦之中，他吃乳十分厲害，我的乳頭因此受傷而至於破裂；乳頭所出的血常流入他的小口中。當一天我正坐着的時候，女二房東忽然來了，我們在冬季已經付她二百五十達列，並且和她訂過約，以後的租錢不付給她，而付給大房東，這大房東從前對於她是查抄過的。

她此時否認這種契約，向我們要求五鎊的欠數，我們不能立刻籌得此數，兩個查抄吏走進門來，將我的一切小財產和鐵器，牀，衣服等等都查封了，甚至波及我那可憐的小孩子的搖牀，以及女孩子們好一點的玩具，我的女孩子們眼淚汪汪地站在旁邊望着。查抄吏恐嚇我，說在兩點鐘之內，要將這些東西拿去——我當時擁着疼痛的乳頭和發抖的孩子們躺在平地上。我們的朋友施蘭姆急往城中去求援。他坐了一輛馬車，馬忽向路旁亂衝，他於是跳出馬車，受傷流血，被人送回我家，我當時和我的發抖的孩子們哀號着。

我們必須於當日移出此屋，天旣冷，又下雨，又黑暗，卡爾出外替我們找房子，當他說有四個小孩時，便沒有人願意將房子出租。後來幸得到一個朋友的帮助，才將房租付清，我立將所有的牀出賣，付清藥舖，麵包店，肉店，牛乳店等的欠數，他們都因查抄的侮辱行動，對於我們懷有戒心，忽然將賬單送交我們。既經賣出的牀搬到門前，裝在一輛大車上——又發生什麽事故呢？當時已經是太陽西下，搬物爲英國法律所禁止，房東帶着警察前來，聲言我們要逃往外國去，木器中或夾有她的器具。不到五分鐘，門前站有兩三百人，拆爾息的全體流氓都來了。於是牀復搬進來，要到異日太陽出後，才可以交給買主。我們既賣出所有的器具，償清一切債務，我和我的小寶貝即移居勒斯特區（Leicester Square）勒斯特街一號德國旅館兩間小房內，每星期出五鎊半的代價，才在此處找得收容所。

親愛的朋友，我只將我們在此處生活的一天描寫給你看，便說得這樣遠，這是要請你原諒的；我知道此事未免唐突，但今晚我的心一直落在我戰戰兢兢的手中，必須在一個最好的和最親愛的老朋友面前，盡情一說。你不要相信此等小小的憂患就把我壓倒了；我深知我們的爭鬥也不是獨一無二的，我還是在有幸運者之列；因爲支持我生命的親愛的卡爾還站在我的旁邊。獨有一樁事眞使我肝腸寸裂並心灰意懶，就是我的卡爾對於這許多小事要操心勞力，很少得到幫助，他對於許多人會歡天喜地予以幫助，在此處却無人援手。但是親愛的維先生，你不要相信，我們對於任何人有所要求。我的卡爾對於一般思念他，重視他，和有關係的人所能夠要求的唯一事件，是對於他的「雜誌」發展一種更好的做事精神並更努力的參加。這是我可以這樣勇敢主張的。這一點小事大家應替他盡責。我想沒有人因此受過欺騙。如此情形，我總有些痛心。然我的卡爾却又作別樣想法。當他看見我很愉快，和可愛的小孩子圍着親愛的母親承歡膝下的時候，即在最恐怖的時期中，他從沒有對於將來失去希望，也從沒有使那最愉快的神情消滅下去，他總是完全自得的。親愛的維先生，我將我們的狀况這樣詳細告訴你，他並不知道；凡這些行間字裏的事，你也不用提及。他只知道我用他的名義向你請求將那些款項卽刻寄來。』（見新時代雜誌第二十五年度二卷一八至二一頁，墨爾林：馬克思與昂格思傳的新材料。）

一讀上面的信，燕妮的全人格便活現在我們的眼前了！她生長名門，本不識窮困爲何物，自和馬克思結婚後，物質生活上的辛酸苦辣，已備嘗無遺，她不獨不以爲意，而且甘之如飴，這種刻苦奮鬥的精神，簡直可以和馬克思等量齊觀。『疾風知勁草，』他們處境的窮困適足以表見他們不屈不撓，再接再厲的精神，爲後世繼起奮鬥的男女樹一個好模範！

馬克思的家眷住在德國旅館，沒有多久，至一八五〇年六月，復移居索荷區（Soho Square）第因街（Dean-Street）二十八號二樓的兩間小房內。一間係他們六個人的睡房，一間係廚房，會客室和工作室。此處本是一個貧民窟，爲各國亡命客麕集之所，然據燕妮後求給維德梅耶的信看來，他們的房租並不低廉，並且係每星期一付。他們寄居此處約有六年之久。德國一個警探於一八五二年至馬克思住所偵察，其報告中有一段描寫馬氏這兩間房內的狀況，雖不免有言過其實之處，然究非完全揑造可比，今特徵引如下：「馬克思住在倫敦一處最壞的地方，因此也是倫敦一處最便宜的地方。　他住兩間房子；位置朝街的一間是客廳，內面一間是睡房；在全屋中找不出一件乾淨的好家具；所有物件都是破爛不堪的；到處都有手指厚的灰塵；到處都亂七八糟；在客廳的中間擺着一張老祖宗的大桌，舖上一塊油布；舉凡他的稿件，書籍，報章和小孩子的玩具妻子的縫衽工具，零星物件，以及破邊的茶杯，不潔的調羹，刀叉，燭台，墨水瓶，酒杯，荷蘭的泥製煙筒，煙盒，——一切應用的東西都堆在桌子的上下；總之，所有這些物件是圍着這一張僅有的桌子，在這種令人注目的全部物品之前；一個荒貨舖子必定要相形見絀。　當一個人走進馬克思家中的時候，他的眼睛將爲煤炭和香煙氣所遮蔽，初時就像在一個暗洞中摸索一樣，要等到他的視覺漸次和這種煙氣相習，才像在霧中一樣，看見一些東西。所有東西都是骯髒的，所有東西都滿蒙着灰塵；要想就坐眞是一樁危險的事，因爲有一張椅子僅剩三隻脚，小孩子們卽在此處玩耍，他們的廚房器具擱在另一椅子上，這張椅子却還算完全；凡過訪的客人總請在這張好椅子上坐，然小孩子們的廚房器具却不拿開；他們如果眞坐下去，褲子就會遇着危險。　但是所有這些事絲毫不使馬克思夫婦感覺困難；過訪的客人都受最大友誼的待遇，煙呀以及當時所有的其他東西呀，都歡天喜地供給到他的面前，於是一種歡欣鼓舞的談話把那房中的窮苦情形消滅了一半，而不快之感也忍受得住；到了後來，便覺得與這個伴侶爲伍，十分愜意，覺得這種伴侶是有趣味的，並且是出乎本色的。這就是共產黨領袖馬克思家庭生活眞實的情形。」

（見社會主義與工人運動史叢刊第十卷，五八頁，邁耶馬克思傳的新材料。）

我們看了上面一段話，知道馬克思幾乎家徒四壁，其窮苦眞是達到最大的限度。然這不獨在他沒有職業的時候是如此，即自一八五一年八月起，他從紐約特里標報獲得一種經常的收入，又時常從昂格思處得到零星小款，仍舊屢屢陷入赤貧的境遇中。他於一八五二年二月二十七日報告昂格思，說他寫信到德國朋友處告貸，沒有回音，自己因上衣當押，不能出外，因賒欠不行，不復食肉了。至八月二十日他又告訴昂氏說，連買郵票的錢都沒有。然在九月間十月二十六日他因要著寬恩共產黨人訴訟眞相記一書，將上衣當押以易稿紙。他的家中更是貧病交加，瀕於絕境，他在是月八日致昂氏的信中說：『我的妻子害病，小燕妮也害病，蘭欣（Lenchen）又患一種神經熱病。講到醫生，我簡直不能夠請，因爲沒有錢買藥。自八日至十日以來，我用麵包和馬鈴薯供養一家，今日能否獲得這些食料，還是一個疑問。在現今的氣候中，此等食料自然很不相宜。我沒有替德那作論文，因爲沒有錢看報。……一樁最好和最心願的事是，我的女房東將我逐出戶外。我至少還要付清二十二鎊的房租。這樣多的恩惠，她是不會任聽拖欠的。此外還有麵包商人，牛乳商人，茶商，菜販，老屠夫等處也欠了賬。我當怎樣償清這一切糟糕的賬呢？在最近八天十天之中，雖得到少許先令和辨士，但最不幸的事是，因爲要免於死，必須從工人處借錢。』（見昂格思與馬克思書信錄第一卷三四四至三四五頁。）

馬克思的家庭至一八五五年才有一種轉機。因爲是年下半年他從蘇格蘭一個親戚處獲得一筆小額的遺產。到了一八五六年夏季，燕妮帶着三個女兒返德國省視正在患病的老母，旋因母死獲得幾百遂列。馬氏因有這兩項收入，才能於是年秋季從索荷區的貧民窟遷至格拉夫頓巷（Graftonterrace）九號。他的幾個女兒漸次長大，索荷區的兩間小房實在不敷應用，搬家一舉是萬不容緩的。可是他們的新居每年租金三十六鎊，一切器具均須自備，因此所費不貲了。

馬克思的生活改善也只是曇花一現，他的家庭旋又陷入困苦之境。他於一八五七年一月二十日寫信給昂格思說：『我寄居此宅完全陷於困難中，所有一點現錢都耗費於此，在此處不能像在第因街一樣可以極力節省；前途總是沒有希望，家中的用費且逐漸增加。我絕對不知道應當怎樣辦，在實際上現已陷於一種絕望的地位，正和五年前一樣。我以爲已經把壞運的精華吃下去了。但却不然。最不幸的是，這種危機並非暫時的。我不知道應當怎樣自拔出來。』（見同書第二卷一三九頁。）

昂格思接着這封信，稱之爲『如雷灌耳』，他遂急予以救濟。可是馬克思的危機正和自己所說的一樣，『並非暫時的。』至一八五八年一月，他又一貧如洗，因向昂氏訴苦道：『老實說，這種狀況如果繼續下去，與其處生世上，不如深埋在六百尺的地下。時常有種種擔負壓在身上，時常要爲最瑣屑的事務所煩擾，終久是不能堪的。』（見同書同卷二三八至二三九頁。）至七月十五日他復寫信給昂氏說，『我首先要求你對於此信的內容不要害怕，因爲此信決不是對於你的已經不堪搾取的錢囊作一種請求。但是在另一方面，必須共同想一想，是否能找一條出路脫離現在的狀況，因爲這是絕對不能耐久的。這種狀況的直接結果是，我已完全不能作工，半因我要四處奔走，空費力量去籌措金錢，致失去最寶貴的時間，半因我的抽象力（Abstraktionskraft）不復能夠保持常態，或由於家室的呻吟，致使我的身體衰弱的緣故。　我的妻子因這種狀況的壓迫，以致神經錯亂。……　即使我願意從極力節省費用一途走——例如將小孩子們從學校中叫囘來，移居於一個純粹的貧民住宅，將使女辭退，用馬鈴薯養命——然我的木器的拍賣不足以償清周圍住着的債主，不足以使我安然無阻地移到何種避難所去。　我家至今外面還裝着體面的樣子，就是阻止一起倒台的唯一方法。就我個人講，要問那鬼怪，我究竟幾時可以再獲得一點鐘的安寧，能住在懷特察拍爾（Whitechapel）從事我的工作。　至於我的妻子，就現在的情形看，這種改變可以弄出危險的結果，即對於我正在發育的女孩子們也不甚相宜。　現已盡情一吐我的胸懷，確實告訴你，這種狀況耗去我的精力很不少。　但我至少畢竟要對一個人說出來。　我知道，你個人對於此事是無能爲力。　我所要求的是，只要你將你的意見告訴我，究應怎樣辦？　自八星期以來，我陷在泥坑中，甚不願我的最壞的仇敵從這泥坑中踏過去，我懷着極大的忿怒，因爲我的智能將因這種最大的破敗情形而敗壞，我的工作能力將因此而消滅。』（見同書同卷二八〇及二八三頁。）

昂格思投身商界，爲的是維持馬克思的生活，使他得專心替黨和無產階級造成一種有系統的學說；現在馬氏將困難情形告訴他，並問計於他，他自然還是要竭力維持馬家生活，使其達到目的。所以他於接信的異日，即允送四個月到期和六個月到期的二十鎊期票各一張，令馬氏向銀行貼現，以濟燃眉。可是這種帮助仍只能補救於一時。至是年十二月十日馬氏復告訴昂格思說，『我家的悽慘荒涼更甚於往日。我的妻子不能替小孩子們預備耶穌聖誕節的禮物，反爲各方面的索賬單所苦，她要謄寫書稿，同時還要往來於城中各當鋪之門，這種情形眞是非常殘酷。』（見同書同卷二九八頁。）昂格思得着這種消息，自然仍舊是寄錢帮助他。不過不旋踵窮鬼又上了他的門，他於一八五九年一月著成政治經濟學批評一書，可是沒有錢作郵費和保險費寄稿件往柏林。他的困苦狀况可算是登峯極了。

中國俗語說『貧病交加』，『貧病』這兩種東西好像具有『宿緣』，總是相隨而至的。一八六〇至一八六一年之間馬家的情形尤足以證明這一點。燕妮因馬克思爲佛格特事件受謗，引爲大恥，飽受無窮的閒氣。至一八六〇年十一月，又因謄寫佛格特先生一書的稿件，操勞過度，遂引起一場大病，未幾馬克思自己也病了。燕妮於一八六一年三月十一日寫信給維德梅耶夫人，描寫他們的病狀，頗爲詳盡，今特擇要介紹於下：

「我所謄的稿件還沒有告竣，——正在印刷中——忽然覺得很不舒服。最可怕的熱病擒住我了，因此必須請醫生來診治。醫生於十一月二十日來家，他細心診察許久，沉默一會說，『我的親愛的馬夫人，我不幸要說，你已經得着痘症——小孩子們必須卽刻離家。』這句話一經宣佈，你可以想像引起全家何等的恐慌與悲痛。怎樣辦呢？李卜克內西毅然答應願把小孩子們接往他的家中，至星期三日她們已帶着自己的小器具出亡了。

我當時的病一天沉重一天，痘的出現達到很可怕的程度。我受苦非常之甚。面上有如火燒一般的疼痛，眠睡完全不良，卡爾以最體貼的心腸看護我，而死的恐怖却籠罩着他，到了最後，我內部的感覺——心靈——雖時常存在，然外部的一切感覺都已喪失。每日躺在窗子打開的地方，俾十一月的寒風得向我吹着。此外，爐中燒着一種半明不滅的火，我發熱的嘴唇上含着冰，並且時時飲一點紅葡萄酒。我幾乎不復能吃東西，聽覺常是遲鈍，後來眼睛也緊閉了——但我却不知道這雙眼睛是否要在永久的夜中緊閉着！

然我的體質畢竟戰勝，又加以獲得最體貼和最忠實的扶助，現已完全恢復健康，不過面貌改變一點，生着疤子，並且變成暗紅色——達到馬進塔(Magonta)顏色的程度。直至耶穌聖誕節晚上，可憐的女孩子們才能夠再回到她們悲傷想望的家中。初次再相見的悲感眞是不可以言語形容。女孩子們看見我的容貌，深爲感動，淚涔涔而下，眞難收住。五星期以前，我傍着美麗的女孩子們，猶自以爲是很體面。因爲當時我還沒有一根白髮，牙齒和眼睛也不和現在一樣，所以大家必須把我排在善於保養者之列——然現在這些事已成陳跡了！我覺得很像一頭犀牛，當置於動物園中，不宜屬於高加索人種之列。可是你不要過於害怕！現在不復這樣壞，瘡疤也開始痊癒了。

我差不多還沒有離牀，我的親愛的卡爾又生了病。各種過度的恐怖，懸念和悲哀把他壓倒在病榻之上。他多年的肝病才初次轉劇。幸而他只病四星期卽告痊癒。我們當時復爲紐約特里標報所限制，只取得前此薪水的半數；至於〔佛格特先生〕那部書不獨沒有得到何種報酬，反要付出一筆款子。此外，這樣最可怕的病耗費極多。總之，你可以想像我們在這個冬季的情形是怎樣一回事。』(見新時代雜誌第二十五年度二卷一八五至一八六頁，墨爾林：「馬克思與昂格思傳的新材料。」）

馬克思於病癒後，因自己勞苦過度，急須更換環境，休養腦力，又兼以家計蕭條，不能不乞援於外，適值拉塞爾致書相招，遂決計往歐洲大陸一遊。他於一八六一年二月底出發，取道荷蘭，親訪他的舅父，並借得英金一百六十鎊，作爲還債之用。旋從荷蘭往柏林，再轉赴居利，看他的母親。他們雖久已異地而居，然母子之愛始終如一，彼此時通音問，老母有時並予以金錢上的援助。馬克思這一次省親共住兩天，他的母親雖沒有給以現金，然從前的借款票據大概都被消毀了。

至五月初，馬克思方返倫敦，此次出遊所獲的款項，既只能充作償淸宿債之用，而紐約特里標報的通信職務又於是時被取消，所以他的境遇愈加危險；爲維持生活計，不得已找些報酬最薄的文字工作來做。然至一八六二年六月，他的局面實在支持不下去，他於是月十八日寫信給昂格思說：「我再向你談及我的窘狀是最討厭的，但是〔不談又〕怎樣辦呢？我的妻子天天向我說，她願意和小孩子們同埋一穴，共入黃泉，我眞正不能夠怪她，因爲處在這種情形之下所受的屈辱，痛苦和恐怖，在實際上眞非筆墨所能罄述。……七星期中沒有一個錢，在倫敦這種眞正危險的情形，我絲毫不願意說及，因爲這是我們許多年來屢見不鮮的。但是你從自己的經驗上就會知道〔家中〕常有些臨時的費用必須用現金支付。現在把四月底從當舖中取來的東西再去抵押，才得付出此項費用。然幾星期以來，這種來源都斷絕了，我的妻子在一星期前要將我的書籍出賣，也只是徒勞無功。小孩子們更使我憂愁，因爲這些事偏在一個饗會的時節出現，她們的友伴正在娛樂之際，而她們却時常怕有人來訪，致識破這種破敗的情形。』（見昂格思與馬克思書信錄第三卷六九至七〇頁。）

上面一段話表見燕妮窮得願死，馬克思也極失望。在常人處此，必爲環境所征服，心灰意懶，不復能自振作。可是馬氏却不然。這壓倒世間多少有志之士的窮鬼，一遇着他，就登時變成推他向前進的車夫了！所以他接着上面一段話又說：『我現在作工加緊了，我的腦袋在一切困苦之中，比許多年來更覺健全。』（見同書同卷七〇頁。）隨後更大談學理。我們如果拿這封信的上節和下節比較一看，眞不能不歎服他爲千古特出的奇才。

昂格思接着馬氏的信，急以英金十鎊相贈，藉解他倒縣之苦。可是他的時運不齊，正當着無米爲炊之日，偏又遇着那位豪華闊綽，自奉甚奢的拉塞爾遠道來訪。他的妻子因款待賓客，將所有值錢的物件都付諸質肆。拉氏於八月初間離開他的家中，他卽於九月間向英國鐵路局謀取一個書記的位置。然局中人因他的字跡不佳，不肯錄用，於是他做『事務員』的計畫也不能成功。

馬克思替英國鐵路局做書記且不夠資格，更談不到另謀他事，計無所出，遂擬向債主宣告破產，將家庭拆散，各自爲謀。他於一八六三年一月二十四日報告昂格思說：『我將致書全體債主，（房東除外，）他們如吵擾我不能安生，只好向破產法庭呈遞一張不能支付的訴狀，宣告破產。此舉自然不能對待房東，因爲他有沒收家具的權利。兩個大女孩子將從滿林干家（Die Familil Cuningham）取得女教師的位置。蘭欣當另改他業，我和我的妻子及小託秀（Tussychen）將搬到城中工人寄宿舍裏面去住。』（見同書同卷一〇九頁。）

過了兩日，昂格思回信給馬氏，不贊成他的計畫，同時並寄一張英金百鎊的期票給他，使他得清理債務，維持家計。昂氏自一八六〇年上半年喪父後，取得父親的遺產繼承權，他在前此服務的公司中遂由事務員而變爲股東；此時幫助馬氏自較前爲易。不過自一八六一年美國南北戰爭爆發後，他們的公司營業不振，獲利甚微；至一八六三年年初，他的愛人去世，所費不貲，因此對於馬氏不能盡量援助。今見馬氏將演室家離散的慘劇，故不得不予以巨額的接濟。自此以後，馬氏的家運略有轉機。因爲是年二月，他的母親病故，他回德料理喪事後，獲得一點遺產；至一八六四年五月，復因哇爾夫病故，獲得遺產一萬六千餘馬克，得償還一切債務，——即『新萊因報』的債務也一併在內。

馬克思自獲得巨額的遺產後，家庭狀況稍經改善，他既少內顧之憂，遂努力著作事業。他在一八六五年五月二十日對昂格思說：『現在作工和一匹馬一樣，因爲我必須愛惜我的有工作能力的時間。』（見同書同卷二五九頁。）可是不旋踵他又陷入困境。他於七月底寫信給昂氏說：『自兩月以來，我完全靠當舖維持生活，每天並有大批行將不能忍耐的嚴厲要求來逼迫我。你如果把下列兩點想一想，對於此等事便不能夠說是奇怪：（一）在此全時期內我不能夠賺一個錢，（二）單是還債和安家，付出五百鎊。』（見同書同卷二六六頁。）昂氏接着這封信，即匯來英金五十鎊，因此他又得苟延殘喘於一時。

然這種小小的救濟無異於給馬氏以暫時的安寧和休息，以備擔當來日的大難。歷時未幾，貧病又復攜手而至。他的貧是由於無經常的收入可資把注，他的病不用說，是由於用功過度。　昂格思於一八六六年二月十日警告他說：『你做事的確應當合乎情理一點，使這種瘡病不致復發，你的書即使因此延遲三個月，〔也沒有什麼緊要。〕　這種病當眞是會沉重的，當你的腦筋——你自己也這樣說——對於理論的事件不能精思入神的時候，可以休息一下，對於高等理論，丟開不講。　在好些時期以內不要作夜工；生活方法也當較有條理。』（見同書同卷二九二頁。）　馬克思於三日後囘信說：『昨天又沒有作工，因爲一種惡的瘡狗在我的腰部左邊發難了。　我倘若有充足的金錢——這就是說多於零——養家，我倘若把書著成了，今天被投在臭屍場中也好，明天被投在臭屍場中也好，於我完全是一樣，哼哼，死呀。　但在現今所說的情形之下，還死不了啞。』（見同書同卷二九三頁。）

馬克思爲趕緊完成資本論起見，便不顧性命，日夜作工，因此癰瘡遂大大地發作起來。他於是月二十日告訴昂格思說：『這一次是生在皮膚上面。　我的家人不知道這種病症是何等沉重。　當這廢物在同樣形態中再發三四次，我便成爲一個死人了。　我的消瘦適足驚人，我的疲弱也十分厲害，這次却不在頭部，而在腰部和腿部。　醫生們說夜間作工過度是此病復發的主要原因，這完全是對的。　但我不便將驅策我至於這樣浪費精神的原因報告這些先生們，卽使報告，也完全沒有用處。 此時我的身上還有各種小瘡，非常疼痛，不過不復十分危險罷了。』（見同書同卷二九五頁。） 馬氏因這種瘡病，遷往英國海濱地方調養一個多月，才漸次告痊。 可是牙痛和風濕病復來相侵。 他此後便和病魔一天一天發生密切關係了。

馬克思遷地養疴，所費自較在家爲多，因此他的家庭愈陷於困境。 他於是年十月十二日寫信給柯格爾曼說：『因疾病纏綿和緣此而起的許多費用的結果，我的經濟情形愈加變壞了，一種財政危機在最近的將來就會降臨，他除掉對於我和我的家庭發生直接響影外，使我在政治方面也蒙損害，因爲住在倫敦必須維持一種體面。 我要和你商量的事是：你可知道任何人或幾個人（因爲這樁事不必使大家知道，）能以五，六釐的利息，借給我一千達列，至少以兩年爲期麽？ 我借許多零星小債，現在付出百分之二十以至五十的利息，雖是這樣，對於債主竟不復能對付，因此我家一齊倒台的事已經臨頭了。』（見馬克思致柯格爾曼書二二至二三頁。）

馬克思爲維持家計，借款竟出百分之五十的重利，由此可以推想他受經濟壓迫是何等厲害。他請柯格爾曼代借款項，沒有成功，雖時常從昂格思收到幾鎊或幾十鎊的接濟，然總是入不敷出。他於十一月八日復向昂氏訴苦道：『幾個月以來，我一無所有。所謂遺產一項至少是在二十個人中分派的，我在夏初得到八十達列。向德國及荷蘭借錢，都沒有成功。至於當舖（我的妻子將所有的東西當盡了，她自己〔因沒有衣服〕幾乎不能出門，）只能令人想到他所要求的利息。因此我又和在最困難的亡命時代一樣，向倫敦各處找小借款——此事只限於自己也感困難的少數人中——藉以支付那些最迫切的費用。在另一方面，一般供給家用品的人都有行將決裂之勢，一部分人已經停止賒欠，並以起訴法庭相恫嚇。此等狀況必須誠惶誠恐地隱瞞起來，尤爲糟糕。我不獨因這些事打斷了工作，還因要將日間失去的時間，在夜裏補足，於是一種輝煌燦爛的癰瘡又發作了。我知你已經盡你的力所能及，甚至於力所不能及，幫助了我。但是現在必須籌出何種策略。一種借款或任何種撥款可以辦得到麼？』（見昂格思與馬克思書信錄等三卷三五二頁。）

昂格思接到此信，卽時又予以援助，馬氏於十日回信說：『我對於你所給予的迅速的援助和葡萄酒，感謝之至。我深知你的情形，因此使我對你的誅求成爲兩重痛苦。此事自然應當終止，不過要等我親自到歐洲大陸去活動，才能夠辦到。」（見同書同卷三五二頁。）

馬克思於一八六七年三月才將資本論第一卷的稿子整理完竣，當時即報告昂格思，將親自把第二批稿件帶至漢堡付印。（第一批稿件已於一八六六年十一月寄往該處。）昂氏接信甚喜，於四月四日匯款三十五鎊給他作路費和家用等等。他旋即向德國出發，先到漢堡，後因柯格爾曼的招請，轉赴漢諾威，住在柯氏家中。馬克思受柯氏夫婦的款待，極爲周到，後來稱在此盤桓的日子爲他的生活的荒野中一個最美滿最歡樂的時期。他於四月二十日在柯氏家中寫信給昂格思，說柯氏爲著名的醫生，是他們主義的信徒和他們人格的崇拜者。柯氏收集馬昂兩氏的著作比他們自己收集的合計起來，還要齊備些；例如神聖家庭一書當時由柯氏贈給馬克思，又由馬氏轉贈一部給昂格思，這要算是一種趣談了。

馬克思在漢諾威兼料理書稿印刷的事宜。他校閱排印稿件，發見其中有重大的錯誤，又因稿件太多，非短時期所能校完，遂決定仍返倫敦。他在起程之前，於五月七日向昂氏道謝：「沒有你，我永不能完成此書，確實告訴你，你的大好的精力大都爲我的緣故在商業中消滅了，敗壞了，並且還要和我共度那瑣屑痛苦的生活，我的良心深感不安。』（見同書同卷三七六頁。）馬氏旋即囘倫敦，復至曼切司特訪昂氏，面談一切。至八月十六夜間兩點鐘，馬氏才將資本論第一卷的排印稿校完。他當時復向昂氏致謝道：『這一卷完成了。此書所以能夠成功，「是由於你的援助，」我只感謝你一人！沒有你爲我犧牲，我決不能夠從事這種大工作，做成三卷書。我張臂歡迎你，十分感謝你！』（見同書同卷三九二頁。）

馬克思的中年時代是以他的資本論第一卷出版爲止的。我們對於他這個時代家庭的經濟情形及他們夫婦所經的憂患和疾病等等已經大體描寫出來了，現在當進而敍述他們一家人的個性和特質等等。

『馬夫人是馬克思一個最眞實的共同奮鬥者；……她雖出身貴族，跟着丈夫長年感受大困難，窮苦萬狀，然從沒有反悔，不該將她的命運寄託在馬克思的命運上面。她具有一種和悅的活潑精神，及一種料事如神的機智，故容易得到她丈夫的一切熟人，朋友和門徒的大敬仰。「漢訥是一個嚴酷的諷刺家，却怕馬克思的笑嘲；但他對於馬夫人敏銳及溫和的精神，大爲欽仰。馬克思對於他的夫人的智能及批評的見解，甚爲重視，他於一八六六年告訴我，說曾將一切手稿報告夫人，對於她的評判，視爲有重大的價值。」』（見柏爾馬克思傳及其學說六七頁。）這一段話的前半截是出自柏爾之口，後半截是出自拉花爾格之口，雖各不過寥寥數語，然他們已將整個的燕妮表現出來了。

現在再講馬克思的子女。他有子女六人，今依次分述於後。他的長女小燕妮頗像他的模樣，而次女樂娜則像燕妮。關於她們的容貌和學業等等，燕妮在一八六一年三月十一日致維德梅耶夫人的信中描寫得很清楚，今特介紹數節如下：

『小燕妮五月一日滿十七歲。她是一個特別溫柔的女孩子，她的髮黑而豐多，眼睛黑白分明，神彩奕奕，臉色微黑，然却帶有眞正英國人那種鮮艷的顏色。大家望着她那桃形臉上可愛的和悅的笑容已忘却她那不甚美觀的短鼻了，她的牙齒整潔，言語周到，只要一開口，大家更樂不可支。

樂娜在去年九月滿十五歲，她也許比姊姊要美麗一點，整齊一點，她倆眞正可算是並駕她恰和〔小〕燕妮一樣高，一樣苗條，一樣溫柔，却更發揚，更蕭灑，更透徹。

她的臉的上部可以稱爲美麗，髮鬈曲而帶栗色，眼碧綠儼同電光，放出歡樂無疆的火花，腦部位置勻稱雅觀。但腦的下部不甚整齊，並沒有充分發育出來。她們姊妹倆顯出一種自然鮮豔的顏色，沒有輕浮的舉動，我時常悄悄地覺得奇怪，我做她們的母親，知道她倆幼年穿上緣邊的時髦服裝，沒有輕浮的舉動，更覺得奇怪。

她們，學校中時常獲得第一等獎。她們的英文是完全出乎自然的，法文也知道很多。對於意大利文能看懂丹第（Dante)的著作，就是西班牙文也讀一點；只有德文，很覺困難，我雖費盡氣力，時常強迫教她們一點鐘，然她們不服從正當的命令，我的權力和她們的敬畏都沒有很大的裨益。燕妮具有繪畫的特別才能，她的五彩畫就是我們房中最好的裝飾品。樂娜對於繪畫很不經心，我們已經懲罰她，把繪畫的教課取消了。在另一方面，她對於風琴的練習，十分勤勉，和姊姊同唱德文及英文的二八曲，實在令人心暢神怡。可惜女孩子們對於音樂功課，學得很遲，大約一年半以前才開始學習。因此花費金錢，是我們的力量所不能及的；我們也沒有風琴，現在的風琴是租來的，並且是一種劣等器具。』（見新時代雜誌第二十五年度二卷一八三至一八四頁，墨爾林：馬克思與昂格思傳的新材料。）

馬克思的兒子名亞德高，資質聰穎，最爲馬氏夫婦所鍾愛。不幸此子身體素弱，馬氏因受金錢壓迫，不能予弱子以適當的滋養，至一八五五年四月六日，此可愛的九齡童子遂夭折了！他於三月三十日兒子病篤之際，曾寫信給昂格思說：『我的妻子自一星期以來，因受精神上的刺激，病得十分厲害，爲前此所未有。我自己雖自然必須維持常態，然我的心竅流血，腦袋發炎了。此子在病中沒有一刻不顯出他那固有的善良和獨立的性格。』（見昂格思與馬克思書信錄第二卷七一頁。）至四月六日馬氏復報告昂格思，說兒子死在他的懷中，使他非常傷痛。同月十二日他復在致昂氏的信中說：『我的親愛的兒子是家中生氣勃勃的靈魂，自他死後，家中自然是完全荒涼了。此子怎樣處處使我們失意痛惜，不是言語所能形容的。我已經受過一切痛苦，但現在才知道什麼是一種眞正的不幸。我覺得自己破收不謊。幸而自我的兒子入土一日以後，我得着一種極劇的頭痛病，因此我的思想，聽覺和視覺都已痲木了。』（見同書同卷七二頁。）

馬克思夫婦對於愛子的早殤，雖逾歲月，傷悼之情仍是有觸即發。馬克思於同年七月二十八日寫信給拉塞爾說：『巴科（Baco）說眞正重要的人物對於自然及世界有很多的關係，有很多利害相關的對象，他們對於每種喪失是容易忘懷的。我不在這種重要人物之列。我的兒子的夭折使我心中悲痛，肝腸寸斷，至今對於這種喪失的感覺，和在第一日一樣深切。我的可憐的妻子也完全痛倒了。』（見拉塞爾書信與著作第三卷一〇一頁。）燕妮於一八六一年五月五日致書拉氏，提及她的兒子，他說：『這種傷痛永不能醫好，永不能治癒——因爲這種傷痕是無法醫治的——這種傷痛是在最深的靜默的心中，他永遠是活現的，永遠是流血的!!』（見同書同卷三六〇頁。）

馬克思的第二個兒子（行四）名基多，（Guido）是一八四九年十一月出生的。燕妮懷孕時，正在反革命勢盛，放逐黨人之際，她跟着馬氏由德而法而英，奔波勞苦，不可名狀，初到倫敦時，家境復非常艱窘，母子的營養不良。因此，此子出生後，卽體弱多病。延至異年十一月十九日遂爾夭折。馬克思於是日報告昂格思說：『今天十點鐘，我們小伏格思(Foxchen)死了。他時常患痙攣症，他的死卽是突然因此而起。幾分鐘以前他還笑着玩着。此事的出現完全非意料所及。此處成一種什麼景況，可想而知。……你如果高興，請寫信安慰我的妻子。她完全陷於一種精神錯亂的狀態中。』（見昂格思與馬克思書信錄第一卷一二三頁。）昂格思自然是致書安慰燕妮一番。馬氏於二十三日復對他說：『你的信已經使我的妻子舒暢許多了。她陷於一種眞正危險的刺激和疲憊中。她用自己的乳喂養此孩，在最困難的情形中，因最大的犧牲，換得此子的生命。因此便想到此可憐的小孩是生活困苦中的一個犧牲。』（見同書同卷同頁。）

馬克思的第三個女兒（行五）佛蘭集思卡(Franzisha)是一八五一年三月生的，至一八五二年復活節後，也夭亡了。燕妮的日記記載此事說：『一八五二年的復活節，我們可憐的小佛蘭集思卡患一種很重的氣管枝鬱熱症。這可憐的小孩子三日以來，與死相鬥。她受苦殊甚。她的小屍體放在後房中，我們都在前房徘徊着，到了夜間，卽躺在地上。三個活孩子和我們在一起，向着傍邊這個冷了的小天使號哭。這個可愛的孩子死在我們最窮苦的時期。一般德國朋友無力幫助我們。昂格思自在倫敦找文字工作沒有成功後，必須在很不適意的條件之下，到曼切司特他吃親的廠中去做書記；瓊斯在此時來訪，並且允予以援助，但畢竟也無能為力。……近鄰住着一位法國亡命客，不久之前，曾來訪問我們，我於心神慌亂之中，跑到他那裏〔去求助〕。他以最大友誼的同情，卽刻給我英金兩鎊。因此才得付清小棺材的錢，我的可憐的小孩子才得安然長眠在裏面。她出世之後，沒有搖牀，就是後來她的小睡所也久不復用了。當她被搬出去的時侯，我們是怎樣悲慘地跟着到她的長眠地去！』（見新時代雜誌第二十五年度二卷一〇二頁，墨爾林：馬克思與昂格思傳的新材料。）

馬克思的第四個女兒（行六）伊利安樂是一八五六年一月出生的。燕妮生此女時，年逾四十，母體既弱，女孩自然也不強壯。幸馬家聽醫生的忠告，盡用牛乳喂養她一直至十餘歲，並且愛護備至，故不致隨三個兄姊而早殤。燕妮在一八六一年三月十一日致維德梅耶夫人的信中說：『當可憐的親愛的亞德高捨棄我們的時侯，此女孩恰恰出世，從前大家對於小弟弟的憐愛，現在都移在這位小妹妹的身上，兩個大女孩子差不多是用小母親一般的小心去看護她的。世間也幾乎沒有一個這樣可愛的小孩子，她像圖畫一般的美麗，並且天眞爛漫，還帶一種滑稽的性格。她所表現的特別長處是她那可愛的學語和述事。她從那些晝夜相伴的兄弟們處學得淘氣。我們當無聊的時候，都讀小說，但是在小羅姆白爾替慈（Rumpelstilzchen）中，或在居洛塞爾巴特王（König Drosselbart）中，或在小白雪（Schueewittchen）中，倘若脫落一個音節，那就糟了。她除掉學得英文——這種話隨在都是的——外，因這種小說又學得德文，她說德文特別合乎規矩法度。她是卡爾的眞寶貝，她的一言一笑要解去卡爾許多憂愁。』（見同書同卷一八四頁。）

伊利安樂因幼年調養得宜，身體非常強壯，且有男性的風格，『馬克思以爲他的夫人生出她來，是個女孩，那是把性別弄錯了。』（見同書第九年度一卷三八頁，拉花爾格回憶馬克思。）她小時好與年長的男孩子鬥格，卡斯天說大家要稱她爲『野雄蜂』（見同書第十六年度二卷一一八頁，卡氏伊利安樂馬克思。Eleanor Marx）才對。她幼時不肯入學校，然樂從父親處讀書，習沙士比亞戲劇，至九歲時卽能背誦長篇戲曲。當美國南北戰爭時，她寫信給林肯；未幾且綽號『中國皇帝』，她的確是一種不羈之才，故極爲馬氏夫婦所鍾愛。

此外，還有蘭欣是應當列入馬氏家人中的。她生於一八二三年一月，年不滿十歲，卽到威斯特華倫家任看護小孩之職。馬克思結婚後，她隨燕妮到馬家服務，極爲忠誠，並終身不復易主。燕妮在一八六一年三月十一日的信中告訴維德梅耶夫人說：『關於管理家務，我的旁邊還站着一個蘭欣，她是我們忠實的老伴侶，處事十分精細謹愼。你可向你的親愛的夫君打聽她的情形；你的夫君將告訴你，我是何等珍愛蘭欣啊。她和我們共患難甘苦歷十七年了。』（見新時代雜誌第二十五年度二卷一八五頁，墨爾林：馬克思與昂格思傳的新材料。）

蘭欣非常愛護馬家，拉花爾格說她『對於馬克思家庭的愛簡直是盲目的；凡馬氏家人所做的事都是好的，不能有別個樣子；誰批評馬克思，就要和她起交涉。無論何人，一經列入馬家信任的範圍內，她卽予以母親一般的護衛。她能得到馬克思全家的歡心。』（見新時代雜誌第九年度一卷三九頁。）

可是蘭欣在馬家並不像尋常的使女一樣，完全處於被指揮的地位，她是具有發號施令之權的。李卜克內西告訴我們說：『蘭欣實行一種專政——爲確切表明這種關係起見，我可以說：蘭欣在家中握着專政權，馬夫人握着統治權。至於馬克思則伏處在這種專政之下，和一隻山羊一樣。俗語說：沒有一個人在他的侍從之前是個偉人。馬氏在蘭欣之前，的確完全不是一個偉人。蘭欣要是遇着必要和可能的時候，必犧牲自己，必爲馬克思，馬夫人和每個孩子捨棄她的生命至千百次而不辭，並且已經捨棄她的生命了，但是馬氏要想命令她，則不可能。她曉得馬氏的脾氣和弱點，能夠制服他。馬克思容易發脾氣，所以人人都不願意惹他，可是當他咆哮之時，蘭欣一走入獅子欄中，只要說幾句話，那獅子便馴服如山羊了。」（見李氏馬克思紀念册六九頁。）

蘭欣對於馬家的關係既如此深切，而馬家全家人待她也正同家人骨肉一樣。馬克思夫婦在未死之前都表示願和蘭欣合葬在一起，迨蘭欣病故，（一八九〇年十一月，）眞正同葬在馬氏夫婦墓場中，她的姓名也一同刊在他們的墓碑上。後來樂娜和伊利安樂都囑咐李卜克內西於作馬克思紀念册時，不要忘記蘭欣。由此足以表見馬氏一家人對待她是十分優厚了。

馬克思家人的狀況我們已經講完了，現在將進而敍述他對於他們的感情。從前夫列閣里斯（Fregolis）說上帝將馬氏的心取去了，上帝給予他的，只是一種理解力；泰却夫（Tech-ow）說他是有識無心，有恨情無愛情；巴爾加可夫（Bulgakoff）也曾發生一種疑問，在他這種怪物的心中，是否含有愛和同情的元素；而圖間巴蘭洛夫斯基（Tngan-Baranowski）則以爲他將人類精神高尙的運動導入一種智識的盲目狀態中，在他的心中，幾乎沒有對被壓迫者表同情的餘地。（參看一九一三年的新時代雜誌第一卷八五四頁。）這些話都是確定馬氏不知愛情，友誼，同情和慈愛爲何物。但我們一經考查他對於燕妮的態度，（參看本書第一册第一篇第三章）並翻閱他對於同志和朋友的書信，（特別是對於昂格思的書信，）便知道他決不是一個缺乏愛情和友誼的人；一經回憶他對於無產階級和被壓迫民族所表現的熱忱，對於被難同志的盡力救濟，便知道他決不是一個缺乏同情的人；一經觀察他對於兒女的關係，更知道他是一個極富於慈愛的人。他對於孩子們憐愛備至，從不裝形作色，露出一副什麼嚴父的尊顏，因此孩子們均極愛他。他們把他當做一個共同遊戲伴侶，呼他爲『黑人』，有時令他雙手雙足伏在地上作馬形，任其馳騁。又每逢星期日，他們不准他作工，必須共同出外散步或遊戲，因此他平日晝夜勞苦，也得藉此稍徵休息一下。這不是他富於慈愛的明證麼？

我們再看馬克思的家信，覺得恰和墨爾林所說的一樣，此等信『所表見的，不是那個有天才的思想家，不是那個不可屈服的戰士，而是一個快樂慈愛的人，恰和他住在家庭中一樣。』（見一九〇七年的新時代雜誌第一卷七四頁。）例如一八六九年九月二十五日，他在漢諾威寫信給樂娜說：『我深惜不能在家慶祝我的親愛的如意珠的生日，但老頭子是想念你的。你深深鎖在我的心頭上。從小麥姆（Möhmchen 按此為燕妮親愛的名稱）的信中：……知道你的健康恢復許多了，不勝歡喜。我希望我們可愛的小寶貝也會強健。……我以最誠懇的情意祝全家安寧，對於你和小寶貝接吻一百次。』（見新時代雜誌第二十六年度一卷七七頁。）

馬克思這一封信表見他的心中是充滿了慈愛之情。關於這一點，樂娜也是承認的。她說：『馬克思是人世間所能有的一個最慈愛和最好的父親。他拋棄每種嚴厲的態度，在他的性格中沒有什麼威權的元素。他具有一種高貴的性質和熱烈的心情，這種心情自少年時就特別為人所重。他是剛強不屈的，但我從沒有看見他流於嚴酷或悻悻不樂的態度。就是當他知道自己的工作不復有何種補救希望的時候，對於我們小孩子總是歡悅的，並且常引起我們的快樂。他是我們的伴侶和遊戲的朋友。』

此外，樂娜和小燕妮有一次與馬克思共同遊戲，寫出二十個題目問他，一一獲得答覆。這些答案不獨證明馬氏真正是小孩子們的『伴侶和遊戲的朋友』，並且表見他的性情和嗜好，今特臚列如下：

問	答
你所診視的德行	質樸
你所診視的男子德行	強
你所診視的女子德行	弱
你的主要的特點	目的簡單
你的快樂的觀念	爭鬥
你的痛苦的觀念	屈服
你最原諒的壞處	易受欺騙
你最鄙視的壞處	卑躬屈節
你所厭惡的人物	馬丁塔拍（martin Tupper）
你所中意的職業	做蛀書蟲
詩人	莎士比亞，埃士隙洛士（Aisclylos）哥德

散文家　狄德羅（Diderot）

英雄　斯巴達卡斯，刻卜勒，（Kepler）

女傑　格列與（Gretchen）

花　瑞香（Daphne）

顏色　赤

名字　樂娜，燕妮

食品　魚

你所中意的箴言　凡關於人類的事物我都要知道。

你所中意的標語　對於萬物都懷疑

這個問答表是耶贊諾夫從樂娜手中得來的，耶氏將其發表，題爲馬克思的自白，（Marx' Bekenntnisse）並且加以駐釋，今特介紹其中重要的數節如左：

『起首講一講作這種「自白」的時期。拉花爾格夫人〔即樂娜〕不能對於我作確切的報告。但是關於名字的答案已經使我們可以斷定此事約在一八六〇年代的初葉，當時第三個女兒伊利安樂年紀尚小，不能懂得這全部遊戲。有些答案顯然只是字面的遊戲。例如馬克思指瑞香爲他所愛的花，指魚爲他所愛的食品之類。

第三個問題的答案發出一種委婉的譏諷之聲。馬克思經過困苦的爭鬥，他的夫人也傍着他勇往直前。他們命運上重大的打擊，四〔「四」字恐係「三」字之誤〕個兒女的死亡，在一九五〇年代初葉所受之悽慘困頓中的犧牲——凡此種種，馬夫人是以一種眞正「丈夫的」氣概經歷過來的。她在亡命之中不容易經受這種內部的爭鬥。馬克思對於她雖將那最壞的情形隱瞞着，然她所受的煩惱也就夠了。佛格特事件打擊她特別厲害。她經過這些困苦，不能不發牢騷，訴苦情，她是很「弱」了。

質樸是馬克思重視到極處的，在實際上這就是他的性質中的特點。他所鄙視的東西莫過於裝飾，優伶模樣和治容自炫。李卜克內西說：「在我所認識的上中下三等人中，馬克思是不愛華美的最少數人中之一。他很偉大，很剛強，並且很豪壯，所以不要做這椿事。他從來不裝飾，時常是本色的樣子。」科瓦列夫斯基（Kowalewski）教授在他的紀念册中他說馬克思和他所認識的其他大人物不同之點是「從不浮華」。

馬夫人也是一樣質樸的。科瓦列夫斯基說，「我很少遇見一個婦人在她的家中接待人客，像馬夫人一樣和藹的，任何個人很少〔像馬夫人一樣〕在質樸之中保持那法國人所稱爲『一個堂堂婦女』之態度的。」馬克思於他的夫人死後兩星期寫信給燕妮說：「我從國籍不同，職業不同的遠近人士所接到的弔唁書信，都充滿珍視小婆姆眞實精神和深爲感動的話，在此等大概只是照例的弔帖中，這是何等稀有的事。」我可以說，她的一切舉動是自然的，眞實的，無偏頗的，不矯揉造作的。因此這種印象對於第三者十分深切著明。」

馬克思所厭惡的東西莫過於私人生活中和政治中的卑諂。他不是持嚴厲主義的人，也不是德道的宣傳家，然他在這一方面却很固執。他對於每種對當權者的卑諂，特別痛恨。他在琴刻爾辯護詞的批評中抨擊卑諂，對於石衞茨對畢士馬克的態度，排斥卑諂。他稱贊那種使盧梭不與當權者作僞調和之簡單的道德標準，不是無緣無故的。世間有一種對於所謂「輿論」，對於英國所謂「門面話」（Cant）讓步的卑諂，馬克思對於這種形態的卑諂也是鐵面無情攻擊的。他以爲——和他有一次在資本論中所說的一樣——宣布這種無品節的刑罰是他的義務。李卜克內西說得對：「馬克思最鄙視所謂允孚衆望。」他從不關心於目前的效果。　他從不要求公衆的讚賞。　學問上的詐僞和政治上的調和是同出一源，同爲他所抨擊。

馬克思所中意的標語是對於萬物都懷疑，只有這一點似乎和他孜孜汲汲力求知識與探討眞理是自相矛盾的。　然這不是一種尋常的懷疑主義——這種懷疑主義是爲着懷疑的緣故而懷疑——意旨中的懷疑。　馬氏的懷疑是對着那種包含眞實事件的外表而發的。　他對於宇宙，政治，和社會外表的懷疑是每種批評的研究之開端。　科學的任務是在暴露這種外表，是在將剖解的利刃插入各處，藉以發見藏在表面現象底下不可見和須經考查而得的主要東西，這種東西卽支配實在的事實。　在資本主義的社會中，自由，平等和正義似乎是很有力量的，然自己却不要爲他的外表所炫惑。　馬克思借着這種懷疑——有了這種懷疑，便沒有什麽東西是十分神聖而不可將其外表揭開——做武器，把資產階級社會中的大祕密揭穿了，將商品的神祕發見了，至於這種神祕是使生產的人類變成他們自己所造的物品的奴隸。」（一九一三年的新時代雜誌一卷。）

我們統觀馬克思的書信，樂娜的宣言，他對於女兒的答案，以及耶贊諾夫的註釋，便知道他並不是一個沒有心肝的怪物，而是一個剛毅果敢的戰士，一個鐵面無情的批評家，一個慈愛無匹的父親，一個和藹可親的主人。李卜克內西當馬氏入土時，在他的墓前演說，說他的爲人，愛與恨俱大，但他的恨是由他的愛中發生出來的。李氏的話要算是他的蓋棺定論了。

關於馬克思在中年時代的私人生活已略如上所述，現在將進而敍述他在此時代後期的公共生活，不過要達到這個目的，當自國際黨的歷史講起。

第六章　國際黨的崛起

『各國的無產者聯合攏來啊！』這是共產黨宣言最後一句話。此書方才出版，法國的二月革命卽爆發了。風聲所播，徧及於歐洲中西各部。各國的無產者都次第驚醒，正待互相聯合。然以無組織，無訓練，並無一定目標的無產階級初登歷史舞台，能力旣屬薄弱，措施尤難適當，所以不旋踵卽被勝利的資產階級的反動勢力驅得煙消雲散。自此以後，許多年中，各國的無產者處處受資產階級政府的壓迫，甚至於不復敢在國內作公然合法的結合，更談不到國際的聯合。不過自反革命勝利後，歐洲各先進國的產業發達，大有一日千里之勢，資本家的財富日增，而無產者的困苦却不曾減輕一點。此外，又有一八五七年的商業危機，一八五九年的政治危機，（意大利戰爭，）和一八六〇年的美國南北戰爭，無不直接間接驚動他們，使他們不得不放棄向來對於政治的冷淡態度，急謀國內和國際的結合，藉以自衛。

法國拿破崙第三標榜民族主義，參與意大利戰爭，藉圖一己的私利，這是我們曾經說過的。 他對於此次戰爭的結果，不能大享所欲；然他的野心勃勃，目光四射，忽然俯首看見了國內的工人，要想藉他們作爲富國的工具。 英國係資本主義的策源地，他的工業發達，技術進步，爲歐洲各國之冠。 法國工人擬選派代表，參觀一八六二年五月第三次的倫敦國際博覽會，(The Internatonal Exhibition of London) 藉此增進智識，並和英國工人聯絡感情。 拿破崙第三以爲工人的技能一經增進，則法國的工業必發達，國家的財富必增加，於是對於他們的舉動特別加以鼓勵。 當時的工人本沒有集會結社之權，然他爲着此事，特許他們聯合攏來，選舉代表。 他對於代表予以金錢的帮助，同時國內各財主又捐助大批款項，而一般有名的報紙尤熱心鼓吹，因此三百四十個工人代表（由巴黎選送的共有三百人，）遂得渡海直趨倫敦。

法國工人代表團蒞英，備受英國工人的歡迎。 英國工聯的會員於八月五日開茶話會款待他們，雙方表示極誠懇的友誼，並提議在倫敦和巴黎各組織一個通信委員會，藉謀增進兩國工人的勞動利益。 當時的主席雖宣佈應避去足以引起忿怒的任何政治上的諷刺，而會中雖奢談改善工人地位的唯一方法是在工人與雇主間的互相了解，然這一次會不能不算作國際黨的胚胎。

至一八六三年，法國工人代表團復越海來英。是年年初波蘭發生叛亂，拿破崙第三又想乘機取利，很希望國內工人對於西歐各強國干涉波蘭一事，表示同情。然法國工人代表在英參與七月二十二日的波蘭問題大會，竟進一步反對拿氏的政策，而與英國工人取一致的行動。至二十三日，倫敦工聯會（London Trades Council）復代表倫敦的工人開會歡迎法國代表，並議決選舉一個委員會，用英國工人的名義，起草一封致法國工人的書信。歷時三月餘，此信才草成，復由十一月十日的大會批准。

信中首先感謝法國工人贊助波蘭問題的盛意，繼則接受他們國際結合的提議。『我們響應你們對於各國人民作一種友誼結合的呼聲，藉以阻止現今權力的濫用。法蘭西，意大利，德意志，波蘭，英格蘭，和其他一切願意為人類幸福而合作的國家的代表當集合起來。我們要開會議，討論關於民族和平的各大問題。』（見德文馬克思與昂格思叢刊第一卷一七二頁。——Marx-Engels Archiv Frankfurt A. M.）

『各國人民友誼的結合對於勞動非常重要，因爲當我們企圖假手於減少勞動時間或增加勞動價格去改善自己的社會狀况時，便看見雇主以招致工資低廉的法蘭西人，德意志人，比利時人和其他國人相恫嚇；不幸此事已經出現，雖非起於大陸的兄弟們有意陷害我們，却是由於各國的工業階級間缺乏一種有系統的常規交通，我們希望這種交通迅速成立，因爲我們的主義是在使報酬微小的人的工資能夠接近報酬較優的人的工資水平線，不令雇主得操縱我們，去適合他們貪婪的契約。』（見同書同卷同頁。）

至於各國的元首愈不可靠。如對於羅馬共和國的破壞，對於瑞士自由政府惡意的企圖，對於墨西哥無理的干涉，都是一些顯例。『除掉這些罪惡之外，還有我們的統治者在可恥的形態中，激起一種對中國的殘酷戰爭，起初與帝制派戰，現在與叛變者戰，我們相信我們的事業是十分明白，即此等罪惡如不由人民聯合的呼聲加以抗議，就會產生將來的變亂。』（見同書同卷一七三頁。）

『再說「友愛」。我們對於凡希望和平，自由，產業發達，和全世界人類幸福的人都須有充分的了解。……雙方第一次聯合的努力是在波蘭的自由……我們必須用請願的方法阻止祕密外交的陰謀。』（見同書同卷同頁。）

這封信引起巴黎工人很大的同情，他們於是復募集款項，選派代表，到英國進行聯合的計畫。因此遂有一八六四年九月二十八日倫敦聖馬丁大廳（Saint Martin's Hall）的英，法，德，意，波蘭等國的工人代表大會出現。大會的主席是倫敦大學經濟學教授畢士烈。（E. S. Beesly）他在演說詞中首先追述英法兩國工人往來交涉的經過，說明兩國密切結合的必要，並宣布各國政府的強暴行爲，和蹂躪國際法權，而英國政府卽使不比歐洲大陸各強國的政府更壞，至少也是一樣的壞，如他在直布羅陀（Gidraltar）違法建築堡壘，以及在中國，日本，印度等處的行動都是卑鄙和放縱的。畢氏於是要求與會的人當拋棄那些隱藏在愛國主義名義底下自私自利的感情，而固守自己良心上所許可的原則。

此次大會於各國代表演說並討論波蘭問題之後，由英國代表惠勒（Wleeler）提出一個議案，就是『本會於聽了法蘭西同志對於我們演說的答詞以後，特再表示歡迎，他們的綱領旣在替勞動團體謀利益，卽認爲一個國際協會的基礎；茲特舉出一個委員會——此會具有增加委員的權力——起草這樣一個協會的規章』。（見同書同卷一九八頁。）這種提案經過各代表熱烈的贊助後，即被通過，所舉的委員共三十二人，而『馬克思博士』却列在最後。（參看同書同卷一九九頁。）

新選的委員會於十月五日開第一次會，並增加委員的人數至五十名，即德人十名，法人九名，意大利人六名，瑞士人兩名，波蘭人兩名，餘則盡爲英人。當時徵集款項只獲得英金三鎊，國際黨初期的財政要算是極微小了。

國際黨係應時勢的要求而產生，爲各國工人共同意志的表現，不是任何個人獨力創造出來的。然國際黨雖不是任何個人一手一足之力所創造，却是由一個人提攜出來的；他的主義是這個人學說的結晶，他的計畫是這個人策略的表現。此人就是三十二個委員中最後一名的『馬克思博士』。

在國際黨創設之初，有一派人說馬克思是佔極重要的位置，又有一派人完全否認他曾經參與其間。其實這都不是事實。今特徵引他於一八六四年十一月四日致昂格思的信數節於下，以明眞相，兼藉此表現當時經過的詳細情形。

『一八六四年九月二十八日聖馬丁大廳的公共大會是由阿德格（Odger係一個鞋匠，爲倫敦工聯會會長和工聯選舉煽動會會長，……）和格列墨（Cremer，係一個泥水匠，爲泥水工聯祕書）召集的。……　事前有一位列保伯（Le Bubez）被派遣到我這裏來，問我是否替德國工人參與此會，是否願舉一個德國工人到會演說等等。　我舉出亞卡利阿斯，他的成績很好，我並在講台上緘口不言地予以幫助。　倫敦和巴黎方面這一次是代表實在的一勢力」，我平常所定的規則本爲謝絕如此等類的招請，但爲着這種實在勢力的緣故，特決定拋棄原有的規則。

與會的人數擁擠得水塞不通。（工人階級的復興現在顯然開始了。）……會中議決創設一個國際黨，他的總委員會設在倫敦，而德，意，法，英等國應組織工會。　又議決於一八六五年在比利時召集工人大會。　並推舉臨時委員，阿德格，格列墨，和其他人等多名被推爲英國委員，他們內中有一部分是老民權黨人，有一部分是老渦文派人，陸軍少佐哇爾夫，（Major Wolff）豐坦那，（Fontana）等被推爲意國委員，列保伯等被推爲法國委員，亞卡利阿斯和我被推爲德國委員。……

事務的進行至今還很順利。委員會開第一次會，我曾出席。當時推舉一個分委員會，

（我也在內，）起草主義的宣言和臨時條規。我因抱病不能出席分委員會和以後所開的總委員會。我沒有到場的兩次會議——分委員會和總委員會——所發生的事件如下：陸軍少佐哇爾夫將意大利工會（此等工會具有一種集中的組織，但就後來所表現的講，大概是一些互助社，）的章程應用於新國際黨。我後來看見這種東西。這顯然是馬志尼（Mazzini）的計畫，你當預先知道，實在的工人問題是用何種精神及語法表現出來的。民族的歷史是怎樣夾在中間的。此外，有一個老渦文主義者威士頓（Weston）——他自己現在是一個製造家，是一個很和藹正直的人——草就一種綱領，內中充滿了雜亂無章和難以言語形容的冗長文字。

隨後所開的總委員會委託分委員會改訂威士頓的綱領和哇爾夫的章程。……當分委員會開會時，我因得到通知太遲，又沒有出席。列保伯提議，「一種主義的宣言」和哇爾夫的章程的改訂，當由分委員會決定向總委員會作為提案。總委員會於十月十八日開會。亞卡利阿斯寫信告我，時不可失，我於是出席，當我聽見那位好好先生列保伯宣讀一種詞句艱澀，文筆拙劣，和文體完全不清順的序言——他妄稱這是一種主義的宣言——之際，眞正令人害怕，內中亂七八糟，有馬志尼的成分，並雜着一些法國的社會主義。此外，意大利的章程也完全被採納，拋開這種章程其他缺點不講，他的目的是在歐洲工人階級的一種中央集權組織，（自然有馬志尼站在背後，）在事實上這完全達不到目的。我作一種溫和的反對，亞卡利阿斯於長時間的演說後，提議分委員會對於原稿應從新修改。反之，列保伯宣言中所含的「意見」是由投票表决的。

過了兩天是十月二十日，格列墨，豐坦那和列保伯在我的家中集會。（威士頓因事不能來。）我當時還沒有獲得哇爾夫和列保伯的稿件，因此不能有所準備；但堅决地認定只要辦得到，連一單行也不從此等稿件中採取出來。我爲節省時間起見，提議在「修改」序言之前，當對於條規，加以討論。此事卽如議進行。等到四十條條規討論完畢，已是夜間一點鐘了。……

我以爲要從那些稿件中取點材料是不可能的。我打算在一種最特別的方法中修飾這種曾經「投票表决的意見」，爲證明此方法正當起見，特草就一種對工人階級的「開幕」詞；（這不在原定計畫之列，）這是一八四五年以來工人階級命運的一種回顧；我藉口於這種「開幕」

詞所包含的全係事實，並無須將同一事件說至三次，遂將全部序言改變了，將主義的宣言拋棄了，後來又將十餘條條規去代替那四十條條規。……我的提議都爲分委員會所採納。不過我在序言中必須用「權利」「義務」兩個名詞，及「眞實，道德和公正」等語，然安置倘屬適當，不足爲病。當總委員會開會時，大家以很大的熱忱，一致採納我的〔開幕〕詞等等。」

（見昂格思與馬克思書信錄第三卷一八八至一九一頁。）

上面的信表現馬克思是參加了九月二十八日聖馬丁大廳的國際黨創設大會，但沒有取得領導權。後來起草宣言和章程，他設計打消哇爾夫，威士頓和列保伯的三種草案，而提出自己的開幕詞和章程，使之通過，這便是他領導國際黨的起點。特別是他打消哇爾夫所代表的馬志尼的計畫爲世界無產階級的一大幸事。因爲馬志尼是一個愛國主義者，他亡命倫敦，在英國工人階級中雖負有盛名，然却不懂工人運動。他對於階級爭鬥不獨不願與聞，並且深惡痛絕，他爲着創造少年意大利，曾組織一種密祕機關，集中權力，從事於陰謀詭計的勾當。國際黨倘若採用他這種性質的計畫，難免不變成一個陰謀詭計的祕密結社，而喪失國際政黨的資格。關於此事，我們用不着多說，現在當進而考究馬克思開幕詞的內容。

國際黨開幕詞可分爲兩部分，第一部分是講一八四八年至一八六四年工人階級顚連困苦的情形，第二部分是講工人階級在此時期內努力奮鬥的好成績。

開幕詞的起首一段說：『在一八四八年至一八六四年之間，工業的發達和商業的興盛，雖無與比倫，然工人階級的困苦並沒有減輕，這是一樁很重要的事實。』（見考茨基校的馬克思國際黨開幕詞一八頁，一九二二年出版。）

在一方面，馬克思引用英國藍皮書中的統計來證明這樁事實：『當絞刑的恐怖達到一種高度時，貴族院派一個調查委員會去考察放逐和役刑。於是一八六三年的厚藍皮書中表現一種實在的情形，並由正式的數目和事實予以證明，就是，一般罪大惡極的犯人以及英格蘭和蘇格蘭的囚徒比較這兩處的農業工人，在工作上要少得多，在營養上要好得多。然壞的狀況還不止此。當美國的內亂把蘭卡州和支州（Cheshire）的工廠工人投在廠外之際，貴族院派一個醫生到工業區域去調查，爲「免除饑餓病」起見，價格最低廉和形態最簡單的炭素及窒素的最小量，平均需要幾何。全權醫生斯密士（Smith）堅稱每星期二萬八千格蘭炭素，和一千三百三十格蘭窒素恰恰足以使一個通常的成人……超出饑餓病的水平線，並發見那些爲極大的窮困所壓迫的棉業工人不充分的營養料大約尙足和這種分量相符。但是現在注意啊！這個有學識的醫生後來又被樞密院委任去調查工人階級最貧苦的部分中的營養情形。……他所發見的是什麽呢？織綢工人，女裁縫，製手套工人，織襪工人和其他工人平均從沒有獲得那些棉業工人養命所必需的糧食，從沒有獲得那「恰足免除饑餓病」所必需的最小量的炭素和窒素。我們由官場的報告引證出來，「此外又足表明在被調查的農業人口家庭中，有五分之一以上的家庭所得的炭素營養料少於估定的最小量，而三個伯爵區域（八克州——Berkshire 牛津州——Oxfordshire 和索美塞得州——Somersetshire）中全地方的平均食品表現窒素的分量不充足。」這種官場報告又說「大家必須注意，營養料的缺乏，要用猛烈的抵抗才忍受得住，並且照常例講，人們要已有別種大缺乏，才肯決心把食物減至不能充饑。……因此，就是清潔也將視爲消耗和勞神的，人們如爲自重起見，力求保持清潔，這種努力又足以增加饑餓的痛苦。這是一種痛苦的感想，當大家念及此處所說的貧窮並非懶惰的結果，到處都爲勞動各層的貧窮時，尤覺得這是一種痛苦的感想。在大多數地方，這種獲取生活必需品不充分的勞動在實際上是無限地蔓延起來了。」這種報告還含有一種意想不到的特別事實，就是，「在聯合王國的四部」—英格蘭，威爾士，蘇格蘭，和愛爾蘭中，最富足的地方爲英格蘭，而此處農業人口「是營養最壞的」，卽八克州，牛津州和索美塞得州的農業人口比倫敦東部大部分有技能的家庭工作人的營養還要好一點。』（見同書一九至二一頁。）

在另一方面，馬克思引用英國財政大臣葛拉德士吞（Gladstone）在衆議院關於預算的演說來證明工人階級的困苦情形說，『那位財政大臣看見「國家財富的進步」和統計的數目在他的眼前躍跳起來，便目炫耳熱，喜不自勝，於是叫道，「自一八四二年至一八五二年本國賦稅的收入增加百分之六，在一八五三年至一八六一年這八年之間，以一八五三年的基礎做出發點，賦稅的收入增加至百分之二十。這樁事實令人驚訝，幾乎不能相信。」葛拉德士吞又說：「這種富力和勢力的暴增限於資產階級。」』（見同書二一頁。）

馬克思說自一八四八年至一八六四年工人階級的痛苦沒有減輕，是就歐洲各先進國的工人狀況講的，而他所舉的例子却只限於英國，這是什麼緣故呢？『因爲英國站在歐洲工商業的頂點上。大家會記着，幾個月以前，路易菲力普的被放逐的兒子中有一個公然慶祝英國的農業工人，說他的地位比海峽彼岸不幸的同類要好得多。在實際上，英國的事實在大陸各工業先進國中，只是在一種稍微變相的地方色彩和小規模中重演一遍。在這些國內，自一八四八年以來，都有一種空前的工業發展，及意想不到的輸出與輸入的增加。在這些國內，「富力和勢力的暴增」都「只限於資產階級」。』（見同書二四頁。）

馬克思旣指出工人階級的痛苦爲當時歐洲各工業先進國的普遍現象，復申明這種現象不會因技術的進步和工商業的發達等等而有所改善。『工人階級中的大部分人到處都陷入極深的痛苦中，此事至少是由各上層階級在社會上地位升高的比較而成立的。現在各國已有一椿千眞萬確的事，凡不懷成見的人都可以證明出來，只有那些以虛僞希望欺蒙別人的人才否認此事，就是，凡機器的日增完善，科學的應用於生產，交通機關的改良，新殖民地的佔取，人民的移植，新市場的開闢，自由貿易的擴充，甚至於這些事件一齊並舉，也不足以除去勞動羣衆的痛苦；反之，在現今虛僞的基礎上，勞動生產力每種新的發達必定使社會的等差日甚，社會的對抗日形劇烈。』（見同書二四至二五頁。）

工人階級雖如此顚連困苦，但有覺悟的分子再接再厲地努力奮鬥，也獲得相當的效果。

『在一八四八年革命以後的時期中，也有他的光明的方面。我們在此處只要指出兩樁大事。英國工人階級於三十年的堅決爭鬥之後，利用地主與金錢貴族間暫時的分裂，得通過十點鐘的法案。工廠工人從這種法案所得到體質的，道德的和精神的利益，在工廠監察員每半年的報告中可以看出來，此等利益已爲各方面所認識了。歐洲大陸最大多數的政府必須在多少改變的形態中，採取英國的工廠法，而英國的國會自身對於此法的效用範圍也不得不於每年予以擴充。除掉這種勞動法實際的重要外，他的驚人的成功還有一種較高的意義。資產階級已經由攸爾博士，息尼爾教授，和這一類的哲人在他的最著名的科學機關中作出預言，並充分證明，對於勞動時間每種法律的限制，必定是替英國的產業撞喪鐘，這種產業像吸血鬼一樣，要吸人血，尤其是要吸小孩子的血才能生存。……這種對法定勞動時間的爭鬥——除掉驚駭萬狀的貪慾不計外——在事實上一轉入構成資產階級經濟學的供求律的盲目統治與構成工人階級經濟學的社會生產——這種生產是受社會的明識遠見支配的——間的大對抗，便愈加劇烈了。因此十點鐘法案不僅是一種實際上的大結果；並且是一種原則上的勝利。資產階級的經濟學第一次在光天化日之中屈服在無產階級的經濟學之下。』

（見同書二六至二七頁。）

『勞動的經濟學對於資本的經濟學尚有一種更大的勝利。我們講協作運動，尤其是講協作工廠，那種機關是一些勇於作爲的人毫無帮助，建立起來的。這種社會大實驗的價值不能看得很高。工人已經不用議論，而用事實證明：(一)大規模的生產輔以近世科學的進步，無須有一個雇用工人階級的主人階級的存在，而自能進行；(二)爲求得效果起見，勞動工具用不着由人壟斷，作爲支配和掠奪工人的手段；(三)工資勞動和奴隸勞動一樣，只是一種過渡的和劣等的社會形態，在協作勞動之前一定會消滅，至於協作勞動的工作是由手足舞蹈，精神愉快，和心意歡暢做出來的。……』（見同書二七至二八頁。）

馬克思雖承認協作勞動高於工資勞動，而後者必屈服於前者，然同時又看出協作勞動在資本主義制度底下很難發展。所以他說：『一八四八年至一八六四年這個時期的經驗確切證明，協作勞動在原則上是何等優美，在實行上是何等有用，但當他限於孤立的工人偶然試行的小團體之際，决沒有力量去和那由幾何級數的速度膨漲起來的壟斷事業相抗，决不能解放羣衆，並不能稍微減輕他們痛苦的增加。一般思想高貴的貴族和資產階級博愛的詞令家及斂於事業的經濟學者所以對於協作制度忽然巧言反對，所以徒然力求絕其萌芽，──因爲他們嘲笑他是夢囈者的烏託邦，或斥爲社會主義者的邪說──或者就是基於上面的理由。　爲解放勞動羣衆起見，協作制度必須發達到普及全國的程度，終必藉國家的財力予以推行。　不過一般地主和資本家時常運用他們的政治特權去保護並延長自己的壟斷事業。　他們不獨不進行勞動的解放事業，還要將每種力能辦到的障礙物放在這條路上。』(見同書二八至二九頁。)

地主和資本家既將運用他們的政治勢力去破壞工人階級的協作事業，那麼，後者對於自身的解放運動應當怎樣着手呢？　『現在工人階級的大義務是奪取政權。　他們似乎已經了解這一點，因爲在英，法，德，意等國同時表現一種工人階級復興的運動，並且同時發生一種工黨政治改組的企圖。　工人們據有一種成功的元素：就是人數衆多。　不過要有一種組織去結合羣衆，要有知識去領導羣衆；他們才有力量。』(見同書二九頁。)

馬克思認工人階級解放的出發點是奪取政權，而其預備工夫是受組織的訓練和知識的領導，同時又申明這種組織不單限於國內，還當從國際着眼，所以他就歸結到國際黨的組織上去了。　『各國的工人間應有一種友誼的結合以相激勵，使他們在一切解放爭鬪中得彼此牢牢固固地站在一起，過去的經驗已經指明，忽略了這種友誼的結合，將受散漫無紀的努力爭鬥一齊挫折的懲罰。　各國工人爲這種認識所驅策，因於一八六四年九月二十八日聖馬丁大廳的大會有國際黨的創設。』（見同書同頁。）

馬氏既注重無產階級的國際結合，最後就勉勵他們爲外交政策的緣故，和自己的政府奮鬥。『各國工人階級的解放須有友誼的一致行動，然〔各國政府的〕外交政策具有惡毒的目的，和民族的成見，並且在搶刼的戰爭中，損害人民的生命財產，試問有了這種外交政策，他們怎能達到這種大目的呢？　阻止西歐不爲大西洋彼岸保持並發展奴隸制而演一種不名譽戰爭的，不是出於各統治階級的智能，而是由於英國工人階級英勇的反抗。　歐洲各上層階級對於俄國克服高加索山要塞時加於勇敢的波蘭的大屠殺，表示一種無恥的讚賞，或一種僞同情，或一種愚蠢的冷淡態度；這種野蠻勢力——這種勢力的頭在聖彼得堡，他的手足在歐洲每一個宮廷中——所演的令人毫無抵抗而忍受的巨大侵略行爲，已經明示工人階級以自己的義務所在，就是搜索國際政策的祕密，監視政府的外交行動，當必要時，應用力所能及的一切方法去反抗政府，但是當他們處於無能爲力，不能制勝政府的地位時，當卽刻聯合作反抗政府的示威運動，而以那種規正私人關係的簡單的道德律和權利律作爲國際交涉的無上法律。這種對外交政策的爭鬥是包括在工人階級解放的總爭鬭中間的。 各國的無產者聯合攏來啊！』（見同書二九至三〇頁。）

國際黨開幕詞末尾這句話和共產黨宣言的末尾一句話是相同的。 我們把這兩部書比較一下，便覺得他們的精神完全相同，主張始終一致，而其價值自然兩兩相等，因此他們眞是後先相映了！ 可是我們細心一讀馬克思這兩種著作，又覺得開幕詞的語氣不及共產黨宣言那樣激烈，這是什麼緣故？ 馬氏於一八六四年十一月四日寫信給昂格思說：『將我們的見解在一種形態中表現出來，使適合於現今工人運動的觀點，要做到這一着却是椿難事。……這種復興的運動能允許使用舊時勇敢的語句，尙需時日。 在事實上是強硬的，在形態上是溫和的，這一着最關緊要。』（見昂格思與馬克思書信錄第三卷一九一頁。） 馬氏這幾句話表明開幕詞的語句較共產黨宣言爲溫和，完全是由於適應當時的環境，他自己並沒有因此改變向來革命的主張。

那位自命爲正宗派馬克思主義者的考茨基不懂得這一點，（也許是不願意懂得這一點，）

對於開幕詞斷章取義，形成一種似是而非的曲說。　他說：『開幕詞在根本部分全與共產黨宣言一致，但開幕詞却又表見一副完全不同的面目。　共產黨宣言宣傳「用武力推翻一切現存的社會制度」和「取消私有財產」；稱無產階級的爭鬥為一種「多少隱藏起來的內亂」。開幕詞讚美保護工人的立法，和生產協作社的創設。　現今共產黨人中一個嚴厲的批評家容易證明馬克思在共產黨宣言至國際黨開幕詞這個時期中，已經捨棄他的革命的觀點而流於改良主義。　在實際上把開幕詞和共產黨宣言比較一下，便足證明革命與改良對於馬克思主義並不是絕對的對抗。　馬克思主義是一種階級爭鬥的哲學。　這種爭鬥在當時取那一種形態，或為革命的，或為改良的，均以歷史的局勢為轉移。』（見國際黨開幕詞考氏序言一一至一一二頁。）

考茨基從前是一個口頭革命者，在最近十餘年來，已經變成一個純粹的改良家，同時又不願意拋棄馬克思主義的招牌，所以他解釋馬氏的學說，不得不牽強附會，藉便私圖。　他上面一段話半吞半吐，故設疑陣，令人莫測其真意所在。　然細心剖解起來，他不外是要說：革命與改良在馬克思主義中是並肩而立的，共產黨宣言主張革命，國際黨開幕詞主張改良，是因歷史的局勢不同的緣故。這種曲說如果成立，則一切機會主義者都可藉口於歷史局勢的不同，實行改良主義，而同時又得自附於馬克思主義者之列。這正是第二國際領袖們的勾當，也是西歐各國中的一種勢力，因此我們不能不停在此處，多說幾句。

我們首先要問革命是什麼，改良又是什麼？當考茨基還是一個口頭革命者時，曾經說過：『當那些向來在政治上和經濟上支配社會的階級，力求推行社會中法律與政治這些上層建築物適合於曾經改變的經濟狀況的方法時，這些方法就是改良；即使這不是由自由意志推行，而是出於被治階級的逼迫，或環境的勢力所促成，也還是改良。反之，一個向來在政治上和經濟上受壓迫的階級現在已經奪取政權，爲自己的利益起見，必須利用這種政權或遲或速地變革全部政治和法律這些上層建築物，並創造社會協作的新體制，當改革的方法是由這個階級出發時，這些方法就是一種革命的表現。』(見考氏社會革命第三版八至九頁。Die Soziale Revolution）『由一個向來受壓迫的階級奪取政權——即政治革命——這是狹義的社會革命中一種和社會改良相對抗的主要的標幟。凡在原則上不承認政治革命爲社會改革的方法而願意將這種改革限於統治階級所要求的方法的人，就是一個社會改良家，他的社會的理想也可以常和現社會的體制相反。反之，凡力求使一個向來受壓迫的階級奪取政權的人，就是一個革命家。』（見同書九頁。）考茨基對於革命與改良，革命家與改良家的區別是適當的。革命與改良係從兩個利害絕對相反的階級出發，因此也是絕對對抗的。但不知道他用什麽邏輯推論到這兩種東西『對於馬克思主義並不是絕對的對抗』？

我們現在再進而考究共產黨宣言與國際黨開幕詞有沒有原則上不相同之點，可以爲考茨基強作區別的口實。我們將兩書各讀萬遍，除掉發見他們的語句有激烈溫和之別外，實找不出原則上相異之點。共產黨宣言中說：『工人革命中的第一步是無產階級升爲統治階級。』國際黨開幕詞中說：『現在工人階級的大義務是奪取政權。』此外，兩書雖尚有其他千言萬語，然內中的總樞紐却只在先從政治革命着手這一點。現在要問考茨基，無產階級升爲統治階級與工人階級奪取政權，是不是同義的語句？現在還要問考茨基，無產階級升爲統治階級與工人階級奪取政權，是不是一種政治並社會革命？我想，他如果尚是一個有理性的人，總不會答出一個『不』字來。既是這樣，他何以要說開幕詞比共產黨宣言具有一副『完全不同的面目』呢？再明白些說，他何以認共產黨宣言是主張革命，而國際黨開幕詞只是意在改良呢？

是啊！考茨基不是明明白白說，『共產黨宣言宣傳「用武力推翻一切現存的社會制度」，和「取消私有財產」，』而『國際黨開幕詞讚美保護工人的立法和生產協作社的創設』麼？這就是他認共產黨宣言主張革命國際黨開幕詞意在改良的唯一有力的證據。可是考茨基卻忘記了，所謂『用武力推翻一切現存的社會制度』和『取消私有財產』，都是無產階級奪取政權後應有的舉動，宣言中將此等事明白說出來，固足見其詳盡，然開幕詞沒有將此等事明白說出來，也並不形其疎漏。因爲工人階級奪取政權既是一種社會主義的革命，那麼，難道考茨基以爲馬克思在開幕詞中是要工人階級於奪取政權後用武力保持一切現存的社會制度和私有財產麼？至於考氏認馬克思讚美保護工人的立法和生產協作社的創設爲馬氏意在改良一事，尤屬殽混黑白，自欺欺人。因爲『讚美』與『主張』完全是兩樁事，凡馬氏所讚美的事不一定是他所主張的事，這是應當注意的。他因一八四八年至一八六四年之間，歐洲的工人階級顚連困苦，異地皆然，而英國的工人竟能於此時促成十點鐘勞動法案的通過，又能不恃絲毫憑藉，創設生產協作社，表現自己做事的能力，他們既具有這種強毅的奮鬥精神，他自然要加以讚美。可是除掉十點鐘工作制已成法案不易推翻外，生產協作社是容易爲資產階級所阻擾；所以他勸告工人，與其疲精費神，枝枝節節去剷除協作運動的障礙，不如從大處着眼，從根本上下手，先推翻資產階級，奪取政權，然後從事建設。現在要問考茨基何以把馬氏讚美工人階級的話，當做他的主張，何以對於他的眞正的主張略去不提？他既沒有說，『工人階級的大義務是推廣生產協作社，不是奪取政權，』現在要問考茨基何以硬認開幕詞是意在改良？

我們知道馬克思主義是革命的，不是改良的，（有時自然也可以應用改良的手段去達到革命的目的，但絕對不以改良爲目標。）馬克思看見英國工人從事於改良運動，恐怕他們誤入歧途，所以於讚美他們的行動之後，特指出生產協作社在資本主義制度底下的無能爲力，勉勵他們去從事政治爭鬥，奪取政權。這是馬氏對於改良運動因勢利導使變成革命運動的苦心，也是每個革命家應有的策略。可是考茨基不管這一點，故意將馬氏幾句讚美的話鄭重地提出來，想藉此使馬克思主義帶一種改良的色彩，考氏的喪心病狂，眞是達於極點！列寧說：考茨基自歐戰開始以後，在口頭上是馬克思主義者，在事實上却是資產階級的走卒。

（見列甯無產階級專政與背叛師說的考茨基德文譯本第三頁。Die Diktatur des Proletariats und der Renegat Karl Kautsky）但現在照考氏國際黨開幕詞的序言（此序作於一九二二年，）中厚誣馬克思主義的話看來，他簡直連口頭上馬克思主義者的頭銜都不配承受了！

我們對於國際黨開幕詞的內容已經略加介紹，對於考茨基誣衊開幕詞的曲說也已經嚴詞駁斥，現在且把馬克思替國際黨所草的序言和規條的全文徵引如下：

『工人階級的解放必定是由工人階級自己戰取來的；

工人階級解放的爭鬥不是階級特權和壟斷的爭鬥，而是爲同等的權利和義務的爭鬥，爲着剷除一切階級統治的爭鬥；

工人在經濟上屈服於據有勞動工具——這就是說，生活的泉源——的人之下，構成奴隸他們的一切形態——如社會的痛苦，精神上的悲慘和政治上的倚賴——的基礎；

因此工人階級的經濟解放是一個終極的大目的，而每種政治運動是一種工具，當附屬於這個目的之下；

向來對於這個目的的一切努力，因每一國中各種勞動小團體缺乏聯合，又因各國的工人階級缺乏一種友誼的結合，都受了挫折；

工人階級的解放既不是一種地方事業，也不是一種民族事業，而是一種包括一切國家——指有近世社會存在的國家——的社會事業，這種事業的解決有賴於最進步的國家實際上和理論上的共同協作；

現在歐洲各工業國中重新發生的工人階級運動喚起許多新希望，同時他對於再蹈舊錯誤的覆轍一事，提出嚴重的警告，並且對於各種尚形散漫的運動，促其卽時結合一氣；

國際黨是因上面所陳述的理由而創設的。

國際黨宣布：

凡屬於本黨的一切團體和個人承認眞實，公正及道德爲他們相互間和對於一切人類的行爲標準，而沒有種族，宗教，及國籍的區別。（本黨認每個人的義務不獨是替自己要求人權和公民權，並且還要爲每個履行義務的人要求人權和公民權。）世間應沒有盡義務而不享權利的事，也應沒有享權利而不盡義務的事。

以下的規條是在這種精神中產生出來的。

第一條　現在的本黨是爲恢復各國現有的工人團體間結合的中心和有計畫的共同合作而設，至於這些工人團體是趨向同一的目標，即趨向工人階級的保護，進步和完全解放。

第二條　本黨定名爲國際黨。〔按此係依譯述界通常所用的名稱，若照原文字面譯出，則當稱爲國際工人協會。〕

第三條　本黨每年召集工人大會一次，這種會議是由本黨的支部代表組成的。大會宣布工人階級所應有的共同努力，採取使本黨成功的動作必需的手段，並任命總委員會。

第四條　大會規定下屆會議集合的日期和地點。凡與會的代表在一定的日期和地點自行集合，無須特別招請。總會於緊急時得變更集會的地點，但不得延擱開會的日期。每次大會規定每年總會的駐在地，並任命總會的委員。這樣產生的總會有增加委員之權。大會於每年開會時收受總會一種陳述週年成績的公開報告。總會遇有緊急事件，得於每年規定的〔開會〕期間之前召集大會。

第五條　總會是由加入本黨的各國工人組成的。在總會內設辦理事務所必需的職位，如會計，總祕書和各國通信祕書等等。

第六條　總會在本黨各全國和地方團體之間爲國際的樞紐，因此一國的工人得時常接到關於其他各國中同階級運動的報告；一種關於歐洲各國社會狀況的調查得在公共指導之下，同時着手實行，凡一個團體所提出的公共利益的問題，其他一切團體都可採納，當緊急之際，——例如國際糾紛之類——各國互相聯絡的團體可以同時一致取一種卽刻的和實在的步驟。

總會在每個適當的時機中，採用向各國全國或地方團體提出議案的發議權。

總會爲便利自身和各支部的交通起見，公佈定期的報告。

第七條　在一方面每一國中工人運動的成功旣只能藉一致聯合的勢力才能穩固，而在他方面，本黨總會的效能又大概限於和各國工人團體的全國中央機關交涉，而不是和一大批地方散漫的小團體交涉，因此本黨的黨員應竭全力將自己國內散漫的工人團體聯成全國的團體，由全國的中央機關代表一切。

本條的運用自然是以每一國中特別規程爲根據，除掉規程上的阻礙外，自然沒有一個獨立的地方團體致被拒絕，不能直接和總會通消息。

第八條　每個支部有任命和總會通信的祕書之權。

第九條　凡承認並擁護本黨原則的人得為本黨黨員。　每個支部對於所收的黨員，須負黨員品格清潔的責任。

第十條　凡本黨黨員由一國遷至他國居住，應受有黨籍關係的工人友誼的扶助。

第十一條　凡加入本黨的各工人團體雖聯成一種友誼合作的永久同盟，仍得保持他們現有的組織，安全無損。

第十二條　現在的規條只須每年大會出席代表三分之二的同意，得加以修改。

第十三條　凡本規條所未盡的事宜將由特別法規補充之，此項法規可由每次大會修改之。」（見國際黨開幕詞三一至三四頁。）

我們細看馬克思所草的序言和規條，就知道這是和開幕詞一貫的。　開幕詞叫各國的無產者聯合攏來，共同作階級爭鬥，上面的序言即指出他們的解放是要由自己努力爭取，上面的規條即規定他們聯合的方法。　規條上一方面予總會以統率和指揮各國支部之權，使他得統籌全局，措置裕如，不致毫無實權，形同虛設；在他方面，又使各國加入國際黨的工人團體得保持自己獨立的組織，使他們對自己地位上的特別任務得自由活動，盡力進行，不致受總會的肘掣，一籌莫展，這種雙方兼顧的計畫眞是國情不同和黨派各異的國際結合所不可少的。

然馬克思的國際黨開幕詞指出工人階級的大義務是在奪取政權，而他所手訂的規條却沒有明白規定出來，因此波士德格特斥這種規條爲平庸，說規條『缺乏色彩，在實際上使後來的巴枯寧主義者得極力主張國際黨不鼓吹政治行動。』（見波氏工人的國際黨二三頁，一九二〇年出版。The Workers' International.）波氏的話驟然看來，似乎很有理由，但我們一按國際黨創設時歐洲各國工人運動的實在狀况，便知道他不足以語論世知人了。因爲在當時歐洲各國中，最有組織和最有成績的工人運動莫過於英國的工聯，可是這種工聯却不注意於政治行動。次則爲法國的工人運動，一般所謂有覺悟的工人大概傾向蒲魯東，因此反對政治行動。其次則爲德國的工人運動，德國有組織的工人可分爲兩派，一爲舒爾慈代立池所統率，這一派反對政治行動，一爲拉塞爾所統率，這一派也只注意於改良運動的政治行動。 其他如比利時，意大利，西班牙等國先進的工人也大半是些蒲魯東主義者。 如果國際黨的規條把奪取政權一句話明白規定出來，這些國中的工人團體未必肯加入，於是國際黨便和前此的共產黨一樣，只是一班亡命客所結合的團體，只是一個沒有軍隊的參謀部。 馬克思在共產黨宣言上說過，『共產黨人是到處盡力謀各民主主義黨派的團結和一致。』 他此時的目的仍在使各國的無產階級密切結合攏來，厚蓄實力，預備爭鬥，所以國際黨的規條不能不以寬大能容納一切民主主義的黨派為主旨。 關於這點，昂格思後來也明白說出來了。『他〔指國際黨〕的目標是把歐美爭鬥的工人階級全體組成一個大軍團。 因此他不能從共產黨宣言所含的根本原則出發。 他的綱領對於英國的工聯，法，比，意，西等國的蒲魯東主義者，以及德國的拉塞爾派，必須不拒之於門牆之外。』（見共產黨宣言二三頁。）既有這種原因，所以國際黨的規條就不能不『平庸』了。

國際黨的總會設在倫敦，所有會長，會計和祕書長等要職均須由英人擔任。 總會成立未幾，即有一樁可紀的事，就是一八六四年十二月賀林肯（Lincoln）再當選為美國大總統的公文。 這種公文係由馬克思起草，內中的措詞與通常民主主義的庸詞濫調迥不相同。 公文的起首一段是：『先生以大多數票再當選〔爲大總統〕，我們謹以至誠祝賀美國人民。當先生第一次當選時，那明達的口號旣是：「對奴隸制的反抗，」所以先生第二次當選時，那凱旋的戰聲便是：「奴隸制的滅亡。」歐洲的工人自偉大的美利堅戰爭開始時卽從本能上覺得他們一階級的命運是注定在星旗上面。』（見斯巴哥馬克思的生平及其事業德文本二五九至二六〇頁。）

公文的第三段進而論及美國的白種工人如對於黑人尙存歧視之心，便不足以語同階級的解放。『當工人——他們是北美眞正的政治勢力——尙讓奴隸制去汚穢自己的共和國時，當他們在那些被強制販賣的黑人面前矜誇白種工人享有最大的特權，得〔自由〕出賣勞動並參加選舉時，他們不會獲得勞動的眞正自由，也不會對於歐洲同胞的解放戰爭予以援助；然這種阻礙進步的界限已經被內亂中的鮮血蕩除了。』（見同書二六〇至二六一頁。）

公文末尾一段便祝林肯担負無產階級和被壓迫人種解放事業的責任：『歐洲工人具有一種確定的感想，就是美國的獨立戰爭旣爲中等階級開闢一個飛黃騰達的新時代，美國的釋奴戰爭必爲工人階級開闢一個飛黃騰達的〔新〕時代。他們看出將來的莊嚴局面是，藉一種高尙無匹的爭鬥，解放被役使的人種，並且重創一種社會事業去領導國家——這種任務是落在工人階級豪俠的兒子林肯大總統的肩上。』（見同書二六一頁。）

林肯雖係工人階級的兒子，然爲大總統時却是資產階級最賢明的代表，國際黨總會所以祝賀他，無非是因襲博愛民主社和國際委員會（International Committee）的政策，藉此吸引廣大羣衆的注意力，擴大自己的宣傳。馬克思執筆時對于他自然不懷什麼幻想，不過利用美國的狀況，在應酬文字中作進一步的鞭策，使出身低下的林氏不能無動于中。所以他的覆文十分誠懇，馬氏稱之爲『此老非照例應酬的唯一答詞』（見昂格思與馬克思書信錄三卷二一三頁），而倫敦各報于一八六五年二月先後登出，都驚訝不置。是年四月十四日林肯被南方各州的刺客暗殺，馬氏復替總會草就弔詞送往美國，用意正與前此的賀文相同。

馬克思在總會所任的職務雖不過是一個祕書，然在實際上却居領導的地位，因此所耗的時間和精力實在不少。他於一八六五年三月十三日寫信給昂格思說：『近來癰瘡遷延不癒，並極爲煩勞，例如昨夜至四點鐘才上床睡覺。除掉我的著書工作外，國際黨耗費我的時間很多，因爲在實際上我是事業的領導者。耗費多少時間啊！（現在又正辦法國人的事件和選擧事件等等。）』（見同書同卷二四四頁。）

所謂法國人的事件就是巴黎的黨員互相爭執，總會屢次開會討論補救方法，結果議決五條辦法，通告巴黎方面。　至於選擧事件是指英國的選擧改革運動，這是由總會領導的。馬克思於是年五月一日報告昂格思說：『選擧改革同盟會是我們的工作。　在那十二個人（六個中等階級的人，六個工人）的委員會中，所有工人都是總會的委員。（亞卡利阿斯也在內。）　我們對於中等階級的人一切引誘工人階級誤入迷途的企圖，已經予以挫折。　此次在各省區的運動完全以倫敦爲轉移。……　英國工人階級政治運動這種電氣的感應一經成功，我們國際黨沒有何種騷擾，對於歐洲工人階級所做的事業已經多於在任何方法中所能辦到的了。』　見同書同卷二五二頁。）

馬克思對於國際黨不獨在事業方面予以指導，並且在學說上加以糾正。　總會的委員威士頓木匠係渦文派的信徒，他在總會提出兩個問題，並在國際黨的機關報蜂窩（The Beehive）週刊上繼續加以擁護，就是：（一）工資率的增加對於工人沒有益處；（二）各工聯爲增加工資而活動，是有損無益。　他所持的理由是：工資爲商品價值的標準，資本家今天所付的工資如果是五先令而非四先令，則明日（因需要增加的結果）所售出的商品也爲五先令而非四先令。威氏此說頗爲當時一部分人所信仰，有一個英國人且秉承他的意旨，草成一種小册子。馬克思認這種見解只是說明一種現象的外表，在理論上是謬誤的，在實行上是危險的。此說如果獲得總會多人的承認，對於當時英國的工聯運動和歐洲大陸蓬蓬勃勃的同盟罷工，都會發生不好的影響。他遂於六月二十六日在總會演講價值價格及利潤，（Value, Price and Profit）力闢威氏之說，並且闡明工資，價格及利潤等律，藉以表現資本主義生產中全部齒輪機的圖形。他的結論是：『第一、工資率普遍上升的結果是一般利潤率的下降，廣泛地說，不致影響於商品的價格。第二、資本主義生產的普遍傾向不是平均的標準工資上升，而是〔這種工資〕下降。第三、各工聯作爲抵抗資本侵略的中心點是有效力的。他們有時因運用自己的勢力不知審愼，遂遭失敗。就大體講，這種失敗是由於只對現制度所產生的效果作一種小戰爭，而不知同時努力去改變現制度，並運用他們有組織的勢力作爲工人階級最終解放的槓桿，這就是說，作爲剷除工資制度的槓桿。』（見馬氏價值價格及利潤一二七至一二八頁，芝加哥——Chicago——出版。）

國際黨在一八六五年還有一樁可紀的大事，就是從九月二十五日至二十九日所舉行的預備會。按照前一年預定的計畫，本年應在比京開代表大會，卽巴黎，瑞士以及倫敦一部分人也竭力催促實行在該處開會。但馬克思力排衆議，主張變更開會地點，並將大會改爲各執行委員會的代表預備會，其理由有三：『一、各執行委員會有預先互相了解的必要。二、因法蘭西的同盟罷工，英格蘭的選舉改革運動和工人博覽會，使黨的宣傳發生障礙。三、比利時新近通過的取締外人律使不律塞不能作爲國際工人的開會地點。』（見昂格思與馬克思書信錄第三卷二六八頁。）他的主張卒被採納。

參與這一次預備會的，有英，法，德，比，意，西，波蘭和瑞士等國的代表。總會所派的代表爲會長阿德格，祕書長格列墨，馬克思，亞卡利阿斯，楊恩（此兩人爲馬氏的主要助手，）等等。會中所討論的問題爲：國際黨的組織，工人組織的聯絡，工聯的過去及其將來，協作勞動，婦女勞動，兒童勞動，直接稅和間接稅，工作時間的減少，常備軍及於工人階級的影響，俄羅斯侵略歐洲的預防，和波蘭的復興等等。以上諸問題，除波蘭的復興一事爲比，法等國代表所反對，稍有爭執外，餘均一致同意通過了。此外法國代表又另提一種議案，要求列入議事日程，就是：宗教的觀念及其對於社會運動，政治運動，和精神運動的影響。此等代表多爲蒲魯東主義者，都反對宗教，故有此提案。

馬克思也反對宗教，會在黑格爾法律哲學的批評一文中宣布：『宗教是人民的鴉片。』『馬克思這種原則是馬克思主義對於宗教問題全部世界觀的要點。馬克思主義視現今一切宗教和教會以及一切宗教的組織爲資產階級的反動工具，這是用作保護掠奪並麻醉工人階級的。』（見德文列甯選刊二七五至二七六頁，一九二五年柏林出版。N. Leuin, Ausgewählte Werke.）可是馬氏在一八六五年論蒲魯東的一篇文字中，譏笑蒲氏用空話反對宗教，說『大彼得以野蠻去征服俄羅斯的野蠻，蒲魯東也拚命用言詞去推倒法蘭西的言詞。』（見馬氏哲學的貧窮前面附錄三三頁。）此外，昂格思在一八七四年斥倫敦布浪葵主義者向宗教宣戰爲愚行，在一八七七年對於杜靈格要禁止社會主義社會中的宗教，也加以同樣嚴厲的批評。這是什麼緣故呢？因爲自馬昂兩氏看來，宗教在民衆中所以能佔勢力，自有其社會的基礎，並不像一般無政府主義者和其他人等所想像的一樣，是純由於人民的無知識。在資本主義的社會中，小有產者和勞動羣衆時而破產，時而失業，時而疾病，時而死亡，時而危機出現，時而戰爭踵至，——凡此種種，都非他們的力量所能阻止，不能不使他們有所畏懼，有所恐怖；而這種畏懼，這種恐怖就產生了神，就是近世宗教的社會基礎。馬昂兩氏以為直接向宗教宣戰，不獨是捨本逐末，並且還會得到一種反響，使宗教的勢力愈加鞏固起來，（恰和一八七〇年代畢士馬克用警察去反對天主教，愈使後者得勢一樣，）所以要掃除宗教在民衆中的勢力，必須反抗資本的統治——即宗教的社會基礎——因此對於宗教的戰爭應附在階級爭鬥之下。大家明白這一點，即可以推測倫敦會議中法國代表提出關於宗教的議案，不會為馬克思所贊成。然馬氏為免除紛爭起見，當時提議將這種議案留給下屆大會解決，雖為英國代表豪厄爾（G. H. Howell）等所反對，但畢竟通過了。

豪厄爾於一八七二年寫信給莫禮遜，（W. Morrison）說倫敦會議因馬克思提出宗教問題，安下爭鬥的種子。後來的著作家時常以此為根據，歸咎馬氏。波士德格特在一九二〇年所著的工人的國際黨猶引用他的話說：『「爭鬥的種子之一，在第一次會議中即安下了——就是馬克思博士引入宗教的觀念一個問題。從此時起，一切討論即流於對各種宗教的，政治的和社會主義的抽象意見，作無限的爭辯。」』（見工人的國際黨二三至二四頁。）

一個人的訛傳竟成爲馬克思的罪案，出言者固不能辭不忠實的責任，而作史者也難免取材不愼之譏了。

我們對於國際黨和馬克思在一八六五年活動的概要已經說完了，現在當進而敍述一八六六年日內瓦的代表大會。馬氏因爲要趕緊完成資本論，沒有赴會。他於是年八月寫信給柯格爾曼說：『我雖爲日內瓦會議預備文件，費去許多時間，却不能前往與會，也不願意前往，因爲我的著作不能再間斷。我以爲藉這種著作對於工人階級盡力之處，比親自出席一個會議所貢獻的，當重要得多。』（見馬克思與柯格爾曼書一九頁。）

國際黨的日內瓦大會從是年九月三日起至八日止，歐洲各國的工人代表出席的共有六十人，內中四十六人是由國際黨各國支部選派的，其餘十四人則係各工聯和教育團體所選派，前者爲正式黨員，後者爲表同情的同志。此次大會因總會的提案而提出討論並付表决的事件爲：國際黨的規條和組織，國際勞動統計的編制；關於標準工作日，限制兒童勞動，推行合理的學校教育，協作社，工聯，直接稅，間接稅，抵制專制的俄羅斯，復興民主主義的波蘭和常備軍等等的議案。這種提案是由馬克思起草的。他在兩年前所草的規條，會中稍加修改，卽予通過，至於他的國際黨開幕詞未經何種討論，卽爲會中所認可。茲將此次大會四個重要的議決案介紹如左：

『一、標準工作日

限制工作日是提高工人階級地位和解放工人階級的努力一種不可少的先決條件，如缺乏這種條件，則每種這樣的努力必定要遭遇失敗。

爲謀工人階級的健康和體質的堅強起見——這就是說，爲恢復一國大多數羣衆的健康和體質的堅強起見，爲使他們發展較高的智識，從事社交，與社會的和政治的活動起見，——必須要求限制工作日。

我們提議將八點鐘的勞動作爲工作日的法定限制。美國工人曾經一致提出這種要求。本會議決將此作爲全世界工人普遍的要求。

歐洲大陸的同志對於工廠立法方面既沒有長久的經驗，卽當注意，如果八個勞動鐘點的工作日沒有規定，則每種勞動時間法定的限制不會成功，一定爲資本所破壞。時間的長短必須由八個勞動鐘點和因飲食而停頓的時刻規定出來。例如計算這種停頓爲一點鐘，則工作日法定的時間規定爲九點鐘，假定從早晨七點鐘起至下午四點鐘止，或從早晨八點鐘起至下午五點鐘止等類。

夜間工作只限於由法律特別許可的職業，只能規定爲例外。這種條規只適用於成年的男女工人。尤嚴格禁止女工做一切夜工，和每種有傷她們廉恥的工作，或損害身體的工作，或足以發生損害影響的工作。

我們所指的成年人是年齡達到或超過十八歲的。

二、兒童勞動

近世工業的傾向將兩性的兒童和青年招致在社會生產的工作中，使之共同勞動，在資本的支配底下實現這種傾向的方法雖可憎惡，然我們却認這是一種進步的，健全的和正當的傾向。

在每種合理的社會狀況中，每個兒童從九歲起，不加區別，當爲一個生產的工人；這就恰和成年人不當自外於自然的普遍律一樣，就是，爲着生存飮食起見當作工，而作工不僅止於用腦，還當用手。

然我們現在只涉及工人階級的兒童。我們以爲必須將兩性的兒童和青年分爲三級，分別待遇。第一級包含年齡自九歲至十二歲的兒童，第二級包含年齡自十三歲至十五歲的兒童，第三級則爲年齡十六、七歲的青年男女。我們提議第一級的兒童在任何工廠或家庭勞動中，每日工作時間在法律上當限定爲兩點鐘，第二級當限定爲四點鐘，第三級當限定爲六點鐘。而第三級工作時間至少必須有一點鐘的間斷，以便進飮食和休息。

兒童的初等教育固然當從九歲前着手，但現今社會生產制度的傾向是使工人降爲一種蓄積資本的機械，使爲窮困所迫的父母，變成出賣自己兒女的奴隸販子，因此我們目前所取的手段只限於矯正這種傾向所絕對必需的。兒童和青年的權利必須予以保障。他們還不能夠照顧自己。因此代他們請命是社會的義務。

中等階級和上等階級如果忽略了對於子孫的義務，這是他們自己的過錯。一個兒童一經享受此等階級的特權，就墮落在他們的成見之中而難於自拔。

至於工人階級情形便不相同。單個的工人並不是一個自由人。在許多地方，他不懂得兒童的眞正利益，或人類發達的道德觀。然工人中最開明的部分却完全了解他的階級的將來以及人類的將來全在後代的教育上面。他知道，在現制度壓迫的影響之下，尤其要保護兒童和青年工人。要把社會的理性變爲社會的勢力，——這就是說，在某種狀況之下，不借助於其他方法，惟借助於普通法律，借助於國家法律的勢力——此事才能實現。工人階級在貫徹這種法律時，沒有使統治權鞏於鞏固。反之，他使現今宰制他的勢力轉供自己的驅策。凡他由一卅孤立的和個人的努力爭鬥而不可得的事物都可藉一種普通法律達到目的。

我們從這種觀點出發，認社會只能在一種條件之下，允許父母與企業家利用兒童和青年的勞動，就是這種生產的勞動當和教育結合在一起。我們所謂教育是指以下三項：

第一：精神教育。

第二：身體的訓諫，如在體育學校或經軍事操演所給予的訓練一樣。

第三：技術教育，這是授予一切生產進程中普通知識的基礎，同時並使兒童和青年得了解一切勞動部門簡單工具的實際應用和操作。

從九歲至十七歲的兒童和青年旣分爲三級，則精神的，體育的及技術的教育當有一種循序漸進的課程與之相適應。

技術學校費用的一部分當由出售校中的生產物彌補之。有償的生產勞動與精神教育，身體訓練及技術教育結合攏來，將使工人階級的上進，遠過於上等和中等階級。

九歲至十七歲的童工對於夜間工作以及損害健康的職業工作，自然必須加以嚴格的禁止。

三、協作社

國際黨的任務是使工人階級各種自發的運動互相結合，並日趨普遍與一致，而不是對於此等運動強加以任何固執教義的體制。因此本會並不宣布一種協作方法的特別制度，只在說明幾種普遍的原則：

（甲）我們承認協作運動是改變建築在階級對抗的現社會的原動力之一種。這種運動的大功績就在從實際上指明現今資本宰制勞動的貧窮和專制的制度是可以被自由平等的生產者謀公衆福利的共和協作制推倒的。

（乙）協作運動如陷於各工資勞動者聯合形成的萎縮的發展形態時，便不能改變資本主義的社會。社會的生產要轉變爲一種自由協作的和諧大制度，須有社會普遍的變化，須有社會普遍條件的變化，如不使社會有組織的勢力——卽政權——從資本家和地主的手中轉入勞動者的手中，這種變化是永不能實現的。

（丙）我們贊成工人在着手於消費協作社之時，先從事於生產協作社。消費協作社只涉及現今經濟制度的表面，而生產協作社則攻入現今經濟制度的基礎。

（丁）我們贊成一切協作社將他們總收入的一部分作爲一種基金，以便藉實例和文字之力——換言之，就是藉理論和實際指導之力——將他們推廣建設新協作工廠的基本原則傳播出來。

（戊）爲防止協作社墮落爲資產階級通常的股分公司起見，凡在協作社服務的工人，無論其爲股東與否，都應享有相等的分子。〔按考茨基的註釋，「相等的分子」一語在法文本中作「相等的工資」。〕這旣只是一種暫時的權宜之計，我們願意承認股東得領取低額的利息。

四、工聯

（甲）工聯的過去資本是集中的社會勢力，而工人只能支配自己的勞動。因此資本與勞動間的契約永不能建築在公道的條件上面，一個社會使一方面據有物質的生活資料和生產工具，使他方面僅有活的生產力，在這個社會中是不會有公道的。

工人方面唯一的社會勢力是他們的羣衆。然羣衆的勢力將因不一致而被破壞。工人的分離係因自己內部不可免的競爭而產生和延長的。工聯的起原最初是由於工人力求除去——至少也是力求減少——這種競爭而取得〔較優〕契約條件的自然努力，至少使自己得超過奴隸的地位。

因此工聯最近的目的限於日常的緊急事件，限於抵抗資本繼續進攻的防禦方法，總說一句，即限於工資和工作時間的問題。這種活動不僅正當，而且是必需的。現在的生產方法一日存在，即不能拋棄這種活動。反之必須藉各國工聯的創設和結合而使之普遍起來。

在另一方面，各工聯於不知不覺之間已經成爲工人階級組織的焦點，恰和中古時代市府及公社爲資產階級組織的焦點一樣。在資本和勞動的日常小戰爭中，固不可缺少工聯，然把他作爲取消工資勞動制度的有組織的推進方法，更爲重要。

（乙）工聯的現在　各工聯向來心目中的唯一事件是抵抗資本的地方爭鬥和直接爭鬥。他們對於運用自己的力量去攻擊工資奴隸制度和現今的生產方法一事，還沒有充分了解。因此不肯參加一般的社會運動和政治運動。然在最近的時期中，他們對於自己重大的歷史使命似乎已有一點覺悟，此事可以從他們在英國參加最近的政治運動，在美國認定較高的職務觀，和在設斐爾德（Sheffield）新近所開的工聯主義者代表大會下列的議決案看出來：

「本會極重視國際黨使各國工人結合成爲一個休戚相關的團體的努力，竭誠推薦出席於本會的各工聯加入國際黨，並相信他是整個工人階級的進步和福利所必需的。」

（丙）工聯的將來　各工聯除掉原來的目的不計外，此時必須明白覺悟，成爲工人階級組織的焦點，以謀工人階級的完全解放。對於向這個目標前進的每種社會和政治運動，必須予以援助。他們既自視爲整個工人階級的先驅戰士和代表，並且依照此旨實行做去，必能引導外面的人加入組織。他們必須注意謀工人階級中報酬最壞的層次的利益，如農業工人是，這種人的抵抗力已被特別不順利的環境消滅了。他們必須使全世界相信他們的努力決不是淺薄和自利的，而是以解放被壓迫羣衆爲志幟的。」（國際黨開幕詞四二至四八）

頁。）

馬克思這些議案故意只限於勞動運動的着手方法。因爲他根據一八四八年以來的經驗，深知無產階級的解放運動，首在有組織有訓練，庶幾一旦革命爆發，即可應時作戰，不至坐失事機。協作社和工聯正是當時工人階級中一種方興未艾的運動，他以爲藉這種新出現的運動作爲形成工人階級鞏固組織的樞紐，當能事半功倍，故特以此兩事相號召。然他的協作社一條中說明協作社本身不足以推倒資本主義的社會制度，要達到這種目的，當着眼於奪　資本家和地主手中的政權；他在工聯一條中叫各工聯於原來增薪減時的目的外，當成爲工人階級組織的焦點，以謀整個階級完全的解放。即此可見他的意思還是要藉政治革命去達到經濟解放的目的，這還是和共產黨宣言的主張一樣。因此他心目中的協作運動與拉塞爾的協作運動完全不同，他心目中的工聯運動與英國向來的工聯運動旨趣各異，這是我們應當注意的。

當日內瓦會議之時，法國蒲魯東派的代表提議國際黨只當收納勞力工人，而屏除智識分子，並在黨綱中明白規定宗教問題，但這種提議沒有被通過。他們於討論國際互助時，復本蒲魯東主義的意旨，力言同盟罷工的危險，主張工人組織生產協作社，使勞動的工資得因此變成勞動的收入。　此外又提議由國際黨組織一個中央銀行，藉謀工人的解放。　總之，他們所代表的觀點不是無產階級的，而是小資產階級的。　關於法國工人排斥智識分子一事，馬克思於一八六五年卽已斥爲荒謬；（參看昂格思與馬克思書信錄第三卷二三五頁；）至對於法國這些代表的言論，他在一八六六年十月九日致科格爾曼的信中有一段十分嚴厲的批評：『從巴黎去的先生們腦袋中滿裝着最空泛的蒲魯東式的語調。　他們奢談知識，卻一無所知。　他們對於一切革命的行動——這就是說，從階級爭鬥中自然發生的行動——對於一切集中的社會運動，以及藉政治方法（例如用法律規定縮短工作日）來貫徹目的的運動，都加以嘲笑和訾議。　這些先生藉口於自由和反政府主義或反專制的個人主義——他們自十六年以來，伏處於最痛苦的專制主義之下，安然忍受着！——在事實上宣傳一種通常的資產階級的經濟，不過是經過蒲魯東的理想化罷了。』（見馬克思與柯格爾曼書二〇至二一頁。）

法國的代表固不愜人意，然英國除總會派遣六人和倫敦縫衹工聯（The London Amalgamated Tailors）還派一人外，竟沒有代表出席；因爲英國雖是工聯運動最盛之處，各工聯加入國際黨作爲支部的，實任寥寥無幾。例如『總會曾提議倫敦工聯會應加入國際黨，如不能接受這種提議，即應允許國際黨派一個代表，參加工聯會的會議，以便後者獲得關於大陸同盟罷工的報告：但倫敦工聯會拒絕這兩種提議。』（見斯節克諾夫：第一國際黨史六四頁 The History of the first International, New York）不僅是這樣，『倫敦工聯會還不肯承認國際黨爲外國工聯團體間傳遞消息的正式機關，決定和這些團體直接通信。』（見衛布夫婦的工聯主義史二三六頁，一九二〇年倫敦出版。The History of Trade Unionism by Sidney and Beatrice Webb）由此可見當時的工人運動是散漫無紀，不願接受國際黨的領導了。

可是國際黨對於法，英等國的工人運動却沒有因其各自爲政而放棄提攜與指導的責任。最顯明的例子就是援助各國的同盟罷工。『當一八六四年的時候，法國已經允許工聯的存在，但在實際上〔法國工人〕沒有何種舉動，一直到日內瓦會議以後，巴黎的銅業工人才設一個聯合會，有會員一千五百人。一般雇主馬上將他們逐出工廠，要等到他們解散聯合會，才准復業。國際黨以此事訴諸英國各工聯，他們籌款千餘磅，送往巴黎。於是銅業工人的會員驟增至四千，一般雇主遂不得不接受他們的條件。　此事的效力極大：工聯的煽起徧於法國全部，而經濟的爭鬥也日趨劇烈。　當克勒左（Creusot）罷工工人的領袖亞息（Assi）被提出審判之時，審判官問他是否爲國際黨的黨員。他回答道「不是，但我希望得被承認爲國際黨黨員。」　這就是新聯合會的精神，他們在實際上雖非國際黨的支部，却是站在他的庇蔭之下的。』（見波士德格特工人的國際黨三一頁。）

法國銅業工人的罷工，是一八六七年春季的事。　至是年夏初，倫敦縫衽工人又舉行大同盟罷工；國際黨替他們向歐洲大陸各國的工人階級請求帮助，因此獲得大宗款項。　我們在前面已經說過，英國工人一開始罷工，資本家即從歐洲大陸輸入廉價的工人以相抵制。此次縫衽工人的罷工，因有國際黨黨員在大陸活動，阻止廉價工人的輸入，使資本家向來宰制工人的詭計不得逞，他們經過七月的奮鬬，卒獲得勝利。

到了一八六八年的春季，日內瓦建築工人因要求將每日工作時間從十二點減至十點鐘，將工資增加百分之二十，爲雇主所拒絕，舉行同盟罷工。　建築工人工資委員會旋將以後進行的責任交給國際黨日內瓦中央委員會，後者向資本家提出要求，不克如願相償。　中央委員會卽發出通告，鳴鼓召集各支部大會。一般財主的家宅和大商店大起恐慌，相率閉門。當時與會的人約有五千，卽不隸屬於國際黨的同業工人也表同情，宣布將同盟罷工，以資援助。於是罷工的通告紛紛送往倫敦，巴黎，里昂，不律塞等處，而總會則爲之籌款。並於數日後通告日內瓦中央委員會，英國方面每月至少可籌四萬法郞，半爲借款，半爲捐助。不律塞和巴黎也送到大批款項。（據蜂窩報所載，巴黎花去一萬法郞。）工人因此獲得勝利，而資本家終於屈服了。

至一八六九年五月四日，國際黨總會因比利時屠殺罷工的工人，復由馬克思草就一種宣言，公佈於世。內中有一段說：『在文明世界中只有一個國家的當局欣然拿同盟罷工做口實，屠殺工人。這個唯一無二的國家就是比利時，他是大陸立憲政治的模範地，也是地主，資本家和教士的小天堂。比政府的屠殺每年出現，恰和地球繞日而行，無可避免一樣。今年的屠殺和以前各年不同之點，只在此次所犧牲的人數更多，兵士的放縱更甚，教士和資本家的報紙歡欣鼓舞更爲熱烈，而屠夫們的藉口殺人更爲可恥。』（見斯節克諾夫：第一國際黨史九五頁。）

過了兩年，（一八七一年春季）英國機器工人因要求實行九點鐘的工作制舉行同盟罷工。一般雇主聯合加以抵制，並向歐洲大陸輸入工人，以遂其破壞罷工之計。機器工人聯合會（The Amalgamated Society of Engineers）求助於國際黨，總會的丹麥祕書柯恩（Cohn）遂向歐洲大陸出發，以阻止大陸工人輸入英國。柯氏的活動大著成效，大陸工人雖有數百名到英，然終陷於極困難的地位。英國資本家受了這種打擊，不得不屈服；於是九點鐘工作制成爲機器業中的法定時間，而爭持五個月的罷工風潮乃告一結束。衞布夫婦稱此次罷工爲『工聯史上一樁著名的事。好幾千沒有組織沒有儲蓄的工人，因這種成功而受編制，經訓練，在談判中全部措施所表見的能力使他們領袖的聲名播揚於勞動界。』（見衞氏工聯主義史三一五頁。）由英國機器工人九點鐘工作制的運動看來，同盟罷工是組織並訓練工人的一種好方法，而無產階級的國際結合尤爲他們成功的不二法門。

國際黨對於歐洲各國的罷工動運雖盡量予以援助，然却沒有煽動這種罷工。但資產階級的人和報紙偏要捏造許多捕風捉影之談去誣衊國際黨及其領袖馬克思。他們以爲歐洲每種罷工運動都是由國際黨教唆並促成的，因爲他據有千百萬元的金錢，收買工人，舉行罷工，一般工人因受利誘威脅，雖不願意，也不能不奉命唯謹。他們又宣言國際黨是一個圖謀不軌的祕密結社，志在消滅社會。『豪厄爾會收藏一篇沒有日期的社論，顯然是從〔倫敦〕泰晤士報剪下來的，社論上確實向讀者宣佈國際黨正安排使土耳其人屠殺亞美尼亞人。（The Armenians）』（見波士德格特工人的國際黨四〇頁。）他們又以爲這個祕密結社的首領是一個像蛇蝎一般的怪人，他用詭譎的體裁，曖昧的語法，著一部神祕的書，內中含有騷動和擾亂的計畫，只有入黨的人才能了解，著者的姓名是卡爾，馬克思。像這種無稽之談，一經多人的宣傳，和報章的揭載，遂使世人相驚伯有，信以爲眞了。

上述一類的謠言自然沒有辯駁的價値，但我們不妨藉這個機會，將國際黨數年來的財政狀況說一下，使大家知道他不獨未嘗據有千百萬元的金錢，而且是一貧如洗。國際黨開創委員會第一次會所籌的款項不過英金三鎊，即在第一年所籌的也只有三十三鎊。一八六五年倫敦會議議決爲彌補會議和宣傳的費用起見，當籌英金一百五十鎊，由英國擔任八十鎊，法國擔任四十鎊，德，比，瑞士三國各擔任十鎊；總會是年實際的收入不到六十鎊，而支出却超過二十鎊。一八六六年日內瓦會議議決，凡黨員每年應向總會繳黨費一辨士，作爲會中文付祕書長薪水，和通信，印刷品，及籌備大會等等的費用。但從是年九月至異年九月，實行向總會繳費的，只有英國各工聯的十四鎊二先令五個半辨士，法國支部的二十六鎊九先令六辨士，瑞士支部的八鎊九先令七辨士。當一八六六年十月的時候，總會因爲代機關報付房租，還要借債。自此以後，國際黨的財政仍非常拮据。馬克思在一八六九年八月三日致昂格思的信中說，『昨天是總會的悲歡會。紙張費，房租和到期未付的祕書薪水等等，總說一句，就是國際破產，並且還不知道怎樣才能遣送與會的代表。』（見昂格思與馬克思書信錄第四卷一八七頁。）將這些事實合攏來一看，可知國際黨的財源十分枯竭，自顧尙且不暇，何能談到收買工人舉行罷工呢。

我們現在再回轉來敍述一八六七年的國際黨常年大會。此會是九月二日至八日在瑞士羅散(Laus Lausanne)舉行的。到會的代表共七十一人，瑞士一國佔三十八名，餘則法國十八名，總會四名，英國二名，比國一名，意國二名，德國六名。會中所討論的有金融信用，國民銀行，全體教育，公共言語，宗教，和發生第五閥的危險等問題。與會的法國代表大都是蒲魯東主義者，卽通常所稱的互助主義者，他們提出一種蒲魯東式的計畫書，列入一大批問題，要求討論與表決，上面所列舉的卽有此等問題在內，然他們只獲得很小的勝利。

在另一方面，大會於通過一種反對戰爭的議案中聲明對於是月九日在日內瓦所開的和平自由聯盟會（The League of peace an1 Freedom）予以充分和有力的贊助，這却大半是蒲魯東主義者的成績。這個聯合會本是資產階級民主派的一種國際結合，他們竟抱着和平主義的幻想，擬與之通力合作，以求工人階級的解放，這是何等幼稚的主張。關於國際黨不應與聯盟會攜手合作一節，馬克思在事前卽已明白指出，他在是月四日報告昂格思說：『你可知道我在總會曾提議不和這些和平空談家發生關係。我對於這個問題發言至半點鐘之久。紀錄祕書亞卡利阿斯登在蜂窩的報告，對於我的演說僅寫出幾句。法文行人報（Courrier Francais按此爲和平自由聯盟會的機關報；）重載此報告，竟將我所說必須有軍隊對付俄羅斯和宣佈這些先生們怯懦的話刪去了。然我在總會所說的話引起很大的注意。和平會議的驢子……完全改變原來的綱領，在新的綱領——較前民主化得多——中插入「調和經濟利益與自由」的話，這種空泛的句子也可以僅指自由貿易講。他們對我通信，並且不要臉將新綱領的廢物送給我。尤其不要臉的是在信面上稱我爲「日內瓦大會的會員」。』（見同書第三卷四〇三頁。） 我們看了馬克思這一段話，知道他的階級意識是何等顯明，眼光是何等銳利，可惜國際黨的總會不注意他的提議，羅散大會更忽略他的忠告，以致派遣三個代表齎送上述的議決案至和平自由聯盟會的日內瓦大會，鑄成一種不可挽回的錯誤。

然羅散會議也自有他的光明的方面，他的重要成績在議決工人的社會解放和政治行動不能分離，因此取爭政治自由是第一樁絕對必要的事。 會中又議決國家當據有運輸機關和交通機關，藉此破除大公司的壟斷。 這就是集產主義的見端。

當羅散會議時，總會的代表亞卡利阿斯主張依黨中條例，總會的新選舉當由大會舉行，不當委諸英國各支部，庶可增進總會的權力。 大會表示同意，因此總會的舊職員被承認連任，並准其於必要時自由增加職員。 但自此以後，總會只設置一個總祕書，不復有會長。

羅散會議；馬克思雖沒有參加，然他一派的主張不管蒲魯東主義者怎樣的阻擾，已經佔得相當的優勢。 資產階級著名的報紙如倫敦泰晤士報等等從不重視國際黨，但他們對於此次會議却很注意。 泰晤士報且特約亞卡利阿斯做通信員，並作一篇社論討論國際黨的問題。 其他各報也大概有同樣的討論。 馬克思於大會後三日寫信給昂格思說，「我們的黨已有很大的進步。糟糕的明星報（Der elende Star）從前想完全不理會我們，昨天在社論中竟宣言我們比和平會議更爲重要。舒爾慈代立池對於柏林的「工人聯合會」（Arbeiter-verein）加入我們中間，不能阻止。向來和我們相隔甚遠的英國工聯主義者這些狐羣狗黨現在也跑來了。除掉法文行人報外，尙有急蘭丁自由報，（Liberté Girandins）時代報，時樣報（Mode）和法國新聞報（Gazette de France）等等都有關於我們會議的報告。事業發動了。就形勢看來，下次革命也許不遠，我們（這是指你和我）於下次革命時手中握有這種有力的機器。試將此事和馬志尼等等三十年來的動作比較一下！〔我們〕並且還缺乏金錢的來源。〔又加以〕在巴黎有蒲魯東主義者的詭計，在意大利有馬志尼的詭計，在倫敦有妒忌的阿德格，格列墨和撲特（Potter）的陰謀，在德國有舒爾慈代立池派和拉塞爾派。〔我們獲得這種成功，〕很可以滿足了！」（見同書同卷四〇六頁。）

末了，我們將國際黨和馬克思，昂格思從一八六四年起至一八六七年止對於波蘭問題的態度，在此一起敍述出來。一八六四年九月二十八日聖馬丁大廳的國際會議首先討論波蘭問題，然後及於國際黨的組織。故波蘭事件與國際黨的運動自開始時卽有密切的關係。波蘭自彼俄，普，奧瓜分後，波蘭人卽變成一個被壓迫民族，而歐洲各國的工人階級也是一個被壓迫階級，後者對於前者不獨因境遇相同，應發生一種同病相憐的感情，並且波蘭的解放與無產階級的解放有連帶關係，所以後者對於前者尤應具一種同憂相救的志願。馬克思要將民族問題和無產階級的運動打成一片，原因卽在於此。

他在國際黨開幕詞中，對於一八六三年俄國壓服波蘭變亂，和歐洲各上中等階級袖手旁觀，曾提出抗議，一面斥俄國爲歐洲野蠻勢力的主腦，一面斥歐洲各上層階級對於俄國屠殺波蘭人或表示一種虛僞的同情，或呈露一種愚蠢的冷淡態度，甚或出以無恥的讚美。總會於一八六四年十一月二五日開會時，對於波蘭問題有下列的議決：『一、波蘭的獨立戰爭是爲歐洲人民的公共利益而起，這種戰爭的失敗使文化和人類進步的事業受一種嚴重的打擊。二、波蘭可以要求歐洲各主要民族給予恢復他的民族主權所必需的每種資料。』（見社會主義與工人運動史叢刊第六卷一九二頁，耶贊諾夫：馬克思與昂格思論波蘭問題——K. Marx und F. Engels ueber die Polenfrage）至一八六五年一月十八日，總會對於波蘭同盟會代表提議合開一個波蘭會議，表示贊成，並議決當盡量援助紀念一八六三年革命之舉。此事的進行在當時本有不少的阻力。　馬克思於是年二月十五日報告昂格思說：『此外已有其他議員如泰羅等等（這些人是和馬志尼結合一氣的）告訴我們，說現在舉行一個波蘭會議，時機尚未成熟。　我由總會回答道，工人階級有自己的外交政策，對於中等階級所謂時機絲毫不以爲意。　他們總是藉口於所謂時機，在一種新騷亂的初期激勵波蘭人，在這種騷亂進行之中，藉着他們的外交去陷害波蘭人，當俄國壓服了波蘭的時候，卽捨棄波蘭人。　在實際上這個議會的目的尤在獲得金錢的幫助。　現在英國的中等階級以爲時機未熟，甚至於不願意提起波蘭的名字，一般可憐的〔波蘭〕僑民……應當挨餓麽？』（見昂格思與馬克思書信錄第三卷二三六頁。）

英國中等階級的人雖不願有一個『時機尚未成熟』的波蘭會議出現，然這個會議畢竟因國際黨的贊助，於三月一日在聖馬丁大廳舉行了。　可是英國資產階級的報紙記載此事，對於國際黨所提出而爲會中一致採納的議案，卻故意略去不登，他們的用意不外妒忌國際黨的勝利。　今特將馬克思於四月十三日給楊恩的報告引證如下，以明當日的眞相。『佛格思（P. Fox）君（英國人）用國際黨的名義提議「一個完全和獨立的波蘭是民主主義的歐洲所不可少的條件，這種條件一日不得實現，則歐洲大陸革命的勝利不過是反革命長期統治中一種短促的開場樂罷了。」　佛格思君對於歐洲自波蘭喪失自由和俄羅斯實行力征政策後所受的損害，首先作一種短略的歷史的概括，然後進而指明自由黨對於這個問題所持的態度和民主主義的黨並不一致，他是用民主主義的黨的名義演說的。　守舊的歐洲的格言是：一個受宰制的歐洲而以受宰制的波蘭爲基礎——反之，國際黨的格言是：一個自由的歐洲而以自由獨立的波蘭爲支柱。　亞卡利阿斯君（德國工人和國際黨的副會長，）贊助這種提案；並且詳細指出普魯士對於屢次參加瓜分波蘭的行爲。　他的結論是：「普魯士君主制的滅亡爲德意志勃興和波蘭再造所不可少的條件。」　國際黨的法國黨員洛伯（Lubez）君也同樣予以贊助，於是這種提案在不斷的讚賞聲中爲會中一致通過了。』（見社會主義與工人運動史叢刊第六卷二一一頁。）

至是年九月國際黨的倫敦會議，馬克思在總會所提出的計畫書中列入一個問題，就是『莫斯科對於歐洲的侵略與完全獨立的波蘭的再造。』　當時法，比，英三國的代表對於這個問題大概持反對態度，而比國代表白布（César de Paepe）反對尤力，他以爲波蘭的復興不過是有利於波蘭的上下級貴族和教士三個閥閱罷了。這個問題既遇着許多反對，遂由會中決定留待下屆的常年大會表決。

然法國的代表於倫敦會議後，更聯絡不律塞和倫敦的蒲魯東主義者專門對付馬克思等，並在報章上發表匿名文字攻擊國際黨。因爲他們的宗師蒲魯東對於波蘭復興一事在一八六一年和一八六三年曾兩次著論反對，最後一次的反對文字正出現於波蘭亂事平定，摩拉衛夫（Murawieff）和伯爾格（Berg）在波蘭大肆屠殺之際，這不啻爲虎作倀，下井投石，所以馬克思於一八六五年二月論及蒲氏，說他最後反對波蘭的文字是爲俄皇那種愚魯的殘忍行爲助威張目。蒲氏對於波蘭問題既持這種態度，他的信徒自然也要秉承師訓，並力圖發揮。因此馬氏於一八六六年一月六日寫信請昂格思作一批論文反駁他們的議論。

昂格思應馬氏之請，於是年三月下旬連作兩篇論文登在國際黨的機關報共和（The Commonwealth）上面，至五月初又作一篇論文在同一報上發表。『昂格思在第一篇論文中說明工人階級在一種獨立的工人運動開始時所持的外交政策可以用幾個字表現出來：卽波蘭的復興。他於是轉而反對蒲魯東及其信徒，並詳細指明在瓜分波蘭時，普魯士和奧大利雖係同謀，然俄羅斯却是主犯。　昂氏的結論所形成的條件是要求大家把俄羅斯民族和沙皇主義(Zarismus)分別出來。　如果俄羅斯工人階級作成一種政治的綱領，內中含有波蘭的解放，那麽，〔對於波蘭事件〕只有俄皇政府當任其咎。　他在第二篇論文中對於要求波蘭復興卽是囘轉去承認拿破崙的「民族原則」這種主張，力加駁斥。　他從歷史上指明這種原則是俄羅斯的發明品，並且指出民族原則與舊民主主義及工人的觀點兩者間的差異，認歐洲一切大民族具有一種分離獨立的生存權。　他在第三篇文中論民族的原則應用於波蘭。　波蘭的覆亡是由於貴族——這是蒲魯東主義者所樂道的——關於這一點他不爭執，但注重於俄羅斯暴戾恣睢地利用這種弱點。」（見同書同卷一九五至一九六頁：耶贊諾夫，馬克思與昂格思論波蘭問題。）

至是年九月國際黨在日內瓦開代表大會，馬克思替總會所草的報告書中對於波蘭復興的必要與工人階級注重這個問題的原因，復詳細加以說明。『甲、歐洲工人爲什麽提出這個問題？　第一因中等階級的著作家和煽動家雖庇護歐洲大陸一切民族，甚至於庇護愛爾蘭，却暗中妨害這個問題。　這種矛盾是從那裏來的呢？　因爲貴族和資產階級視背後黑暗的亞細亞勢力爲對於工人階級進攻的最後逋逃藪。只有在一種民主主義的基礎上恢復波蘭，才能使這種勢力不能有所作爲。乙、在中歐現今改變的狀況中，尤其是在德意志現今改變的狀況中，需要一個民主主義的波蘭，比平常更爲迫切。沒有他，德意志將成爲神聖同盟的前哨，有了他，德意志將成爲共和的法蘭西的同盟者。歐洲這個大問題不解決，工人階級的運動是會繼續被破壞，受妨礙的。丙、對於這種事件首先出馬去做，尤爲德國工人階級的義務，因爲德意志是瓜分波蘭的同謀者。」（見同書同卷一九六頁。）

馬克思雖非常重視波蘭問題，然日內瓦大會的大多數代表却不以爲意，甚至加以反對，因此他的建議沒有獲得具體的議决案。可是馬氏並不因此自餒。至一八六七年一月二十二日，總會仍和波蘭工人聯合開一個慶祝一八六三年的革命大會。當時會中通過總會各委員提出的幾種議案，內有一種是馬氏所草的。他仍以波蘭問題與歐洲工人階級的命運相提並論，所以有『波蘭不能獨立，歐洲便無自由可言』的話。然自這一年以後，國際黨內部的爭鬥日趨劇烈，波蘭問題遂被擱置了。

我們現在要將本章告一結束，因爲本章的範圍是從國際黨的創設時起至羅散會議爲止。

這個時期雖只有三年，然國際黨的發達却很迅速。　他的主力軍是在英，法，瑞士和比利時等國。　至於意大利的馬志尼派因哇爾夫所提出的規章未蒙採納，不獨不肯加入，（哇氏於國際黨創設時，本居委員之列，一八六五年的倫敦會議也會出席，不過這是最後的一次）並且還取一種仇視的態度。　德國的舒爾慈代立池派和拉塞爾派至此時止，也沒有加入。　此外如西班牙等國，勞動運動極不發達，沒有有力的工人組織可言。　因此意，德，西等國加入國際黨的工人團體都只是一些零星小股。　然國際黨自一八六六年起即有顯著的成績。『一切紀載表現在一八六六年和一八六七年之間有一種突然進步的轉機。　馬洛（Malon）說〔國際黨〕黨員從七萬一躍而超過三十萬，他的計算用什麼作根據，雖不易知道，但一八六六年確為國際黨發展上一個決勝的年度。　豪厄爾認此為一個失敗的年度，眞是恰合於馬克思所稱的「英國木腦殼」了。』（見波士德格特工人的國際黨二二至二三頁。）

馬克思的中年時代係以一八六七年秋季為止，即他的資本論第一卷完成時為止，故我們在本章敍述國際黨的歷史，也以是年秋季為止。　還有一層，國際黨的發展至一八六七年止是平安寧靜的，他的歷次會議大概只注重實際問題，而不甚涉及於遠大的主義問題，故與會的代表雖各有派別，爭持却不甚劇烈。自一八六八年巴枯寧派加入後，黨中每年大會的局面頓改舊觀，關於主義的爭辯極爲激烈，而國際黨的發展也較一八六七年更爲迅速；因此我們把他的歷史分作兩起敍出，要算是合於他的自然趨勢，沒有勉強割裂的痕跡。

統觀國際黨第一期的歷史，便知道馬克思提攜指導之功實在不小。黨中兩次大會他雖沒參與，然黨的一切宣言，總會的一切議案，多出自他的手筆，總會的一切會議都有他的蹤跡，因此他所費的時間也很多。不過我們曾稱他的中年時代爲研究時期，他在此時期中雖因國際黨耗去一部分時間，但尚不及研究時間十分之一，現在要問他研究的成績是什麼？以下一章就是解決這個問題的。

第七章　研究室中的成績

耶贊諾夫說：『像馬克思的生平一樣，一集中全力於一定的目標上，」完全貫徹起來，要另找一種這樣的生活是很難的。 如果拿俄國詩人列蒙托夫（Lermontoff）的話來講，馬克思只知道「一種思想的勢力，一種唯一的，烈火一般的熱情。」 他犧牲一切，即爲此一故」。 他日夜工作，垂數十年之久，總是將他的目標懸在心目中，從沒有因任何事故而喪失這種目標，就是要給無產階級的解放戰爭以一種堅固的基礎，要製造一種抵抗資產階級社會的百發百中的軍械。 在這種經過百練的生活中，絲毫沒有分心的痕跡。 〔他〕在理論上與實行上目的一致，斯人及其事業眞是一個模型鑄出來的。』（見新時代雜誌第三十一年度一卷八五八頁，耶氏馬克思的自白。） 耶氏這幾句話將馬克思生平從事學問，堅苦卓絕的氣概都描寫出來了。 他說馬氏日夜作工爲的是要給無產階級的解放爭鬥以一種堅固的基礎，要製造一種抵抗資產階級社會的百發百中的軍械，這就是指馬氏所預備的經濟學著作，亦即本書所稱爲研究室中的成績。

馬克思自一八四二年任萊因報主筆時起即研究經濟學，後來寄居巴黎，仍繼續前業，迄出亡不律塞，更努力前進。自一八四四年起，他即有作一部批評資本主義生產方法的大經濟學的計畫，至一八四七年，著哲學的貧窮一書，這便是他的經濟學著作的見端。自一八四八年二月革命爆發後，他因參加革命，對於經濟學的研究，暫告中止，迨一八四九年下半年亡命敦倫，又復繼續進行。他後來告訴我們說：『不列顛博物館所堆積的豐富的經濟學史材料，在倫敦考察資產階級社會所呈的便利的觀點，以及資產階級社會因加里福尼亞和澳大利亞發見金礦所表現的新發展的步驟，使我重新起頭，藉着這種新資料，用批評的眼光，徹底研究一番。』（見馬氏政治經濟學批評序言五七至五八頁。）至一八五一年四月二日，他寫信報告昂格思，對於經濟學的預備工夫快完竣了：『我在五個星期之內，即能將全部經濟學的勞苦工作弄妥貼。此事一經完成，我將在家中著經濟學，並在博物館研究他種學問。我覺得此事十分麻煩。就實際上講，自亞丹斯密和李嘉圖以後，此項科學不復有何種進步，即在零星單獨的討論中，也常是過於纖瑣。』（見昂格思與馬克思書信錄一卷一六四頁。）馬克思這幾句話表見他的懷抱不在祖述前人的學說，做資產階級經濟學者的應聲蟲，而在整理舊說，發揚新知，使亞丹斯密和李嘉圖以後的經濟學得自他始，呈出一種進步。

馬克思自抱定這種宏大的志願以後，即在倫敦博物館和家中博覽羣籍，廣集材料，孜孜汲汲，夜以繼日。我們已經知道，他爲維持生活計，自一八五一年下半年起，擔任紐約特里標報的通信事務，然至一八五三年，因此事使他廢時失學，卽不願繼續下去。迄一八五七年十二月十八日，他寫信給昂格思說：『我作工〔的時間〕極久，每至清晨四點鐘。這種工作簡直是兩重的：一、作成經濟學的要旨。（爲公衆得領略這種學問起見，爲我個人除去這種難關起見，此事是絕對必要的。）二、現在的危機。我除掉替特里標報作論文外，對於此事加以紀載，但費去很多的時間。』（見同書第二卷二一九頁。）燕妮於是年十二月寫信給施蘭姆也說：『因美國的危機，卡爾替特里標報作文不復是每星期兩篇，而是每星期一篇，……我們雖覺得這種危機很有影響於自己的錢袋子，然你却可以想像，黑人是何等高興。他從前的全部工作能力和工作活動力都恢復了，自許久以來，自我們心愛的兒子夭折……而經此大憂患以來，他卽萎靡不振，此時他的精神的爽快和舒適，也恢復原狀。卡爾日間爲謀食而作工，夜間則爲完成他的經濟學而作工。』（見墨爾林馬克思傳二六一頁。）從馬氏夫婦這兩封信中可以窺見馬克思此時研究經濟學，創造新學說，精神煥發，迥異尋常。一八五七年至一八五八年這個時期是他的經濟學著作開始的時期，故爲他的研究室中最重要的時期。

馬克思本其多年的宏願，閉戶著書，研究旣深，儲積又富，所以他的著作計畫便是大規模的。他於一八五八年二月二十二日寫信告訴拉塞爾說：『起首的作品爲經濟範疇的批評，或者可稱爲對於資產階級經濟學的體系，用批評的方法陳述出來。陳述這個體系，同時又表現對於這個體系的批評。……這種陳述——我是指體例——完全是學理的，不是通常所謂違反警章的。全部〔著作〕共分六編。一、資本。（還包含幾章引子。）二、土地財產。三、工資勞動。四、國家。五、國際貿易。六、世界市場。我對於其他經濟學者自然不能不時常加以批評的考慮，特別是對於李嘉圖的爭辯，就是他也迫而離開了嚴格的經濟觀點而流於錯誤。但就全體講，政治經濟學和社會主義的批評與歷史當構成另一著作的對象。　末了，經濟範疇與關係的發達略史當構成第三種著作的對象。』（見拉塞爾書信與著作第三卷一一六至一一七頁。）　他在是年四月二日致昂格思的信中猶將這六編書的大計畫重述一遍，可是後來因對於第一項題目所搜集的材料太多，工程太大，慘淡經營，心力俱瘁，以致他的經濟學著作僅限於第一項，而其餘五項遂無暇顧及。

馬克思在上述致昂氏的信中又說，關於資本一部書將分爲四篇，第一篇論『一般的資本』，作爲第一册的材料。　但等到他這册書著成的時候，原來的計畫又有變更。　他於一八五九年一月十五日報告昂格思說：『書稿約有二百餘頁，（三小册，）上面的標題雖爲「一般的資本」，然〔內容〕却絲毫沒有涉及這一點，這些小册子僅含有兩章：一、商品。　二、貨幣或單純的流通。　因此你便可以看到〔我所〕詳細擬就的那一部分（當〔去年〕五月我到你那裏的時候，）絲毫沒有出現。　此事在兩重意義上是對的。　此書如果有成效，我便可以馬上接着〔弄出〕第三章的資本。　還有一層，在刊佈出來的一部分中，依題目的性質講，一般人既不能將他們的批評僅限於風尙所趨的謾駡上，而全書又非常嚴整，非常富於學理，可以使那些流氓對於我後來對資本的見解，頗爲重視。　此外，我以爲除去一切實際的目的不計，關於貨幣一章，自事務家看來，是有趣味的。』（見昂格思與馬克思書信錄第二卷三〇一至三〇二頁。）

馬克思的經濟學著作第一册名爲『政治經濟學批評』，這是一八五九年一月著成，六月在柏林出版的。　此書的序言中含有馬氏開始研究經濟學的起緣，及其研究所獲的結果，即他的有名的歷史的唯物論。　這種學說的發見雖遠在一八四五年，在馬昂兩氏的著作中，他的應用雖屢見不鮮，但用文字將其概括地說明出來，只有這一次，因此這篇序言不獨在馬氏的學說上佔極重要的位置，自他發表後，學術界的耳目也頓爲之一新。

政治經濟學批評所含的商品與貨幣兩章在馬克思後來所著的資本論第一卷第一篇論商品與貨幣中，大概又表現出來了。　他在資本論第一卷第一版序言中說：『從前那部書的內容又概括在本書的第一章內。　這不獨是因聯絡一氣和力求完備的緣故。　內中的描寫尤有改善之處。　凡爲情勢所許的地方，對於從前約略提及之處，此處則加以更詳盡的發揮，反之，在前書中詳細發揮之點，此處僅舉其概要。　〔前書中〕關於價値說和貨幣說歷史的節段，現在自然是削去了。』（見考茨基註釋的資本論一卷序言三六頁。）　按照馬氏政治經濟學批評的計畫，每一章學說的後面，當附有這種學說的歷史，按照他的資本論的計畫，則全部經濟學說史當另成一書。他既沒有將政治經濟學批評中關於價值說和貨幣說歷史的節段插入資本論中，而他擬著的全部經濟學說史也未見諸實行，因此政治經濟學批評中價值說和貨幣說的歷史便是十分重要的。

馬克思自稱政治經濟學批評一書是他十五年研究的結果，是他一生精力最強壯的時代的結晶（參看拉塞爾書信與著作第三卷一三六頁），因此這部書的成績異常優美。馬克思以前舊派的經濟學者均認資本主義的生產方法爲社會生產中經常不變的自然形態；馬氏則發見這種生產方法非經常不變的自然形態，而是社會生產中一種歷史的形態，這種形態不過是繼往開來，並非萬古長存的。馬克思以前舊派的經濟學者認商品的價值由於物與需要此物的人兩者間一種主觀的關係，而價值的大小則以購買者的購買力與貨物的稀罕程度爲權衡；馬氏則發見商品的價值不出於人與物的關係，却出於隱藏在物品關係中之人與人的社會關係，而價值的大小則以商品所含的社會必需的勞動量多寡爲轉移。他以明晰的頭腦和銳利的眼光，發見這種眞理，眞是亞丹斯密與李嘉圖以後經濟學上一種大進步和一個新紀元！

所以阿衛靈將馬克思此書與達爾文的『物種原始』(Origin of Species by means of natural Selection)相提並論道：『這種著作含有他後來的傑作「資本論」的種子。「物種原始」與「政治經濟學批評」在同一年出現，卽同在一八五九年出版，使人尤爲注意。這兩種著作中的一種引起生物學的革命，另一種則引起國民經濟學的革命，不僅如此，並引起十九世紀全部見解，全部精神生活的革命，他們於同一年刊佈，確是一種特別的事實』。（見新時代雜誌第十五年度第二卷七四九頁，阿氏：達爾文與馬克思。）

馬克思這種獨標一幟的著作在經濟學中雖是光芒萬丈，並世無雙，然當時眞正看出這是一種傑作的，恐怕只有昂格思一人。馬氏自寄居倫敦後，因昂氏犧牲一己，維持他的生活，才得分出一部分時間研究學問，從事著述，同時昂氏又是一個富於思考力與判斷力的著作家，所以他視昂氏對於他的作品的褒貶，大有『榮於華袞』與『嚴於斧鉞』之槪。當他知道自己的著作受稱許時，便高興彩烈。他於一八五九年六月七日寫信昂氏說：『你中意第一册書，使我非常高興，因爲只有你對於此物的批評就是「我所視爲」唯一重要的。我等候你的評判，心中頗爲焦灼，我的妻子看見這種情形，倒大爲開心。』（見昂格思與馬克思書信錄第二卷三三三頁。）

昂格思當政治經濟學批評出版後，特於八月初間作一專篇論文，登在倫敦的德文週刊人民上面，加以介紹。他首先追述此書的起源說：『在一八四八至一八四九年革命失敗以後的一個時期中，從外國去影響德意志愈不可能，我們的黨卽將一般僑民互相爭鬧——這是一種唯一可能的行動——的領域讓給庸俗的民主派。當這一派時而鬥毆，時而親善，時而在世人面前刷洗自己的汚穢時，當他向美國行乞，因分贓不勻馬上又從新吵鬧時，我們的黨欣然找着閒暇，從事研究。他〔指黨〕具有一個大優點，獲得一種新科學觀做理論的基礎，要造成這種基礎須有充分的努力；因爲這個緣故，他不致和僑民中的「偉人」一樣陷入深坑之中。這樣研究的第一種結果就是本書。』（見新時代雜誌第三十四年度一卷十頁，昂氏：馬克思的政治經濟學批評。Marx' Zur Kritik der politischen Oekonomie)

昂格思旣說明政治經濟學批評一書是黨的研究的結果，於是進而探索新科學觀的來源，極力讚揚黑格爾思想方法的歷史性，並且說：『這種開新紀元的歷史觀是新唯物觀理論的直接提前。』（見同書同卷一二頁。）『一物質生活的生產方法決定社會的，政治的和精神的生活進程，」這句話不僅對於經濟學，並且對於一切歷史的科學（一切科學如非自然科學，便是歷史的，）都是一種革命的發見。』（見同書同卷九頁。）

然本書的優點並不止此，所以昂格思又說：『馬克思的政治經濟學批評造成一種方法，我們以爲這種結果的重要並不於唯物的根本觀。』（見同書同卷一二頁。）

『政治經濟學以商品爲開端，卽以生產物——無論其爲個人的，或爲自然團體的——互相交換的時節爲開端。在交換中出現的生產物爲商品。然這只是假手於商品表現兩個人或兩個團體間的一種關係，卽生產者與消費者——他們此時不復是同一人——的關係。我們在此馬上有一種特別事實的例子，這種事實深入全部經濟學中，並已在資產階級經濟學的頭腦中引起很壞的糾紛。經濟學所討論的不是物，而是人與人的關係，最後且爲階級與階級的關係；不過此等關係是結晶在物上，並出現而爲物。在單個的場所，這個或那個經濟學者對於這種聯繫偶有所覺，至馬克思才發見他〔指聯繫〕對於全部經濟學的效用，因此十分簡單明瞭地解決一些最困難的問題，現在就是資產階級的經濟學者也能夠了解此等問題。』（見同書同卷一三頁。）

昂格思雖這樣深刻認識馬克思政治經濟學批評偉大的價值，然馬氏一般朋友的眼光竟爲此書的光芒所炫，認不出貨色來；他於七月二十二日報告昂氏說：『李卜克內西向畢士坎蒲宣言，「從來沒有一部書使他這樣失望的，」畢氏親自向我說，他看不出〔此書〕「有什麼用處。」』（見昂格思與馬克思書信錄第二卷三四一頁。）馬克思以十五年研究的心得所著成的書，在李畢兩氏以爲一無足取，這眞所謂『陽春白雪，曲高寡和』了。

李卜克內西和畢士坎蒲不承認馬氏的政治經濟學批評一書爲傑作，雖眼力不甚敏銳，然他們至少也讀過一遍，至少也下了一種批評，沒有辜負馬氏希望世人讀此書和批評此書的志願。至於德國資產階級的智識界和新聞界中人恐怕連讀此書的也沒有幾個，即或間有讀過的，他們在報章雜誌上竟一字不提，意在使這種著作消滅無聞。馬氏看見這種情形，心中頗爲憤懣，於是年七月初間寫信給拉塞爾說：『我在英國無論如何比在德國更被注意些，就我所知道的講，德國至今還沒有一隻雄鷄照着此事或對於此事啼過一聲。我只願意〔我的著作的〕第一部分至少當完全達於德國公衆之前。倘若長此以往，仍舊沒有人注意這種著作，我願將以後的一切部分，用英文作出，對於德國忠厚誠實的人們也不復措意了。』（見拉塞爾書信與著作第三卷二二五頁。）

拉塞爾接着馬氏這封發牢騷的信，於同月十一日回信說：『此處的人對於你的著作還沒有注意，你以為長久這樣拖延下去，便以〔其餘的部分〕用英文出版相恫嚇，我對於你〔這樣〕發怒，眞正要笑起來！你是何等不能忍耐！但是朋友啊，你要記着哥德的話：

凡有天才者
不宜急於自炫，
要德國人傾心賞識，
必須假以時日！

只有拙劣的著作就能即刻受讚賞，確是如此，很少例外。自你出亡以後，關於批評和報章評論的事件，糟到怎麼樣，你還茫無所知！只有無知識的人注意此事，這種人對於一種傑作不置一詞，因為他們就是閱讀一遍，也以為過於費神。這種情形對於一切學問都是如此，對於我們曾經風行一時的學問也無不如此。現在講到國民經濟學，完全是一種新科學，對於這種學問懂一點的，差不多不上兩打人！現在來談論這一道，簡直毫無是處。

一種不調和的現象擺在我們的面前，就是：懂一點的人不下批評，下批評的人，一點也不懂。』（見同書同卷二二六至二二七頁。）

拉塞爾說只有拙劣的著作容易受歡迎，這就是中國所謂『下里巴人，和者數千，』他說懂得的人不下批評，下批評的人不懂得，這就是中國所謂『知者不言，言者不知。』這幾句話簡直把古今中外言論界經常的病態描寫出來了。可是他却誤會了馬克思的意思，上面一段話雖說得很對，但和馬氏的牢騷語並不是針鋒相對的。馬氏於十一月六日回信說：『你以爲我希望從德國的報章上獲得一種讚頌的稱譽，或對於此事有所介意，那你就弄錯了。我希望受攻擊或批評，只不希望完全不睬，這種完全不睬對於〔書的〕銷售必定也有重大的損害。一般人在各種時機中對於我的共產主義既是盡情謾罵，他們對於這種主義理論上的基礎，便當表現自己的智能，〔加以批評。〕在德國也仍然有經濟學的專門報章和雜誌。』（見同書同卷二二八頁。）這幾句話表明馬氏只希望輿論界批評自己的著作，引起公衆的注意，使他們得親自購讀，他絕不想藉此去邀時譽，因爲他是一個勇敢的革命家，絕不措意於世俗的毀譽。他後來在資本論第一卷的序言中也說過：『每種基於科學的批評意見，是我所歡迎的。　至對於所謂輿論的成見，我從不讓步，偉大的佛洛倫斯人（Florentiner）的格言，現在和從前一樣，〔仍〕爲我的準繩，就是：「你走你的路，任人家去談論。」』（見考茨基註釋的資本論第一卷序言三九頁。）　拉塞爾因馬氏發牢騷，遂認他具有沽名釣譽的心理，急於自炫，也未免太淺視他了。

馬克思自政治經濟學批評第一册出版後，本擬繼續出第二册，一直至第六編爲止。這種計畫在一八六〇年一月三十日致拉塞爾的信中猶提及過。　然因佛格特事件費去不少的時間，他於是年二月三日報告昂格思說：『除掉搜集訟案所必需的材料外，我正著「資本論」。如果決切做去，六星期內即可告竣；迨訴訟終結後，便當進行。』（見昂格思與馬克思書信錄第二卷三七七頁）　可是自此以後，馬氏竟因貧病交加，不能專心著作，又加以材料的搜集日益增多，作品的範圍時常擴大，故著成資本論所歷的時間竟超過預擬的六十倍。　然自一八六一年下半年起至一八六三年上半年止，他的著作成績實是驚人。　昂格思後來整理他的遺稿，告訴我們說：『首先係一種「政治經濟學批評」的稿子，共一千四百七十二大頁〔Quartseien 按這種大頁係一紙四折，一大頁等於通常的書面四頁〕，計二十三册，這是一八六一年八月至一八六三年六月作成的。　即一八五九年在柏林出版的政治經濟學批評第一册的續本。　從第一頁至二百二十頁，（第一册至第五册，）及一千一百五十九頁至一千四百七十二頁，（第十九册至第二十三册，）所論列的是「資本論」第一卷所探討的題目，——從貨幣的資本化一直到結論——並且是首先編輯〔成書〕的。　從九百七十三頁至一千一百五十八頁（第十六册至第十八册，）所論列的是：資本與利潤，利潤率，商人資本，貨幣資本，以及後來在第三卷草稿中發揮的各項題目。　在第二卷所討論的題目以及後來在第三卷所討論的許多題目，〔當時〕還沒有特別編纂攏來。　這些題目是附帶在一編中論及的，而這一編構成草稿中的主幹，即二百二十頁至九百七十二頁（第六册至第十五册，）的剩餘價值論。（Theorien ueber den mehrwert）　這一編含有政治經濟學主要點——剩餘價值論——的詳細批評史，並且在對於前人作爭辯的對抗中，把後來在〔資本論〕第二卷和第三卷草稿中所特別討論和用邏輯聯絡攏來的大部分要點附帶發揮出來了。　我對於這種草稿中批評的部分，於除去〔資本論〕第二和第三卷曾經應用的無數節段外，當刊爲「資本論」第四卷。」（見考茨基註釋的資本論第二卷昂氏序言三三頁。）

照昂格思最後一句話看來，是要將馬克思的剩餘價值論編爲資本論第四卷，但至一八九四年九十月，他才將資本論第三卷校完，不及一年，遽爾逝世，所以沒有完成他的志願，此事遂交給考茨基了。考氏因人事跎蹉，未能早日履行他的職務，過了九年，才把這種遺稿的三分之一校出付刊。可是他不稱之爲資本論第四卷，却名爲剩餘價值論第一卷。他說：『我校訂這種著作愈多，便愈加明白，不能像昂格思所想的一樣，將此書作爲「資本論」第四卷。照馬克思的計畫，第四卷應爲學說史。昂氏做〔他的遺稿的〕代理人，想從「政治經濟學批評」的稿件中，「於除去〔資本論〕第二和第三卷曾經應用的無數節段外，」至少要編一部剩餘價値史。不知昂氏想怎樣除去，我却做不成功。我曾盡力掃除障礙，但這些節段的大部分是和全體密切組織攏來的，要將他們單獨除去，簡直不可能。對於此書的重要部分必須完全校訂一遍，基於各種理由，我於這種任務，眞要望而却步。但是當我把所有這些節段放在書中的時候，便不能復作爲「資本論」第四卷，不能復作爲前三卷的續本。現在此書是和三卷〔資本論〕並行的一種著作，這種著作對於他們的關係，恰和「政治經濟學批評」第一册對於「資本論」第一卷中第一篇的關係一樣。』（見馬克思剩餘價值論第一卷考氏序言一一頁，一九二一年第四版。）

考茨基上面一段話將剩餘價值論不能作爲資本論第四卷的一種理由說明了。 此外，還有一種理由，他說：『〔剩餘價值論〕第一卷所論的是一批著作者，從配第（Petty）起，至息尼爾止，從十七世紀起至十九世紀止，而第二卷在要點上便只涉及一個人，並且只涉及一部書，即李嘉圖的「政治經濟學原理」。(Principles of Political Economy) 此事已經表明馬克思著作中這一部分的性質和第一卷完全不同。 這種性質尤足以使我決定不把此項著作作爲「資本論」第四卷，但作爲「政治經濟學批評」的續本，因爲此處最明白地表現這不是當作『資本論』的續本，而只是視爲和他們並行的著作。 陳述〔經濟〕學說歷史的發達一點在此處是完全置諸批評一種單獨的學說及其繼續發達之後了。』（見同書第二卷上册考氏序言第五頁。）

考茨基最後這一段話不獨說出剩餘價值論不能作爲資本論第四卷，應仍從馬克思所標原名的更深一層的理由，並且也連帶將此書一二卷的要目舉出來了。 他後來對於第三卷復說：『馬克思在這一卷中說明剩餘價值論的全部發達，一直到他自己緊接上去的一點。 資產階級經濟學在作爲資本主義生產方法經濟總進程的學說一點上，在作爲無偏無陂的努力去領略此學說，而非偏執地企圖證實此學說一點上，是以瓊斯（Richard Jones）爲其終點。這種經濟學在歷史上和邏輯上不能超過此頂點。　自民權主義（Chartismus）出現以後，歷史的狀況將資產階級經濟學的公正態度剝奪無餘，然當這種經濟學是以資產階級社會的地盤爲限度時，在邏輯上也不能超過瓊斯所認識的一點，就是：資本主義的生產方法係一種歷史的範疇。　〔經濟〕總進程的學說要超過瓊斯而更進一步，——我們在此處不涉及研究單個的現象——那就只能從一個超出資產階級社會的觀點出發，只能從社會主義的觀點出發。在瓊斯停止之處，馬克思便接上來了。」（見同書第三卷考氏序言一一至一二頁。）

就德文本講，剩餘價值論共有三卷四本，計一千七百餘頁，篇幅既多，內容尤雜，我們引用考茨基上面寥寥數語，自不足以見其梗概。　此書的要點和他的名稱所標的一樣，是講剩餘價值，即陳述並批評十七世紀以來一般經濟學者（社會主義與共產主義的著作家除外）對於剩餘價值的學說。　這些經濟學者對於剩餘價值的議論，各不相同。　重商主義者認剩餘價值只是相對的，不是絕對的；凡此處所得，即彼處所失的。　就總資本講，在一國之內不能創造剩餘價值。只有一國對他國貿易所得的剩餘才構成剩餘價值。迄重農主義者與，論調又復不同，他們承認有絕對的剩餘價值，此剩餘價值並且只出於一種特別勞動——即農業——的生產力。然這種生產力是受自然之賜，所以此剩餘價值仍是出於自然，並非出於社會。繼重農主義者而起的亞丹斯密雖受了他們很大的影響，以爲農業勞動比工業勞動更能生產，却已進一步承認工業勞動一樣能製造剩餘價值。至李嘉圖陳述剩餘價值，雖未嘗與此價值的特別形態——利息，利潤，地租——劃分清楚，但他將地租論和他的價值說連貫一起，是他的特點。不過李氏只承認有等差地租，而無絕對地租，馬克思在批評他的學說時，極力發揮自己的絕對地租說。馬氏在資本論第三卷中論等差地租達一百二十頁，而論絕對地租不過二十六頁，他前此對於絕對地租未充分說明之點，在剩餘價值論中才補足起來。自李嘉圖以後，即形成一個李嘉圖學派，自是贊否兩派各張旗鼓，舌鎗筆劍，盛極一時，馬氏擇其最著者介紹而批評之，以表見剩餘價值說的大觀，此即考茨基所謂『說明剩餘價值說的全部發達，一直到他自己緊接上去的一點。』

我們對於剩餘價值論的大旨已經略加說明，現在再講一講考茨基校訂此書的情形。馬克思想到倫敦鐵路公司做書記，因字跡不佳，未達目的，這是我們已經知道的。其實他的字不獨不拙劣，並且蒼古遒勁，不過筆法不甚清秀，過於潦草，又喜用減筆。這種毛病在他的書稿中尤甚，因爲他以爲稿件只是備自己的認識，用不着清清楚楚寫出來。不意大部分的稿件還沒有校完，他竟一瞑不視，因此使後來担任校訂他的遺著的人感覺這是第一重難關。加以他的書稿只是一種規模粗具的圖案，並非預備直接付印的抄本，內中有許多地方還沒有完成，有許多地方尚待發揮，因此使擔任校稿的人感覺這是第二重難關。此外，他對於英德法三國文字一樣擅長，起草時，常隨思想之所至，在一句之中，英德法文參差並用，有時且將德文的語尾加在英文的動詞形容詞上面，或將英文的動詞變成德文的動詞。還有一層，他引用書籍，只隨一時的方便，不拘譯文或原文，常是從法文譯本中引用英德文的著作，因此擔任譯稿的人不獨須精通英德法文，且須將他所引的譯文和原文對照，而以原文爲根據，這也是一種小小的困難。考茨基校訂他的剩餘價值論，要經過這幾種難關，故費時不少；並且書中的分章與標題非原稿中所固有，都須代爲擬出，故考氏校訂此書與尋常的校訂工作迥不相同。

馬克思在一八六一年至一八六三年間所著的剩餘價值論，已如上述，現在接着講他的資本論。　當一八六四年十一月二十九日，他在致柯格爾曼的信中說資本論在下一年可以完成付印，但後來未能成爲事實。　至一八六五年七月底，他寫信給昂格思說：『現在關於我的著作一事，願將實情告訴你。　要完成理論部分，（起首三卷，）還須做三章。　並且還要做第四卷，這是歷史的文學的部分，係比較最容易的部分，因爲一切問題既在起首三卷中解決了，末尾這一卷多半是在歷史的形態中重述一遍。　但在全部著作沒有告成之前，我不能將任何部分送出。　此等著作無論有什麼短處，總自成爲一個精細的整體，這就是他們的優點，在他們沒有全體置諸我的面前之時，決不付印，只有這樣，才合於我的方法。』（見昂格思與馬克思書信錄第三卷二六七頁。）　他於一八六六年二月十三日復報告昂氏說：『關於這部—糟糕的—書情形如下：在〔去年〕十二月底即完成了。……　我〔當時〕日間到博物館去〔讀書〕，夜間則〔在家〕著作。……　這種稿件在現今的形態中是卷帙繁多，書雖告成，然除掉我一人外，沒有人可以校訂，就是你也不能担任此事。』（見同書同卷二九三至二九四頁。）　馬氏在前一信中說要把資本論四卷做成，才將書付印，在後一信中說資本論於一八六五年年底著成了，按照他前一信的語氣講，他的稿件應含有四卷，但在實際上只有三卷，因爲他所計畫的第四卷，——卽經濟學說史——當時並沒有動筆，這是我們應當注意的。

馬克思從前著書，燕妮常負謄寫稿件的責任，但他的資本論字跡非常潦草，而修改之處又多，因此他不能不親自動手抄寫。這種工作是從一八六六年一月開始的。他於是年七月七日告訴昂格思說：『我在最近兩星期中又照常苦幹，如果在這種健康的程度上保持得住，我希望於八月底將第一卷校完，使之單獨出版。現在迫不得已每天繼續服哥白特（Gumpert）的肝藥，因爲不是這樣，我卽刻就糟了。〔現在的〕問題是：（許多星期以來除去不用的）批素和此藥相容麼？所以問及此事，是因在近四日內我的右邊肋骨上又現出癰瘡的痕跡。我得紅葡萄酒的效力比其他一切藥品爲多。此外，我只在日間作工，因爲偶然試做夜工，（一二次）卽刻獲得很不好的結果。』（見同書同卷三二九至三三〇頁。）馬氏力疾著書，不辭勞苦的情形，這一段話表現得十分明白。

馬克思預定於一八六六年八月底將資本論第一卷草稿整理完畢，但沒有如願相償，直至一八六七年三月才達到目的。 他於四月親攜稿件至漢堡付印；旋應漢諾威友人柯格爾曼之招，寄居柯氏家中，並利用閒暇時間，裁答朋友的書信。 他於是月三十日寫信給一個青年同志邁耶說：『你一想及我，必定十分惱怒，當我告訴你，你屢次所發的信不獨使我大為歡喜，並且還是我的憂患時期——這些信正於此時期達到我的手中——一種眞正的安慰，那你必定更加惱怒了。 我知道為吾黨獲得一個站在主義頂點上的能幹人才，此舉得使我補賠最大的弱點。 你的信對於我個人表現最親密的友誼，你可知道我和(資產階級的)世界立於最劇烈的爭鬥地位，決不忽視這種友誼。 ——然我為什麽不囘信呢？ 因為當時正是「貧病交加，」與鬼為鄰。 我必須利用每種有工作能力的機會去完成自己的著作，我為着這種著作將健康，生活幸福和家庭都犧牲了。 「有了」這種說明，當用不着再加解釋。 我對於一般所謂切於實用的人及其聰明智慧要加以嘲笑。 當一個人願意做牛的時候，自然可以不管人類的痛苦，而「一心」只顧着自己的皮。 但我至少如不能將我的書作成草稿，便爾死去，那我就眞正自以為是不切於實用了。』(見新時代雜誌第二十五年度第二卷二二五至二二六頁，墨爾林：馬克思與昂格思傳的新材料。)

馬克思為着黨和無產階級，這樣犧牲自己一切幸福，著書立說，當時大多數人自然不知道，就是在他的朋友中，知道此事最深而又最表同情的，也自然只有昂格思。昂氏於是年四月二十七日寫信給他說：『我常常念及，你對於這部糟糕的書一日負着責任，便是你一切困苦的中心點，這部書一日不能丟手，你便永不得仰首伸眉，永不能仰首伸眉。這種經久而不能完成的著作使你在身體上，精神上和財政上感受極大的壓迫，我深知你於脫卸這種重負後，便完全另成一種人，因為只要你一再入世，而世界也特別不像從前那樣現出悲慘的樣子。』（見昂格思與馬克思書信錄第三卷三七二頁。）

我們無須翻閱本書各章中所描寫的馬克思私人生活的情形，只要將他和昂格思上面兩段短短的話看一下，就可以知道他為着經濟學的著作犧牲達到什麼程度！　我們中國的聖賢豪傑於窮愁困苦之餘，發憤著書立說的，所在多有。　如史記所說『西伯拘羑里，演周易，孔子厄陳蔡，作春秋，屈原放逐，著離騷，左邱失明，厥有國語，孫子臏脚，而論兵法，不韋遷蜀，世傳呂覽，韓非囚秦，說難孤憤。』這都是些最著的例子。　馬克思於亡命倫敦後，著資本論等書，似乎是事同一律。　然以上諸人大概是於得志之後，忽陷危境，受此挫折，思有所鬱結，不得通其道，「遂爾慷慨激昂，著書立說，以嚮當世，遺後人，這大都出於一時的感情作用。

至於馬克思自大學畢業起至寄居倫敦止，始終沒有像以上諸人一樣置身於顯達之地，（這自然不是不能，只是不願，）他始終只是度一個無產者的生活，在此時期中，他無所謂得志，也無所謂失意，他著書的動機最早，這完全是出於意志作用，非出於一時的感情作用，因爲他的著書立說不是起於窮愁困苦，反之，他的窮愁困苦乃是由於著書立說，由於要替全世界無產階級造成一種健全的理論，像他這樣的著書立說，眞是『千古罕有其匹』了！

馬克思傳（中）完